U0932198

◆ 北京高校中国特色社会主义理论研究协同创新中心（中央财经大学）阶段性成果

平等的所以然

卢梭平等观与清末民初思想界

文雅 著

中国社会科学出版社

图书在版编目（CIP）数据

平等的所以然：卢梭平等观与清末民初思想界 / 文雅著. —北京：中国社会科学出版社，2017.6

ISBN 978 - 7 - 5203 - 0253 - 1

Ⅰ.①平… Ⅱ.①文… Ⅲ.①卢梭（Rousseau, Jean Jacques 1712 - 1778）—平等观—政治哲学—研究 ②政治哲学—政治思想史—研究—中国—近代 Ⅳ.①B565.26 ②B036 ③D092.5

中国版本图书馆 CIP 数据核字（2017）第 092775 号

出 版 人 赵剑英
责任编辑 孔继萍
责任校对 张依婧
责任印制 李寡寡

出 版 中国社会科学出版社
社 址 北京鼓楼西大街甲 158 号
邮 编 100720
网 址 http://www.csspw.cn
发 行 部 010 - 84083685
门 市 部 010 - 84029450
经 销 新华书店及其他书店

印刷装订 北京市兴怀印刷厂
版 次 2017 年 6 月第 1 版
印 次 2017 年 6 月第 1 次印刷

开 本 710 × 1000 1/16
印 张 15.75
插 页 2
字 数 271 千字
定 价 68.00 元

前　言

从甲午战争到五四运动，正是传统中国的平等观发生根本转变和重新塑型的时期，卢梭平等观的引入和诠释为清末民初思想界新的平等观的形成提供了重要的刺激和素材。因此，追溯卢梭平等观在当时思想界被理解和诠释的过程也是在探索“平等的所以然”的谜题。卢梭平等观的多面结构为多重的诠释提供了可能性，中国平等观的固有结构和当时的社会历史环境为平等的理解提供了语境。卢梭作为“革命”的形象被引入中国，其重要的阐释者分别有中江兆民、严复、梁启超以及各个译本的作者等，他们的阐释体现了传播西学、弘扬国学、关心民族和国家命运的丰富特征。中国的诠释者们将这几个特征结合到卢梭平等观中，则倾向于将平等在儒学化的基础上做了现实化和扩大化的理解，结合到中国哲学的实际，则因为其与卢梭在本体论、认识论、人性论和社会历史观上的同异，可以解释一个等级社会的中国何以能迅速地理解和接受一种相当彻底和激烈的卢梭平等观，以及在接受的时候为什么会出现被误解和被丰富的状况。

全书共四部分。第一部分为第一章，介绍所要研究的问题、方法和文献来源。第二部分由第二章和第三章构成，研究卢梭平等观念的结构和清末民初思想界平等观念的“前卢梭时期”，试图为卢梭平等观被引入和诠释的过程提供背景和语境说明。第三部分由第四章至第七章构成，研究卢梭平等观在清末民初思想界被引入和诠释的具体情况，分别根据文本分析，依据时间和逻辑双重线索，介绍被引入中国的“东洋卢梭”中江兆民、严复、梁启超以及各个译本的阐释者们如何阐发其各自的平等观。第四部分为第八章，通过史料与文本的收集和整理，解释与回应平等的所以然：卢梭之所以能够在清末民初得到广泛接受和传播，在于在历史观上，其关于国家、社会和个人的历史观建构与当时语境一致；而卢梭和清末民初思想界之间在平等观上的根本误会则来自本体论认识的偏移，在元概念的翻译上二者发生了分歧。本书最后提出，卢梭的平等观在中国社会的具体实践和未来。平等作为“现代性”的主要标志，在今时今日依然起着重要作用，乃至享有原动力和终极价值的地位。与此同时，我们对平等也存在着复杂和多面的理解，究竟应当追求哪一种平等或哪些方面的平等依然是重要的时代课题。

在研究方法上，本书以文本诠释的研究弥补了目前平等观念中过于重视整体框架而缺乏文本比较的缺陷；在研究内容上，第一次从阳明学的角度组织了卢梭、东洋卢梭和清末民初学人之间的共同点，补充了卢梭《社会契约论》中国内较少涉及的文本（杨廷栋的《路索民约论》），提出了卢梭平等观在清末民初思想界引入和诠释过程中的三个基本特征：儒学化、现实化和扩大化；在研究手段上，史论结合，从史料到哲学论证，横向比较了卢梭与清末民初学人在本体论、认识论、人性论和国家观、历史观上的异同，试图通过近现代中国人对卢梭平等观的种种诠释和阐发来加深和丰富对“平等的所以然”的理解。

目　　录

第一章　问题的缘起和旨归 …………………………………………（1）
第一节　背景和问题 …………………………………………（1）
一、从甲午海战到五四运动——变革和开始走向
激进的时代 …………………………………………（1）
二、问题的缘起:卢梭平等观念如何被诠释 ……………………（3）
第二节　研究的目的 …………………………………………（6）
一、厘清平等观念在清末民初思想界的具体发展线索 …………（6）
二、提供平等观念的文本分析研究模式 ………………………（6）
三、理解卢梭平等观念传播与中国现代性道路之间的内在
关联 …………………………………………（7）

第二章　卢梭平等观念的结构:可能被多面诠释的棱镜 ……………（8）
第一节　平等与自由的复杂同一 ……………………………（10）
一、卢梭对平等与自由及其关系的理解 ………………………（10）
二、自由平等在自然法和“基本公约”中的体现 …………………（21）
第二节　何种平等及如何平等 …………………………………（24）
一、卢梭的经济平等观 …………………………………………（24）
二、卢梭的政治和社会平等观 …………………………………（27）
三、卢梭的道德平等观 …………………………………………（29）

第三章　平等观念的“前卢梭时期”和卢梭引入的语境 ……………（34）
第一节　清末民初社会对于“平等”的传统看法 ……………………（34）

一、清末民初社会以前有关"平等"的表述和具体标准 …………（36）
二、"等级社会"下的平等 ……………………………………（39）
第二节 甲午海战与卢梭进入中国的通道 ………………………（46）
一、晚清中国与幕末日本的不同路径 ……………………（46）
二、甲午后知识界的东洋路径 ……………………………（48）
第三节 "革命"与卢梭形象 …………………………………（49）
一、"革命"在中日的语义演变 ……………………………（49）
二、卢梭平等观在"革命"语境下的传播 …………………（54）
第四节 传统公私观与卢梭公意说 ……………………………（57）
一、"公"的道德性 …………………………………………（57）
二、"公"与"天下"和"私" ………………………………（59）

第四章 "东洋卢梭"借助儒家阳明学的阐释 ……………………（61）
第一节 "东洋卢梭"的《民约译解》及其主要思想 ……………（61）
一、东洋卢梭其人:阳明学理论背景下的自由民权践行者 ………（61）
二、"半部民约"的由来 ……………………………………（63）
第二节 "半部民约":《民约译解》的文本分析 …………………（67）
一、传统儒家视角下的《民约译解》 ………………………（67）
二、基于阳明学视角的自由与平等 ………………………（75）
第三节 "半部民约"的传播和影响 ……………………………（83）
一、"半部民约"在日本——自由民权运动的兴起与衰亡 ………（83）
二、《民约译解》在中国的传播和影响 ……………………（85）
三、《民约译解》背后:作为革命论和方法论的中日阳明学 ………（88）

第五章 严复现实主义和经验主义的阐释 ………………………（93）
第一节 严复对"平等""自由"的最初阐发和严复译词 …………（94）
一、严复最先阐发"平等""自由"的概念 …………………（94）
二、"革命"的平等和"国家"自由 …………………………（95）
第二节 积极自由的民主观与激进平等道路的对立 ……………（96）
一、严复的积极自由的民主观 ……………………………（96）
二、积极自由与激进平等的对立——严章之争 ……………（100）
第三节 严复平等自由观念的实质 ……………………………（106）

一、严复的平等观实质 …………………………………… (106)
二、严复的自由观实质 …………………………………… (109)

第六章 梁启超民族和国民平等理论的建构 ………………… (112)
第一节 梁启超对卢梭及其平等观的接受、传播和理解 ………… (113)
一、从全盘称颂到理性学理探讨——作为医国国手的卢梭 …… (113)
二、质疑、批判和否定——立足于国家思想的平等观 ………… (122)
第二节 梁启超的平等观:导向民族和国民的平等理论 ………… (126)
一、中国传统平等观与梁启超 …………………………… (126)
二、平等的落实:民族与国家理论 ………………………… (131)

第七章 《社会契约论》译者及引申者的文本诠释 …………… (138)
第一节 杨廷栋本的平等阐释:反专制的檄文 ………………… (138)
一、杨廷栋本的语言和结构特征 ………………………… (138)
二、杨廷栋对“自由”的理解和阐释 ……………………… (139)
三、杨廷栋对“平等”的理解和阐释 ……………………… (141)
第二节 刘师培的平等阐释:以儒解卢 ……………………… (145)
一、《中国民约精义》中的平等观 ………………………… (145)
二、“完全之平等” …………………………………………… (154)
第三节 马君武本的平等阐释:进化主义视角下的帝民说 ……… (155)
一、马君武本的特征 …………………………………… (155)
二、马君武论自由与平等 ……………………………… (155)
三、帝民说 ……………………………………………… (159)
第四节 张奚若的平等阐释:自然法和公意 ………………… (160)
一、以卢梭解释卢梭 …………………………………… (160)
二、对卢梭的学理分析 ………………………………… (162)

第八章 平等的所以然之根据 …………………………… (165)
第一节 “自然”与“天”:元概念的误用 ……………………… (165)
一、卢梭的“自然”概念 …………………………………… (166)
二、清末民初中国语境下的“天” ………………………… (171)

三、"天"与"自然"在《社会契约论》和清末民初社会语境中的差异 …………………………（175）
第二节　乐观主义认识论的契合 …………………………（179）
一、中西认识论的分歧和差异 …………………………（179）
二、认识论的倾向和基调 …………………………（182）
三、卢梭和传统中国认识论的基调——乐观主义 …………………………（185）
第三节　向善的人性论的相通 …………………………（189）
一、卢梭的人性论 …………………………（189）
二、中国传统人性论 …………………………（191）
第四节　国家、社会与个人的历史建构 …………………………（194）
一、卢梭对国家、社会和个人的道德论证 …………………………（194）
二、传统中国的群己论证 …………………………（195）
三、卢梭与儒家传统在个人、社会和国家观上的关联和殊异 …………………………（196）
四、道德乌托邦的共求 …………………………（199）

第九章　余论:卢梭平等观的持续影响及初期实践 …………………………（201）
一、卢梭平等观与孙中山 …………………………（201）
二、平等与现代性 …………………………（207）

附录一　卢梭代表著作和文献在清末民初思想界的传播（1878—1920） …………………………（209）

附录二　中江笃介:《民约论译解》全文 …………………………（213）

参考文献 …………………………（230）

后记 …………………………（245）

第一章

问题的缘起和旨归

第一节　背景和问题

从甲午海战到五四运动，正是传统中国的平等观发生根本转变和重新塑型的时期，卢梭平等观的引入和诠释为清末民初思想界平等观的形成提供了重要的刺激和素材。因此，追溯卢梭平等观在当时思想界被理解和诠释的过程也就是在探索“平等的所以然”的谜题。卢梭平等观的多面结构为多重的诠释提供了可能性，中国平等观的固有结构和当时的社会历史环境为平等的理解提供了语境。卢梭作为“革命”的形象被引入中国，其重要的阐释者分别有中江兆民、严复、梁启超以及各个译本的作者等，他们的阐释体现了传播西学、弘扬国学、关心民族和国家命运的丰富特征。这几个特征结合到卢梭平等观中，则倾向于将平等在儒学化的基础上做了现实化和扩大化的理解，结合到中国哲学的实际，则因为其与卢梭在本体论、认识论、人性论和社会历史观上的大同与小异，解释了卢梭平等观为什么能够迅速地在一个等级社会的中国被理解和接受，以及在接受的时候为什么会出现被误解和被丰富的状况。

一、从甲午海战到五四运动——变革和开始走向激进的时代

在现当代语境下，“平等”一词在政治哲学和伦理学中占有至关重要的地位。现时代的中国，不平等的现实和平等的理想依然引人深思，我们在探究当今中国平等意蕴的同时，不可避免地要面临平等观念的发生和进

化的过程。清末民初的中国社会正处在一个变革和激进的时代，自西徂东的各种思潮和观念纷至沓来，与原有的中国传统文化互相激荡，形成了推动社会前进、催发思想变革和社会革命的合力。可以说，这个时期是追溯现当代中国平等观念现状的一个扭结点，亦能为当下平等问题的困境提供参照系。

本书将特别聚焦于1895—1919年这个时段，这是因为1895—1919年在中国近代史上的重要历史坐标意义是中国走向现代的历程中所不可缺失的一个环节，也是我们从旧时代融入现代社会中观念巨变的熔炉。1895年以前，中国人已经知晓卢梭之名，而1919年以后，卢梭的魂仍然活跃在中国政治的舞台，但是1895—1919年所发生的重大历史事件和卢梭的关联以及所引发的平等观念的冲动和转变，则是其中最为浓墨重彩的一笔。1895年甲午海战失败，给中国知识界带来的撼动和思想变化难以估量；戊戌维新的进行，是知识分子以改良求保存国家的试验；1911年，辛亥革命成功，所谓民主共和国的建立和孙中山在临时大总统宣言中所称的“国家之本，在于人民”[①]象征着一个新纪元的开始；民国成立后，民主与共和的制度在形式上得到了确立，但是复辟与反复辟的政治较量却从未停歇，民权有了法律条文上的伸张，而军阀混战和国家的衰败却依然在实质上质疑着自由与平等的可靠性；1919年，五四运动爆发，中华民族正式意识到应争所应得之权于世界民族之林。从甲午海战到五四运动，卢梭的平等观念，深深影响了一代又一代中国人，从个人的命运到社会的变革，从国家的制度设计到种族的自强自立，平等始终是回旋在其中，交织了各种角色，糅合了多重使命的主题。在近代中国，平等从来就不仅是个人的，它还牵涉国家社会甚至被赋予了攸关中华民族存亡的意义。此外，1895—1919年完整刻画了卢梭中国式进路所可能遭遇到的一切态度，从刚开始的试探性的传播，到不假思索的大力鼓吹，再到理性的反省和学理上的分析，以及理论上的放弃、情感上的攻击；从西方式的面孔到日本式的说教，再到中国传统及现实的结合和开显，这个时段也是研究卢梭中国化进路最集中的样本。

---

① 孙中山：《孙中山全集》（第二卷），中国社会科学院近代史所等编，中华书局1981年版，第5页。

二、问题的缘起：卢梭平等观念如何被诠释

本书标题为《平等的所以然——卢梭平等观与清末民初思想界》，试图与黄克武的著作《自由的所以然——严复对约翰弥尔自由思想的认识与批判》形成一个参照或对应。

黄克武认为，在观看近代中国民主思想的时候，除了萧公权与李泽厚，几乎没有人注意到提出了两种民主传统的对照，它们分别是“卢骚—黑格尔—马克思的民主传统（以下简称卢骚主义传统，Rousseauistic tradition）和以约翰弥尔为代表的自由民主传统（以下简称弥尔主义传统，Millsian tradition）”[①]。黄克武认为在前者，道德、知识、个人自由与建立合理的政治权力的目标紧密地结合在一起，“卢骚指出，只要人民以知识与道德为基础形成‘总意’（general will，或译‘公共意志’），而政府实施国民的总意，那么政治权力、知识、道德和个人自由之间就不会有冲突”[②]；黑格尔将理性和传统融合为国家精神或国家意识的单一观念，和卢梭一样走入了理想化的公民参与；后来马克思的政治理论中，无产阶级的“人民民主”也与此保留了一致的思路。黑格尔和马克思以来，累积形成了较为乐观的人性论、知识论、辩证法、目的论的历史观以及历史决定论。弥尔主义则与此相反，他们不建议道德、知识、个人自由和政治权力的融合，他们认为其中潜藏着风险，个人自由是他们所珍视的核心精神。从黄克武的归纳中可以发现，卢梭主义的民主传统其内在的逻辑是国家主义的建构，国家将个人涵括在其中，其认识论的基调是乐观主义的；弥尔主义的民主传统则是个人自由的强调和恢复，他们不承认某个人的权威，而相信人类认识具有不可靠性和易错性，虽然弥尔认识论中也有乐观主义的成分（如肯定启蒙运动以来的进步和理性），然而其认识论的总体却是悲观主义的。对于清末民初知识分子选择激进思想，热情肯定马克思主义，而没有接受作为“英美民主制度基础”的自由主义的原因，黄克武采用了转化主义和调适主义的观点来分析这个“光谱”，认为卢梭主义

---

① 黄克武：《自由的所以然——严复对约翰弥尔自由思想的认识与批判》，上海书店出版社2000年版，第14页。

② 同上书，第14页。

与中国的转化思想结合在一起，共同形成了“激进化”与“乌托邦主义”的色彩；另外，调适的思想与弥尔主义的结合则失败了。

黄克武承认，由于在当时“救亡压倒了启蒙”，严复和梁启超所代表的调适性的现代化路径在20世纪中国遭到了挫败，他试图从文本诠释出发，从事进一步的研究。他以严复及其《群己权界论》和密尔的 *On Liberty* 的对勘为基础，提出严复对约翰弥尔的误解主要来自二人的认识论的差异，“严复心中的弥尔主义”和“弥尔主义”之间有很大的误差，原因是存在于在两种传统和制度之下的知识分子对个人与群体间自由和价值的理解不一致。黄克武要寻找到清末民初知识分子如何误解和错过了英美式自由主义的传统，而本书所要解决的主题则是他曾在《自由的所以然》中提到的，清末民初知识分子为什么倾向于选择卢梭主义和“转化思想”相结合的激进化和乌托邦主义的道路。本书选取了与“弥尔主义”形成对照的另一大民主传统“卢梭主义”的创始人——卢梭，以卢梭的平等观念在清末民初思想界的引入和诠释为线索，提出了另一种建构性的分析。由于卢梭思想在清末民初社会传播的广泛性和历史性，因此不能局限于某一位特殊的阐释者或传译者，而是需要组织一个与《自由的所以然》相比更为丰富的观察维度，以此为契机，追溯平等观念的脉络和过程。

从研究的问题来看，选取“平等”也有对“自由”问题的另一重题中应有之义的阐释。

平等和自由这两个概念在卢梭处并无截然的区分。在清末民初思想界，平等以及自由这两个在当代被看作两种独立价值的概念也大多作为一个整体性的概念而被接受。本书之所以选择平等而不是自由作为论著的主线，主要是出于以下原因：

首先，尊重卢梭本人的思想线索。在《论不平等》和《社会契约论》中，平等和自由构成了完整的圆环和衔接，但是如果回溯到卢梭全部理论的根据——自然法原理，便能清楚地发现平等的价值是如何自在地涵盖了自由。只有经过充分人化的平等才能实现自由的意境。“没有它（平等），自由便不能存在。”[①] 在卢梭的理想设计中，一直存在着自然法的精神和原理。他从古典自然法中抽取了正义和平等，并抛弃了古典自然法的先验

---

① ［法］卢梭：《社会契约论》，何兆武译，商务印书馆2010年版，第66页。

性外壳，他认为真正的自然法则“必须能使它所约束的对象自觉服从它，并且，作为自然法则，它必须是直接源于自然的召唤”①。卢梭重新规定了人的本质，由于自爱和怜悯是源于人内心的情感，浑然天成，所以人在自然法之下就必然是平等的。平等是自然法本身所蕴含的价值，只有基于普遍性和共同性的法则才能取得其合法性，才是永恒正义，而自由是对自然法实施的诠释，故自由必须以平等为前提和预设条件。

其次，尊重1895—1919年清末民初中国社会的历史事实。由传统儒家学说和近现代中国社会的历次政治实践观之，自由的重要性与平等相比，相对较弱。从卢梭学说在当时中国所造成的真实影响来看，平等所能够制造并最终体现的动员力量也大大盖过了自由，它可以是国家的也可以是个人的，可以是一种手段、一种工具，也可以是终极的目标和理想。在清末民初思想界关于卢梭译本的研究中，《民约译解》《路索民约论》《足本卢骚民约论》等和其他相关的文本中，自然法的重要性被隐匿了，自由和平等的联结意义也遭到了破坏，当时的中国知识界言必称自由平等，自由和平等因何而来却因为自然法的忽略而无从追究。更令人扼腕的是，自由和平等在对卢梭的读解中更多地体现为孤立的或者空洞的两个口号，它们的内在关联很少得到考察，“平等”在刚刚引入中国之际往往被大书特书，“自由”却陷入空文。这就是当时卢梭“平等”观的中国进路。

此外，从卢梭平等观引入中国的文本来看，主要依托的是《社会契约论》（初译作《民约论》）。与卢梭的其他著作相比，它最早引入中国，最为引人注目，影响也最为深远，但是国人最初接受的卢梭多是以学术评传的形式出现，《社会契约论》的内容架构和学理逻辑分析被有选择和有意识地忽略了。这在当时中国舶来作品的传播中并非个案，而是一种特有的时代现象，是由其时的社会命题（变革和救亡）所决定的：在旧有的丰厚的观念还未得到改造的时候，新的思想就已经迫不及待地涌入，仓促和热情的社会氛围导致了对卢梭乃至对整个西方思想观念的选择性的理解。被卢梭视作《社会契约论》之基础和导论的《论人类不平等的起源和基础》，在成书时间上较早，作品本身的内涵和价值也毫不逊色，然而在当时中国的思想交锋中却并没有引起相应的反响。

---

① ［法］卢梭：《论人类不平等的起源》，高修娟译，上海三联书店2009年版，第15页。

本书拟以《社会契约论》的汉译本传播为主，结合《论人类不平等的起源和基础》作为参考，以各种译作、评介和论战文章等文献资料，探寻卢梭著作中“平等”的本来意涵，以此为中心，分析这一观念是如何潜入当时中国学人的知识体系和观念结构，成为反对宗法社会和等级制度的利器，借助当时中国学人的阐释，洞悉平等观念在这段特殊历史时期的沿袭和流变：考察我们如今运用的“平等”究竟是一个舶来的概念，还是一个既有的思想，抑或二者兼而有之的结合物，以及它的内容构成和可能的发展趋向。

第二节　研究的目的

一、厘清平等观念在清末民初思想界的具体发展线索

关于平等问题的研究文献浩如烟海，其中不乏系统专精的论述，对于平等的各种理论和范式也已是我们所熟知的领域，平等观念的中西比较更是不乏非常详细的考察。1895—1919 年作为研究中国思想史历程的一个特别重要的坐标系，其间发生的观念的更迭（包括平等）是学界兴趣集结所在，但是仍有留白——缺乏此阶段平等观念发生转换的具体线索和脉络。衔接清末直至民初和现代中国的知识分子阶层中，阶层本身的社会地位和组成成分曾有过转向，他们的立场和价值观转换之巨大和迅速，亦为中国历史上所少有的现象，在转换的过程中他们所理解和需要的平等如何通过糅合西方思潮成为话语中心，都要求有一个清晰的串联。已有的资料可能更倾向于从大的思想方向上来把握这条线索，而本书要努力的是从细微的层面入手进行剖析然后汇总，宏观历史背景固然重要，微观的观念承接则更加凸显。唯有如此，才能捕捉到观念史意义上的平等的语义结构。

二、提供平等观念的文本分析研究模式

对于某个观念嬗变的历程，一般而言需要依靠观念在著作和篇章中的自身呈现进行组织，由于文本和材料的限制，以及笔者的诠释角度和加工的需要，往往或断章取义或语焉不详。本书拟以平等观念为主线索，争取文本最大化，以对照阅读来厘清材料，即以纵向的线索和概念为经，以横

向的文本分析为纬，尽量让平等观念这个时段内的每个关键时期都有根据地呈现。

三、理解卢梭平等观念传播与中国现代性道路之间的内在关联

卢梭平等观念传播、接受与再现的过程实际上也是中国的现代性观念生发的过程。尽管在现代化的进程中，中西方以及中国和东亚邻邦所需要处理的历史问题都有所区别，但有一种共同的因素却逐渐生长成为最终得以主宰和刻画现代性的力量，这就是“平等”。在中国的特殊历程中，卢梭正好被历史选中，成为这一普遍进程的引领者。

第二章

卢梭平等观念的结构：可能被多面诠释的棱镜

"卢梭门徒之间的相互矛盾与卢梭反对者之间的相互矛盾一样尖锐。雅各宾派以他的名义建立起恐怖统治；德国浪漫主义者把他作为解放者歌颂；席勒将他描绘为殉身于智慧的烈士。""卢梭在18世纪最难缠的对手埃德蒙·柏克说的不错：'我相信，要是卢梭尚在人世，在他神志清醒的间隙，也会被其弟子的疯狂实践惊呆……'"①

要真正把握卢梭思想中的平等观念，有一个关键问题是无法跳跃的，这就是针对卢梭思想整体性和统一性的相关研究。因为平等问题在卢梭本人的思想中一直是一个谜题，它本身和自由之间形成的张力，和不平等的现实之间不可调和的矛盾，都在挑战着卢梭思想的整体性和可依靠性。有许多极有价值的研究涉及对卢梭学术的定性和对卢梭本人的评价，主要是对卢梭思想是否具有统一性的探讨，也可以作为本书展开论证的背景。

两百余年来，关于卢梭整体思想争论的各种主要观点，比较有代表性的西方著作集是道奇（Guy H. Dodge）编辑的《让—雅克·卢梭：权力主义的自由主义者?》，它按时间序列，列出从18世纪到20世纪有关卢梭

---

① 转引自［德］恩斯特·卡西勒《卢梭问题》，王春华译，译林出版社2009年版，导言第3页。

政治思想的有时是截然相反的论点。[①] 除了 18 世纪部分是卢梭的著作选外，19—20 世纪随着时代主题的切换，争论焦点从卢梭是保守主义的还是自由主义的过渡到了卢梭是自由主义的还是权力主义的。

进入 20 世纪以后，学界普遍发现，对卢梭的研究主要集中在卢梭同时代的人和后学的评论上，卢梭的所思所想反而被忽略了，于是出现了回到卢梭的思潮，这明显是对柏克传统的改进和超越。由于卢梭本人的著作范围的确广泛，先前人们倾向于对他作分割的研究和定性。但是把卢梭进行单一的定位忽略了思想的整全性，先给卢梭贴标签然后再限定研究也就成为过时的做法。限定卢梭的身份然后展开论证的研究方法也就不可取了。

施特劳斯（Leo Strauss）倡导回到卢梭来理解卢梭，卢梭本人具有双重性的思想，体现在众多方面；伏汉（C. E. Vaughan）则认为卢梭的两本著作《论不平等》和《社会契约论》，体现了他从个人主义向集体主义的发展。还有一些学者认为卢梭思想中埋伏着一个原则，从这个原则出发可以证明卢梭的思想具有统一性，他们较好地摆脱了对卢梭的政治倾向进行定位的先入之见，把关于卢梭政治思想的研究推进到一个新的高度。[②] 科班（Alfred Cobban）则在“Rousseau and the Modern State”中强调，卢梭从未认为人可以离开社会和国家而存在；斯塔罗宾斯基（Jean Starobinski）在他 1962 年发表的《让—雅克·卢梭的政治思想》中提出卢梭思想具有阶段性，并且阶段之间呈现出一致性；希克拉（Judith N. Shklar）在“Men and Citizen”中从心理学的角度赞成卢梭的一贯，认为其主题是要论证如何将人培养成合格公民。

于是，无论是否承认卢梭在文本中的一致性，卢梭本人总是在丰富和多维的角度来论证自己的思想，这种多面性使他不能在单一的向度上定义和诠释，他的思想成为一个可能被多面诠释的棱镜形象。本章将揭示，这种多面性仍然可以统一为卢梭的平等原则，因为在卢梭看来，平等具有基

---

① Jean - Jacque Rousseau, *Authoritarian Libertarian*?, editied and with an introduction by Guy H. Dodge, 1971, D. C. Heath and Company.

② 以上文献引用参考了袁贺《一个人的卢梭——评朱学勤的卢梭研究》，选自《百年卢梭——卢梭在中国》，吉林出版集团 2009 年版，第 222—224 页。

础和优先的作用，平等同时具有现实和终极的价值，为了回应和完善这一解释，在第八章中还将补充论证，卢梭的平等原则来自更根本的对自然概念的独特阐释。卢梭引入中国以后，其中最为引人注目的的确是他关于平等的论证，但是这并不证明当时清末民初的思想界就真正理解了卢梭的总体原则，恰恰相反，由于几乎只从《社会契约论》入手来阐释卢梭，卢梭作为局外人的身份被忽略，卢梭平等观中现实与理想、个人与集体、民主与权威、革命与保守的张力被瓦解，卢梭在儒学语境下被单一地理解为“革命”的和破坏的，这也为后来进一步现实地、激进地和扩大地构造平等观念埋下了伏笔。

第一节　平等与自由的复杂同一

一、卢梭对平等与自由及其关系的理解

在完成了《论不平等》之后，卢梭原来计划要写作《政治制度论》这样“一部长篇著作”，他认为这是他所有著作中思索最久，最感兴趣，愿意终身从事并且还会使他享有盛名的作品。由于某种原因，他发下宏愿而最后流传下来的仅是著作中的“撮要”——《社会契约论》。相对于《论不平等》的锋芒毕露与文辞华丽，《社会契约论》更为温和从容。一般认为，卢梭在两本著作分别以两张面孔出现，这正是其思想中内蕴的深刻矛盾的体现。卢梭著作的编辑者 C. E. 伏汉就曾说过：《论人类不平等》“即便没有直言，也暗示了一种比此前任何作家胆敢描述的更为极端的个人主义”，而《社会契约论》开篇的契约则“构成了通往一种人类所构想过的最为绝对的集体主义门径”①。他指出卢梭的全部理论进程如同一场从个人主义向集体主义的漫长旅行，“卢梭一开始鼓吹的是能够想得到的最抽象意义上的自由”，直到《社会契约论》时，“除了开篇的那几句话外，反映了一种非常不一样的——无疑不那么抽象，也不那么个人主义的——想法。在此处，自由不再认为是个体的独立，而是应在个体全身心

---

① ［英］伏汉：《让一雅克·卢梭政治著作集》I，2，119，转引自恩斯特·卡西勒《卢梭问题》，第8页。

地忘我于为国家效劳之中去寻求”[①]。当漫长的旅行到达最后几部政治著作时（特别是《山中书简》和《波兰政府论》），卢梭几乎同时忘却了《论人类不平等的起源和基础》中抽象的个人主义和《社会契约论》中抽象的集体主义，他置身于一个与出发点截然相反的对立面。伏汉在这里描述的是关于古典自由主义对人和国家关系的讨论，即自由的人在国家中如何实现最初的自由设定，国家注定要限定甚至绑束人的自由。在他看来自由应当是个人的和个人的独立，随着集体主义的建立，卢梭也就违反了自由的初衷。然而，事实并非如此，个人主义不必然就是自由的，而集体主义也不必然是不自由。

伏汉以变迁的面孔来描述卢梭，认为其个人主义走向集体主义是历史性的，也有很多人把卢梭看作纯粹的个人主义或集体主义的代表。彼得·盖伊（Peter Gay）称，反革命者以及激进派如狂飙突进运动的代表，都以卢梭为个人主义的典范，埃米尔·法盖（Emile Faguet）认为《论不平等》中充满了个人主义的想法，其反社会的观念贯穿了卢梭几乎所有的著作（在《爱弥尔》中达到了顶峰），《社会契约论》则是卢梭著作中孤立的一部分，它是“反自由的”；亨利·塞（Henri See）则坚称卢梭在《论不平等》和《社会契约论》中始终是一名个人主义者。丹纳（H. A. Taine）开启了对卢梭的集体主义或者极权主义的批评，他在《旧制度》中将法国大革命的渊薮归于卢梭，运用极具象化的譬喻称卢梭按照斯巴达和罗马的样式建立起民主的隐修院，个人被完全笼罩在国家的阴影之下，波普尔以及巴克均认同丹纳的这一说法。[②]

卢梭的漫长旅行并非从完全的个人主义走向完全的集体主义，如果仅仅是这样，那么他所设想的政治社会便失去了服务的初衷和最终的目的，国家与政治社会便沦为彻底的空的集合和无意义的抽象单位。《论不平等》和《社会契约论》的内在联系更准确地说，是从批判现实走向塑造理想，前者重在控诉不平等的现状并挖掘不平等的根源，后者重在缔造并

---

① ［英］伏汉:《让—雅克·卢梭政治著作集》I，80—81，转引自恩斯特·卡西勒《卢梭问题》，第9页。

② 以上借用了彼得·盖伊为恩斯特·卡西勒的《卢梭问题》一书所写导言的总结，参见恩斯特·卡西勒《卢梭问题》，第4—7页。

实现一个平等和自由的政治共同体。[①] 或者，伏汉的另一种解释也远比个人主义和集体主义的描述更为贴切：一切源于卢梭的抽象和具体思想的冲突——“论科学与艺术”和“论人类不平等的起源和基础”来自洛克和柏拉图，这成就了卢梭偏激和绝对的论调，在《社会契约论》的后几章中，卢梭借鉴了孟德斯鸠的环境修正原则的思想越来越关注具体。

简单以个人主义或集体主义的评价性语词来描述作者在不同时期两本著作中的不同倾向，并因此推论出前者是自由的，后者反自由的，于是就很容易只看到著作中的分裂和龃龉而忽视了著作本身所体现的递进关系。更确切地讲，在两本著作中交织和体现的是自由与平等，它们来自共同的理论前提——自然和自然法的精神，自由不专门隶属于个人主义的世界，自由的分类（自然的、社会的和道德的）说明了自由是如何演化和展开的，平等也不特指集权主义的王国；两本著作不能被单独地阅读和理解，它们互相诠释和说明着卢梭的政治话语，个人主义和集权主义都不足以描述它们的纲领，因此如果要准确地描绘两本著作的主题思想，自由和平等比个人与集体的争论更为恰当，而且这自由与平等实际上是同一个观念，同一种思想，它们可以共同被收纳为平等原则。

伯纳迪（Bruno Bernardi）曾经说过，如果我们首先阅读的是《论不平等》，那么在进入《社会契约论》的时候必定会因为卢梭的自相矛盾而感到困惑。[②] 卢梭竭尽能事的“自相矛盾”使卢梭研究者们中的许多人因为这种矛盾而否认两本著作是“有关的”，甚至认为它们可以相对独立。但是卢梭自己却称，“《社会契约论》里的所有放胆之言此前已写在《论不平等》中”[③]。批判和建构可能仅是不同的表现形式，它们的目的实质上趋于一致，二者所秉持的基本理念和论证的主题都是自由与平等，虽然

---

① 此处借用了赵敦华在《西方哲学简史》第十六章“法国启蒙哲学”，“卢梭”一节中的总结。赵敦华认为，前者的主题是探讨不平等的现实，而后者则基于这种现实提出了自由和平等的理想。前者的终点是后者的起点。这种解释更符合卢梭在两部著作中所展现出来的追求。

② 伯纳迪（Bruno Bernadi）：《卢梭的〈社会契约论〉》。伯纳迪只是提出了这样一种理解卢梭的意见和可能性，在他本人看来，两本著作实际上是存在递进关系的。据麦克亚当（Jim MacAdam），两本著作的关系有两种解释，前一种认为“有关”，后一种认为“无关”，后一种解释又分为逻辑矛盾说和彼此独立说。麦克亚当试图以自利（self - interest）连接两本著作，认为卢梭将正义与私利联系起来，为两部著作提供了一个共同的基础。

③ 转引自恩斯特·卡西勒《卢梭问题》，第 1 页。

自由与平等本身也有多样化的内涵。

在《论不平等》的结尾，卢梭并没有呼吁生存条件的平等或均等化，只是期待公民的不平等与人在天赋能力上面的不平等呈现一种匹配的关系。在《社会契约论》的开篇，卢梭却说道："人是生而自由的，但却无往不在枷锁之中。"① "《论不平等》所要揭示的是'不平等的进展'如何孕育并产生奴役；《社会契约论》则要来阐释建立自由首先要求建立平等。"② 伯纳迪称前者是从人类学角度出发得到政治学结论，而后者则从属政治范畴而需求人类学的基础，两者有一个共同点，即人类社会是在不平等和奴役的基础上建立起来的。在《论不平等》中，不平等已经是一个现实，所以需要解答的就是，如何认识这样的现状，或说"事情是如何发生的"，答案当然是——这肯定不是自然生成的。《社会契约论》则进一步升华了这个问题，如果自然并不同意不平等的现实，那么这一切必定是约定所造成，因此我们可以创造一个更好的约定，于是"'什么才能使之合法化？'由此，政治权利的研究代替了伦理的历史性研究"③。两本著作体现的正是人如何在不平等和被奴役（不自由）的现状中希望着平等与自由的理想。

与两本著作中关于个人主义和集体主义的争论相似，自由和平等也成为著作观念的争论焦点，二者孰为目标、孰为手段，哪一个应当被确立为根本性的价值，将直接影响到如何接受和阐释卢梭思想并产生相应的论调。因此，如何理解自由与平等的关系便成为破解两部著作的关联乃至卢梭全部政治话语的密钥。

有看法认为，在卢梭的学说中，平等压倒了自由，这种压倒被人从两个方面来理解。一方面，压倒是负面的，使卢梭成为矛盾和不自洽的：其中最为有名的莫过于罗素所说的，"自由是卢梭思想的名义目标，但实际上他所重视的、他甚至牺牲自由以力求的是平等"④。在罗素接下来的叙

---

① 卢梭：《社会契约论》，何兆武译，商务印书馆2010年版，第4页。以下同。

② 伯纳迪：《卢梭的〈社会契约论〉》，转引自刘小枫、陈少明主编《卢梭的苏格拉底主义》，华夏出版社2005年版，第32页。

③ 同上，第32页。

④ ［英］罗素：《西方哲学史》（下），何兆武、［英］李约瑟译，商务印书馆1996年版，第237页。

述中，有意弱化了众意和公意之差，将众意的弱点归结为公意的内在缺陷，称公民在让渡个人权利和分担了公意之后，为了不致完全取消自由和全盘否定人权，卢梭便不得不将理论做了某种缓和化，于是就出现了“被逼得自由”，自由于是迷失在平等的政治共同体中；此外，密尔则出于对个人价值和个人自由的极大尊重，认为卢梭实际上操持一种平等为先的自由观念，以大众平等扼杀了个体的自由。另一方面，平等对自由的压倒也可以是正面而积极的：梁启超在《卢梭学案》中提到“民约者，易事势之不平等，而为道德之平等也”。虽然梁启超本人没有直接阅读过原文，但是他的结论却与卢梭在《社会契约论》第二章第十一卷中的一段话几乎如出一辙，“恰恰是因为事物的力量总是倾向于摧毁平等的，所以立法的力量就应该总是倾向于维持平等”[①]。他观察到了《社会契约论》虽通篇讲自由，但其实质上是在讲平等问题，社会契约的目的就在于要把实际生活中的不平等变成道德上的平等，当然这种道德并非我们日常意义上所谈论的仅仅指涉伦理学意义上的名词，而是包括了法律和政治行为在内的宏大的道德框架。龚群则从平等的功能性价值论证了平等对于自由的优先性，他认为在卢梭的思想中，“平等是自由的根源所在，而不平等则是不自由的根源所在。平等与自由、不平等与不自由的这种关联性表明，在自由与平等的关系中，卢梭的平等具有功能性价值。人类要获得自由，首先就要实现人类平等。卢梭设想实现平等的共同体，在平等的共同体中实现自由”[②]。

对于平等和自由在卢梭思想中的重要性比较，亦有不同意见。朱坚章在《卢梭政治思想中自由观念的分析》中提出“卢梭以平等为自由之条件，强调没有平等就没有自由”。文章综合并列举西方著名卢梭学者（Walter－Eckstein，Charles W. Hendel，Rogers D. Masters，Annie Marion）的观点，认为自由是卢梭政治哲学的中心，人类只有在完全平等的起点上，才能重新获得其在离开自然状态之后所失去的自由。人不能回到自然状态，所以便只能通过“集体承诺”将每个人的全部权利交给社会，从

---

① 《社会契约论》，第67页及页下注：《波兰政府论》第9章：“事物的经常倾向就是要破坏平等，而法律的经常倾向就应该是维护平等。”

② 龚群：《论卢梭的平等与自由》，《政治思想史》2012年第4期，第1页。

而实现另外一种平等。故自由是“至善”，平等是自由的条件。[①]

认为平等压倒和泯灭了自由，并以此来批评卢梭的观点，主要依据的是卢梭在《社会契约论》中所展现出来的从个人利益走向集体利益的不可避免的逻辑，这种观点宣称自由仅仅是个人的，在群体中或者泯灭了个人，或者个人的被社会有权强迫的自由违背了自由自身的前提要求，使自由最终屈从于平等。并且这种批判在更深层次上对应了伯林所进行的“积极自由”的定义，进一步将暴政和恐怖的专制都归结于这种强迫。但是如果回到卢梭本身的论证，我们则发现他的确已经意识到了其中的冲突并试图给出良方，“人们并未被要求拜倒于这个国家面前……第二卷第十一章已表明，整体利益，永远就是所有人的利益，就是个体的平等与自由……在紧接下来的一章里，卢梭告诉我们，实际上留给独立自主的余地还是很大”[②]。卢梭一直遥想古罗马的共和国家以为其心中的黄金时代，而古罗马的普遍观念是，人作为国家和社会之整体的一部分才能被赋值，是社会塑造人而不是人塑造社会，因此卢梭从个人走向整体就是不可避免的，个人只有在集体中才能体现其价值，这是古罗马和卢梭对于自由的最佳的安置。基于英国式的个人自由理念，仍然一厢情愿地以个人价值来衡量已经进至按照共和精神打造的主权国家下的“迫使自由”（he will be forced to be free），不仅有失偏颇，而且狭隘。另外，也有学者回到卢梭的法文原本，指出“迫使他自由”的原文是 forcer d' être libre），法语有使之能够之意，并不仅限于强制之意。[③] 并且卢梭已经预先设定，自由是人之为人的基本规定，如果一个人真正不愿意自由，那么他就自然丧失了这种基本规定性，因此所谓被逼得自由和强迫的自由发生在“人”身上，也就成为一个悖论。赖特在如何解决这个困境的时候复苏了卢梭学说中隐藏的理性的重要性，“只有当我们遵守法律时，自由才有意义，但我们赞同这法律是出于自愿，因为我们认识到它是合乎理性的：‘当我们的

---

① 朱坚章：《卢梭政治思想中自由观念的分析》，原载《“国立”政治大学学报》第26期，1972年12月。转引自《百年卢梭——卢梭在中国》，第237—260页。

② ［德］恩斯特·卡西勒：《让—雅克·卢梭著作的统一性》，见《卢梭问题》，第142页。

③ 转引自崔之元《卢梭新论——彻底的自由主义必须关心公意》，选自《百年卢梭——卢梭在中国》，吉林出版集团2009年版，第328页。

意志自发地具有原则时，我们就会了解那终极的自由。'"[1]

卢梭究竟是一个平等主义者，还是一名自由主义者？实际上卢梭自己给出了完整的答案。他说："如果我们探讨，应该成为一切立法体系最终目的的全体最大的幸福是什么，我们便会发现它可以归结为两大主要的目标：即自由和平等。"幸福是一切伦理学和政治学所追寻的奥义，而他的幸福论的朝向和终极价值同时定格在自由和平等。他接着解释了两大目标的内涵和意义，"自由，是因为一切个人的依附都会削弱国家共同体中同样大的一部分力量；平等，是因为没有它，自由便不能存在"[2]。由公意而缔结的拥有道德能力的国家不会抹杀个人，集体主义永远无法取代个人主义，因此平等也不会取消掉自由的价值；同样地，在奉自由为"至善"的同时，平等也是与之并立的另一个幸福论的解释。所以他既然是平等主义的，也就是自由主义的。

《论不平等》首先从平等的自然状态开始论证，"人与人之间本来都是平等的，正如各种不同的生理上的原因使某些种类动物产生我们现在还能观察到的种种变型之前，凡属同一种类的动物都是平等的一样"[3]。卢梭接受了进化论的观点并熟练地使用它来说明最初的平等的内涵：自然的某些共同的禀赋，只在于有无，不在于多少。这种平等很快就变成了不平等，或者说很快被意识到其中有不平等的因素，当某些变化发生之后，致使天性和原始秉性发生了转移，不平等也就产生了。克兰斯顿（Maurice Cranston）认为，这种变化就是人性的本质，当人性中的自爱心转化成自尊心之后，人们一旦意识到了他人评价和尊敬的重要性，观念的差异就孕育了不平等的萌芽。换言之，自然状态中的平等实际上非常短暂，是孤立的人在不自觉的状态中的平等，一俟人类交往出现，便立即被意识到从而变为不平等，但这种不平等却是自然的，或者说是"善意的"。卢梭在《论不平等》中提到，"我认为人类中间有两种不平等：一种我称之为自然的或身体上的不平等，因为它是被自然所确定的，包括年龄、健康、体

---

① 赖特：《卢梭的意义》，转引自《卢梭问题》，第 17 页。

② ［法］卢梭：《社会契约论》，何兆武译，商务印书馆 2010 年版，第 66 页。

③ ［法］卢梭：《论人类不平等的起源和基础》，李常山译，商务印书馆 1962 年版，第 63 页。

力与精神或心灵的品质之不同”[①]。卢梭从未详细描述过自然状态是如何平等的，事实上，自然状态的平等仅在于自然人都同属于人这样一个物种，他们在“人”的基本规定和性质上是平等的，对事物有着共同的感性原则（自爱与怜悯）和判断能力，至于自然人的个体差异性，在他们没有意识到的时候不能成为问题，在他们意识到之后如果还要去追问为什么会有自然的不平等亦毫无意义，对自然不平等的定义就已经决定了答案，而且这种自然的和身体上的不平等也是人力所无法改变的，只要有个体人存在，便有天赋能力上的不平等，它将贯穿一切世代始终。卢梭更为重视的是人类中间的第二种不平等，“可以称之为道德的或政治上的不平等，因为它必须有赖于某种约定，而且是由于人们的同意而确定下来的，或者至少是被人们的同意所认可的”[②]。卢梭说他想要在《论不平等》里论述的主题正是“指出在事物的发展的进程中，权利何时取代了暴力，自然在何时让位于法律，并且说明在经历了怎样的一系列奇迹之后，强者甘心为弱者服务，而人们甘心放弃已有的幸福去追求空想的安宁”[③]。随着人类观念和情感的相互推进，对优秀和出类拔萃的个人关注有了提升，这是“迈向不平等的第一步，也是迈向罪恶的第一步”[④]。新的生活导向了欲望、嫉妒和对抗，人类道德堕落之后，“一切灾难都是私有制的最初结果，也是不平等发展的必然产物”[⑤]。社会和法律被固定下来，天然的自由被摧毁，不平等则得到了法律的保障。在卢梭看来，专制权力是政府堕落的最终形态，政府不是不平等的基础，当然，专制的政府也可以扩大人与人之间的不平等的程度。从因果关系而言，不平等是所有罪恶的原点。当人民只剩下暴君的时候，“谁也别指望从忠贞那里得到什么，也没有任何其他主人，只要暴君一声令下，正义和职责就黯然失色，盲从是奴隶能够拥有的唯一美德”[⑥]。这样人们到达了不平等的终点，同时也如同一个封闭的圆圈那样回到了平等的起点，因为所有个体都回到最初的平等

① ［法］卢梭：《社会契约论》，何兆武译，商务印书馆2010年版，第30页页下注。

② 同上书，第30页页下注。

③ ［法］卢梭：《论不平等》，高修娟译，上海三联书店2009年版，第18页。

④ 同上书，第54页。

⑤ 同上书，第59页。

⑥ 同上书，第76页。

状态，所有人都一无所有，回到了强者法则和新的自然状态，只不过这个自然状态是极度腐化的结果。“所有现在盛行的不平等来源于人类能力的发展和思想的进步，并随着这二者的发展而逐渐加深，最终在私有制和法律建立之后，确立为永恒的合法现象。”[①] 卢梭在《论不平等》里讲述了平等和不平等的可能历程，而他所作出的“暴力将会被暴力推翻”的结论也几乎是日后法国大革命的谶语。

综上，在《论不平等》和《社会契约论》中，卢梭分析了两种不平等的类型，第一种自然的和身体的不平等非但无法改变，而且还可以合法地成为此后根据这种天赋向国家要求分配的基础，“人们尽可以在力量上和才智上不平等”[②]，而且，这种不平等即便存在，也不很重要：在自然状态中，人的差别不过是因为习惯所致，或者生活方式不同而导致，这种差别不是决定性的。自然的不平等的加剧是在文明社会中才出现的，因为这种不平等得到了教育和制度的强化，才得以造成真正的伤害。由此我们进入第二种不平等的类型，它是道德和政治上的不平等，我们可以通过“基本公约”，“以道德与法律的平等”来摧毁它，并以此代替（或说弥补）自然所造成的第一种不平等。不平等的历程分为三个阶段：法律和私有财产权的设定认可了富人与穷人的状态；官职的设置认可了强者和弱者的状态；合法的权力变成了专制的权力认可了主人和奴隶的状态，不平等就是在这样的历程中步步趋于顶点直至变革使政府瓦解。[③]《论不平等》的主题是不平等的诞生与成因，而其中亦步亦趋的是不自由的出现。社会和法律“永远消灭了天赋的自由，使自由再也不能恢复”，[④] 然而自由却是永远不能被让渡的，因为人类主要的天然禀赋便是生命和自由，他们可以享受却无权抛弃，“抛弃了自由，便贬低了自己的存在”[⑤]。卢梭恢复了罗马法的真精神，将出让自由看作极大的犯罪。在《社会契约论》中，卢梭区分了自由的三种类型，仅以个人力量为其界限的自然的自由、被公意约束着的社会的自由（也即政治的自由）和人类真正成为自己主人的

---

① ［法］卢梭：《论不平等》，第 79 页。

② ［法］卢梭：《社会契约论》，何兆武译，商务印书馆 2010 年版，第 30 页。

③ ［法］卢梭：《论不平等》，第 141 页。

④ 同上书，第 129 页。

⑤ 同上书，第 137 页。

道德的自由；在第一卷最后一章，卢梭则提出了两种平等，即“自然的平等”，“道德与法律的平等”。由此，《论不平等》是对不平等和不自由的现实的申诉，而《社会契约论》则是对自由和平等理想的呼唤。卢梭在时间关系和逻辑关系证明了自由和平等是同一种思想而非两种观念（见表2—1）。

表2—1　　根据时间和逻辑所呈现的自由与平等的相互关系

<table>
<tr><th>平等</th><th>自由</th><th colspan="2">不平等</th><th>不自由</th></tr>
<tr><td>自然的平等（极为短暂地存在于自然状态）</td><td>自然的自由（自然状态）</td><td>自然的和身体的不平等（始终存在）</td><td>法律和私有财产的设定</td><td rowspan="3">出让部分自由后设立的社会和法律带来了自由的完全丧失和永远的不自由</td></tr>
<tr><td rowspan="2">道德与法律的平等（根据“公意”的基本公约确立后）</td><td>社会的自由（公约之后）</td><td rowspan="2">道德的或政治上的不平等（“文明社会”）</td><td>官职的设定</td></tr>
<tr><td>道德的自由（公约之后）</td><td>专制的权力的设定</td></tr>
</table>

两本著作本身构成了对平等与自由这样一个整体观念和思想的进阶型说明，如果还原到卢梭所生活的年代，也同样能够印证自由和平等实为一体，不应分而视之。在西方资产阶级革命初兴之时，“‘自由’与‘平等’可以作为一个统一的要求而成为其革命的口号，因为当时自由主要是与专制构成一对矛盾，而平等也首先是具有政治的涵义——摧毁封建贵族的等级制，求得平等的政治参与权和决策权”①。二者之间的张力和矛盾是在革命胜利和巩固之后才日益显露出来的。而卢梭和他身后的法国大革命尚有一段时空的距离，自由与平等实为一种理念（平等的自由和自由的平等指称着同一种理想和信念）的两种表现，不平等与不自由也是对同一个“文明社会”的揭露和批驳。因此，由于具体的历史和国情不同，在自由与平等的相互关系上，至少在卢梭所处的时代，存在英国与法国两种思路。在英国，已经由光荣革命建立了一个和平有序的君主立宪国家，市

① 何怀宏：《诺齐克与罗尔斯之争——代译序》，见《无政府、国家与乌托邦》，中国社会科学出版社1991年版，第1页。

场秩序得到了良性的保障和维护，政府的职能也逐渐明晰，自由和平等的内在矛盾便已经初现端倪，成为英国思想家们所开始思虑的问题，17 世纪的英国自由主义之主流基本上奉行和尊重极端的个人自由；然而在 18 世纪的法国，在专制王权和其他特权开始与人民形成尖锐对立的时候，卢梭意识到了没有平等的自由基本上是不能存在的，有人认为，卢梭在这个阶段的政治哲学中提出了平等的需求，将自由主义改造为一种极富有平等观念的自由主义，这种援平等入自由的做法是对忽视平等价值的英国自由主义的反驳。[①] 卢梭对平等和自由的统一性说明，尤其体现在社会自由何以可能的论证中，在社会自由的获取中，平等是使其能够成立的形式要件和使其能够运转的机制。于是，在自由与平等这两者关系的认识上，清末民初中国学人中便至少存在着两种路径，一是将自由视作基本精神的英国式的个人自由主义，二是将平等视作自由之一体，引导自由实现并与自由成为并立价值，甚至超过自由成为根本性价值的法国式的平等观。在下文中，我们将进一步描述和说明，中国社会是如何在这两种观念中游离、调和、选择，最后以加工之后的卢梭平等观成为日后中国政治话语的基本逻辑。

当然，回到卢梭的本来语境中，卢梭本人并没有完全将自由和平等混为一谈，而是在理论的建构中选择性地让自由和平等交替出现，它们从不同侧面勾勒着卢梭的理想政治共同体。这种统一性后来反映在日本的民权革命和幕末明初，即被明治政府以官学刻意剔除掉革命色彩的平等和自由民权说，到了清末民初的中国社会，则被全盘接受为更加激进和放大的平等理论。作为一个革命口号，在当时自由与平等从未分离，但是，由于对自由平等的起源没有系统性的了解，尤其是在传播的过程中，几乎只有《社会契约论》作为唯一蓝本，卢梭要通过这种统一性来加以阐释的政治理论其实从未在东亚语境中得到过中肯和真实的解释，并且在下文中我们也将看到，即便是在严格的学理层面，诠释更甚于翻译的传播模式也从曲面映射出中肯和真实未必是传译者和传播者们所想要获致的最终目的。

---

① 惠黎文：《从专制主义到理想主义——霍布斯、卢梭、黑格尔三种国家观之比较》，《贵州大学学报》（社会科学版）2009 年第 2 期，第 2 页。

二、自由平等在自然法和“基本公约”中的体现

与其他或直接取材古典，或空想乌托邦，或来自现存实践的政治理论相比，卢梭的政治哲学在18世纪的欧洲有一个独到之处，它因现实世界而生，并改变了现实世界或说预示了另一种可能的现实，但是卢梭本人和他的全部学说却始终和现实保持着一个辽阔的距离。唯其如此，他能够以内在精神中的诗意去建构严肃的理想国，并在理性地意识到理想国和自由公民的固有矛盾之后仍可以有所回旋——一切都是如同寓言一般的哲人甚至是诗人的絮语。他曾经想把他的政治哲学献给他心中的日内瓦共和国，却并未得到现实中日内瓦的热情回应。诚如斯诺罗宾斯基（Jean Starobinski）所言，卢梭是“双重的局外人，无论在何处，他都是在叙述别处的人”。“卢梭属于另一水平线，另一种需求，另一个国度。”[①] 这种局外人的立场是卢梭刻意营造的，他因此可以脱离所有附着于他身上的任何共同体成员的身份，使自己的个体经验能够被普遍化，从而去寻找到一种合理的社会组织的秩序和原理。[②] 卢梭始终限制自己在《论不平等》中只作“普遍而纯哲学的探讨”，不带任何个人色彩和任何实践意味。[③] 他倾诉的对象从日内瓦公民开始，追溯至伟大的雅典人，最后转向了全人类。而诉说者本身在其中是一个特殊的自然人，他仍然保留了人类最初的那些空白的道德本性和自然情感。对于这样一个架空了的，排除了所有可能导致恶的立场的诉说者来说，他的身份和态度就只可能是平民，是理想社会中的公民，是不会被特权和物质侵蚀腐化的自由民。他在《社会契约论》第一卷伊始便说道，他不是君主或者立法者，因为君主和立法者的任务不是

---

① 让·斯诺罗宾斯基：《卢梭的〈论人类不平等的起源和基础〉》，见刘小枫、陈少明《卢梭的苏格拉底主义》，华夏出版社2005年版，第8—9页。

② 事实上，“局外人”的范型化可能来自加缪的一部以存在主义为主旨的小说，它集中刻画了存在主义关于“荒谬”现象的认知，人和世界的分离导致世界于人是荒诞的存在，人因此对一切事物都无动于衷。有人说，在法国作家的笔下，多次出现化外之人的形象，人一旦进入文明，不是逃离便是堕落，卢梭、蒙田和夏多布里昂便是其中的代表。他们不见容于这个世界，尴尬而倒生地活着，他们有自己的价值观，反省、批判和重建，一切都出自内心深处无可名状的孤独和停驻。

③ 让·斯诺罗宾斯基：《卢梭的〈论人类不平等的起源和基础〉》，见刘小枫、陈少明《卢梭的苏格拉底主义》，华夏出版社2005年版，第11页。

空谈而是实行，他的身份应当是“自由国家的公民并且是主权者的一个成员”①。

斯诺罗宾斯基认为，《论不平等》中有两个基本的参照术语，一说为自然，一说为权利。前者用来评估历史差异，后者可以明确人类的界限和法律范围。按照施特劳斯，natural right 其实是有两重含义，其一可以表示古希腊以来的自然正确、自然正义的观念，其二即17世纪以来的自然权利的观念。卢梭领衔了第二次现代性浪潮，以自然权利以及“历史观念”的兴起，直接导致了古典的“自然正义”或说“自然法”（Natural Law）的衰亡。② 卢梭理想中的公民权利和自然法处在两个平行的时空，它们之间并不构成矛盾，卢梭认为古典自然法的意义仅在于正确地承认了自由和平等作为天赋权利的价值，有如博登海默（Edgar Bodenheimer）所说：“在法律与自由及平等价值之间发生了某种联系。”但是这并不意味着自然法就能够适用于我们的人类社会。《论不平等》中人因为偶然的遭遇走向了无可拯救的失堕，是卢梭描述的人之罪性的另一个不同于基督教圣经的故事。在这个故事中，我们看到了我们现存的周遭的世界中这个不好的社会是如何通过不公正的契约而建立起来的。《论不平等》旨在解除蒙蔽，将看似正义和合法的现有秩序通过模拟的场景还原为一场“永久的阴谋”。卢梭在《论不平等》的假设历史中，不停地插入自己对于理想政治原理的准则构思，这个准则“可以检验任何具体的体系，并在必要时候，评判这些体系与理想模式的差异程度”③。基于此，卢梭在《论不平等》中为《社会契约论》准备了基本框架和思想的萌芽。卢梭认为，他的前辈们高估了自然法的价值，以为那种不变的理性能够贯穿自然状态和公民社会，但是自然与公民社会实际上是两回事，自然只负责人们的自我利益，而公民社会则需要道德，人的自然特征在公民社会面前是不足够的。于是用什么来证明和保证基本公约的合理与合法性，从而拒绝理性自然法，甚至是天启宗教对于人类历史的控制，便成为卢梭《社会契约论》

① ［法］卢梭：《社会契约论》，何兆武译，商务印书馆 2010 年版，第 3 页。

② ［美］施特劳斯：《自然权利与历史》，彭刚译，生活·读书·新知三联书店 2006 年版，第 11 页。

③ 让·斯诺罗宾斯基：《卢梭的〈论人类不平等的起源和基础〉》，见刘小枫、陈少明《卢梭的苏格拉底主义》，华夏出版社 2005 年版，第 11 页。

的焦点。《论不平等》中的自然状态提供了某种佐证，它所遵循的自然法是，人类的确曾经共享过一个自由和平等的时空，因此人类天性中的自由和平等便是可以被确证的。只要公约能够保存和保障自由与平等，那么公约便不会成为对人的限制，也不会成为任意性和偶然性的东西，于是公约便在根本上告别了易变性和易错性，成为自然法在全新的政治共同体的延伸。在缔约的时候，每个人都将自己的全部权力和财产一并交付给作为整体的共同体，他们所服从的不是某个具体的人格，而是一个抽象的凝结了他们所有人公意的道德人格。契约因此就是自由的，他能够缔约，证明他的意志不为自然所限制，他在服从公约的时候服从的也是自己的意志；契约并因此而是平等的，是每个人都在交付自己的全部，其中没有任何例外。

自由和平等的精神在《论不平等》和《社会契约论》中被精心设计为阶梯的序列，它们螺旋式地从原始的自然状态出发，被文明社会丢弃、滥用和损毁，又因为基本公约的缔结而回到了它们应当回归的路径，并呈现出与此前粗糙和原始的状况相比更加美好的一面。自由平等从自然法走向基本公约的全部过程并非发生在真实的历史情境中，它们在《论不平等》中的绝大多数时候表现为反题，是无奈的实然，在《社会契约论》中则多表现为正题，是被设想的应然。卢梭在事实和应当之间始终悬置自己，即使在两本著作中采纳了历史主义的目光来投射自由平等的观念，在本质上观念本身和现实依旧存有落差，并且还带有非常严格的适用范围的限定（对于理想的政治共同体，卢梭对其国土、政治体制和人民都有极为严苛的设定）；观念所企图反映和改造的现实亦的确存在，但是这现实是因为自然法所肯认的自然状态和基本公约的描摹才成为不堪的存在。卢梭所运用的自由平等观念始终与真实的世界维持着一定的距离，如果仅仅从实用主义的立场出发来看待这样一个序列，那么很容易被设计者壮阔的描述和充满激情的辞藻感染，而背离它原本仅仅是理想设计的内涵。卢梭的东洋传译者和中国传播者们显然没有觉察到卢梭的“局外人”限制，他们在受到这种理想的鼓舞之后，迅速将它与大洋彼岸的法国大革命和美国革命联系在一起，并将自己也投身其中，于是卢梭刻意维持的距离被取消了，社会契约迅即成为民权的口号、革命的火种和“医国”的良药。

自由和平等在根本上属于同一个政治理想的两种侧面，卢梭为自由规定的范围和边界使他的自由观具备了独树一帜的鲜明性，平等亦因为这种独特的自由而显示出与其他的平等观念相比更加巨大的张力。清末民初知识界在对卢梭进行解读的过程中，很少意识到卢梭对于自由的规定是如何迥异于西方主流的政治哲学传统，一方面是出于我们固有的自由范式的理解，从而对西方自由观念的隔膜和陌生；另一方面则多因依赖于当时国内传译者对经典自由理念的阐释，从而导致了对于自由的疆界认识不足。对于自由的理解偏差造成了平等概念上更大的偏差与失误，并因此从卢梭的《民约论》滥觞出后来激进和放大的平等主义观念。

第二节　何种平等及如何平等

在卢梭看来，自由和平等的实质在于，自由是人的基本规定和内容，而平等则是使这个规定和内容得以实现的形式。[①] 相对于自由和不自由，卢梭对于平等和不平等的理解便更能与实践接轨。卢梭的平等观主要体现为经济、政治和道德三个层面。[②]

一、卢梭的经济平等观

首先，与政治和道德的平等相比，经济层面的平等与卢梭对于自然状态的平等设想更为遥远，但是也最为清晰。卢梭所描述的自然的自由和平等中，由于物质的匮乏和人们的不自觉，平等尚未明确分化为经济的和政治的、道德的平等。就平等意味着人人皆处于同等的道德水平以及人人都具有普遍类似的人性而言，自然状态中的平等似乎更多地倾向于政治和道

① 比照亚里士多德的四因说也许能较为清晰地呈现这种内在的关系：自由可以类比为人的质料因，而平等则是形式因，卢梭本人并不信奉有一个外在的理性作为目的因引导着质料成为现实，在他的“四因”中，自由和平等本身就构成了动力因与目的因。卢梭为自由规定的范围和边界使得这个质料具备了更为积极的一面，因此作为形式因的平等也就随之而展现出了更为丰满和激进的一面。质料因相对形式因而言要略微抽象，形式因则更为具体和更富有可操作性。

② 卢梭在《论不平等》中对于不平等的类型有如下划分，即财富、爵位或等级、权势和个人功绩。他明确提到这四种不平等中，个人身份的不平等是其他各种不平等的根源，而财富是最后一个。根源的意思并不是起点，实际上从《论不平等》和《社会契约论》中，都能找到私有制导致最初不平等并且是最后不平等象征的说法，“根源”因此只能表示比财富（或经济）不平等更深层次的制度。

德层面。卢梭的经济平等理论是随着私有制的产生而逐渐展开论证的，而且他的经济平等理论同现实社会的结合最为紧密也最为合乎“理性”，例如，他从未提倡过将所有人的财产均等化，平等不意味着完全相同，相反，他还提出了一套与个人天赋上的不平等能够相匹配的分配方案，似乎和他在两本著作中一直大力倡导的彻底的自由和彻底的政治的道德的平等构成了某种矛盾。但也正是这种隐含的矛盾，使卢梭的平等理论在某些地方得到了稀释与缓和，并且他对于财富规模的设置也返回到了古希腊对于中道思想的坚守。在《社会契约论》中，卢梭说道：“至于平等，这个名词绝不是指权力和财富的程度应当绝对相等；而是说……就财富而言，则没有一个公民可以富得足以购买另一人，也没有一个公民穷得不得不出卖自身。这就要求大人物这一方必须节制财富与权势，而小人物这一方必须节制贪得与婪求。”①

此外，经济平等在所有的平等形式中又占有一个决定性的位置，私有制的产生导致了经济的不平等，而这种不平等分裂和加剧了政治与道德上的不平等，而且“各种不平等最后都必然会归结到财富上去。因为财富是最直接有益于幸福，又最易于转移”②。在人类还没有进入文明社会的时候，自然的不平等随着“关系”而展开的不平等是合理的，这种人与人之间的差异可以在“同样的比例上开始影响着人类的命运”③。那么，在进入经由基本公约缔结的理想社会之后，这种自然的不平等所造成的人们在财富上的差异性是否应该被全部否定呢？卢梭的答案显然是有所保留的。正如“返回自然”永远只是一个美好的理想，即便就是正处于理想社会之中，也只能通过制度的平等来尽量为自然不平等作出修补，“政府的最重要的任务之一，就是要防止财富分配的极端不平等”④。卢梭“准备只满足于稍微接近平等”⑤。经济上的不平等是客观存在的现象和事实，

---

① ［法］卢梭：《社会契约论》，何兆武译，商务印书馆2010年版，第66页。

② ［法］卢梭：《论人类不平等的起源和基础》，李常山译，商务印书馆1962年版，第143页。

③ 同上书，第124页。

④ ［法］卢梭：《论政治经济学》，王运成译，商务印书馆1962年版，第20页。

⑤ ［苏］普列汉诺夫：《让—雅克·卢梭和他的人类不平等起源的学说》，见《论不平等》，李常山译，第232页。

他在这一点上仍然赞成雅典的传统。他在《论不平等》的最后一个冗长的注脚中说道，“由于国家的所有成员都应当按自己的才能和力量为国家服务，所以公民也应当按照他们的贡献受到提拔和优待”①。雅典人已经学会了区分两种平等，第一种是给予所有人毫无差别的同样的利益，第二种则是按功勋分配，而雅典政治家们所实践的是第二种平等观。卢梭认为，不加任何区分的社会是不可能存在也从来不曾存在过的，如果要对公民的付出进行有差异性的分配，那么个人的好恶和判断也不能成为准绳，在这里，唯有实际的贡献可以作为公正并且是“正确的”的准则。若对卢梭的分配正义原则作进一步的考察，自然不平等所导致的个人能力的差异，并进而导致的贡献大小的差异将清晰地呈现出来。② 在《科西嘉制宪拟议》中，卢梭再一次强调了按照贡献比例来分配财富的法则：“我们制度之下的根本大法应该是平等。国家除了功勋、德行和对祖国的贡献而外，不应该再容许有别的区分；而这些区分也不应该再是继承制的，除非人们真能具备为它所作为依据的那些品质。我远不是希望国家贫困，相反地我是希望它能享有一切，并且每个人都能比例于自己的贡献而享有公共财富中他自己的那一部分。……这就足以表明我的思想了；它并不是要绝对破坏个人所有制，因为那是不可能的，而是要把它限制在最狭隘的界限之内，给它以一种措施、一种规范、一种羁绊，借以遏制它、指导它并使它始终服从于公共的幸福。”③

据此，卢梭在经济平等上至少阐明了两个原则：

第一，平等不是对数量的描述，它不是完全的份额相同，平等要尊重个体的差异性原则，否则反而是不平等的，会造成社会的混乱；

第二，平等是一种现实的形态，分配社会财富的时候只能依据可以被量化的客观公正的标准进行。借助古典城邦的理论和实践，卢梭得出了与传统和现实均能相容的经济平等原理，而这一切其实都源于一个尊重人性的基本前提，即人之所以成为独立的生命个体全在于人们彼此不同。

---

① ［苏］普列汉诺夫：《让—雅克·卢梭和他的人类不平等起源的学说》，见《论不平等》，李常山译，第 188 页。

② 刘国栋：《自然不平等：卢梭的阐释及其意义》，《中国社会科学报》2012 年 10 月 12 日。

③ ［法］卢梭：《社会契约论》，何兆武译，商务印书馆 2010 年版，第 66 页页下注。

二、卢梭的政治和社会平等观

在卢梭看来，政治的平等或社会的平等有赖于政治制度的设计和保障，在设计的过程中必然会引发现实与理想的冲突，卢梭游离于其中，尽管有时也采取谨慎和保守的态度，但是在基本的政治理念上却提出了大胆而充满激情的公意说，而他所造成和引发的一切困难都集中在这样一个设计上。人们的疑问主要体现为，有没有公共意志（或说普遍意志）的存在？如果有，个人意志能否一定具有公共意志的成分？个人的意志会否就此被公共意志所掩盖，个人不再是具体的个人？在这些疑问接踵而来的同时，公意说和人民主权说所产生的道德乌托邦的结论也将遭到质疑，从而道德的平等也就被悬搁。

卢梭公意说中的平等同时要求量和质两方面的平等性：

首先，它要求所建立的这个新的共同体中，所有的成员都要在缔约之前遵守同样多的条件，交出同样多的自由，在缔约之后则享受同样多的权利，而条件、自由和权利指代的都是成员作为一个政治个体所具备的东西，这是公意说在数学上的平等。

其次，它要求在这个过程中，所有的步骤都是公正和无偏私的，而且每一个成员均无例外，这是公意说在道德上的平等。在经济和物质可以被量化为个别份额的同时，政治和社会乃至道德的平等却是抽象和难以衡量的。

然而卢梭却恰恰没有去绝对量化经济上的同等份额，反而将这种绝对化转向了抽象的政治权利，他相信个人的劳动和天赋应该得到尊重和配比，如果要缩小极度的贫富差距，则只能通过政治的绝对平等（数量和质量上，数学和道德上）来加以校正。国家的起源来自财产私有制所产生的经济发展不平等，进而导致弱者被富人欺骗从而被桎梏，而国家一旦产生以后又迅即成为不平等的原因。如果要在现实生活中驱除不平等的现象，那么合乎逻辑的理论推理应当是消灭一切私有制，使政治制度的根基被损毁甚至瓦解。卢梭关注的却仅仅是政治制度本身的重建，他剖白过自己无意于破坏个人所有制，在他看来政治制度既是经济现象的后果，也是经济现象的助力器，而且这种作用有时候更甚于经济的力量。因此，在经济与政治的相互关系中，卢梭以一种虚拟的历史主义的视角洞察到了其中的发生机制，却主要聚焦于政治现实的改造，如果说在经济方面他要求的只是体现了公正观念的道德意义上的相对平等，那么在政治方面他却近于严苛地指出：我们需要一种同时体现同等性和公正性的双重意义上的绝对平等。

但是，有可能妨害卢梭这一理念设计的，恰在于卢梭在论证经济平等的时候所依据的前提。在经济平等的设定中，发自历史和传统的源流，对于个人的天赋和个人的差异性，卢梭表示了极大的尊重，提出与之配比的财富分配才是真正的平等。而在公意说中，这种个人的差异性却消失了。公意代表着公共利益，它“永远公正”，“不可摧毁”，构成国家的亦只能是公共的道德人格，并不是个人。但是公正性并不能够保障正确性，这是两种不能完全对等的价值。卢梭说，我们“并不能因此推论说，人民的考虑也永远有着同样的正确性。人们总是愿意自己幸福，但人们并不总是能看清楚幸福”。卢梭一再强调人民不一定有能力知道什么是对自己好的东西并因此而获得幸福，他却从不愿意否认公意的正确性，在《社会契约论》第二卷第六章，他进一步明确指出：“公意永远是正确的，但是那指导这公意的判断却并不永远都是明智的。”既然公意的正确性和公正性都不能受到任何质疑，那么只能是指导公意的判断或者人民的考虑出了问题，然而独立于任何判断或人民考虑的公意还能够成为公意吗？公意不得不逼迫自身从一个抽象的公共人格转向一个更为空泛和高度抽象的存在，它甚至独立于任何具体可感的群众和人民，而遑论个人的决断和偏私、爱好与欲望。个人的差异性终于在公意面前被模糊为毫不重要的环节，被完全的同等化的平等所笼罩，以实现政治平等的道德性。

而且卢梭认为，公意既然是一个公共人格，那么它就被寄托了一定的人格设定，就像是中世纪经院神学家们借助运动需要第一推动的古希腊观念所作的关于上帝存在的证明一样，公意也需要一个被遴选出来的天才人物来为其立法，促使其走上永远正确和公正的轨道。这个立法者“需要有一种能够洞察人类的全部感情而又不受任何感情所支配的最高的智慧；它与我们人性没有任何关系，但又能认识人性深处；它自身的幸福虽与我们无关，然而它又很愿意关怀我们的幸福；最后，在时世的推移里，它照顾到长远的光荣，能在这个世纪里工作，而在下个世纪里享受”。论及此，卢梭也自陈，如此的立法者条件，“简直是需要神明”。至此，卢梭的公意说被他自己捧上了神坛，在公意说中再也找不到现实生活中的个人，公意被设定得太精巧而严厉，非但如此，要理解公意也需要极为艰深的智慧和训练。

卢梭以其虚幻和不现实来批判格劳秀斯的“国王”和霍布斯的利维坦，但是他自己所阐发的公意也是一种极为抽象的存在，个人中的某一部分被抽象出来认为是同样的、同质的。他说“公民们既然只有一种利益，人民便只有一种意志”[①]。公意必须是出于全体，适用于全体，而人的天性可以证明这一点。“权利平等及其所产生的正义概念乃是出自每个人对自己的偏爱，因而也就是出自人的天性。”[②] 卢梭用人的自爱的天性倾向于权利平等和正义概念，类比说公意如果要真正成为公意就必须在目的上、本质上都同样是公意，否则就会丧失天然公正性，不能有“任何真正公平的原则”。然而在这个论证中存在一个断裂——人对于自己的自爱和偏私是如何过渡为人的个别意志中所必然具备公共利益的。即便在其中引入人的可完善性能力作为答案，那么也只能解释人在进入文明社会之后可以成为合格的公民，可以被道德教化，我们仍然无法肯定人必然会在私意中容有公意，而且公民只有“一种利益”。

卢梭的公意说实际上是他的政治与社会平等观的具体表达。“公意说”要求同时体现同等性和公正性的双重意义上的绝对平等。卢梭的公意说中涵盖了基督教《新约圣经》的典范价值，为独立和抽象的个人塑造了单一的道德趋意。为政治和社会平等的实现担当条件的“公意说”是卢梭构造的精巧的理论设计，但是当它一旦引入中国以后，却无可避免地和我们固有的公私观念接轨并形成对照，清末民初的知识分子大多在传统公私之辨的逻辑上理解和消化公意说，这也就导致了从他们的阐释所透视出来的卢梭平等观更加表现出现实化的特质，也为卢梭平等观在清末民初被扩大为国家、社会和人民的三重关系埋下了伏笔。

三、卢梭的道德平等观

在卢梭对政治平等的论证中，我们看到他如何一步步摒弃了从格劳秀

---

① ［法］卢梭：《社会契约论》，何兆武译，商务印书馆 2010 年版，第 134 页。

② 同上书，第 39 页。

斯到孟德斯鸠以来的对政治权力合法性的证明。启蒙时代对于国家权力的合法性证明或者直接承认权力天然合法，或者以既有的历史事实来承认现状。但是卢梭的对于合法性的阐释却自成系统，他在《论不平等》中说人们应当“像来喀古士在斯巴达所作的那样，首先扫清地面并抛弃一切陈旧的材料，以便重新建造一座美好的大厦”。他所做的扫清工作便是重新声张人类的自由，以道德的平等蕴意说明权力的进程。“上帝使人自由，以便使人通过选择而为善弃恶；上帝使人能正确地利用他赋予人的才能而做出这样的选择；但是，他对人的力量施加了极其严格的限制，以至即使人滥用他给与的自由也不能扰乱总的秩序。”① 在卢梭看来，政治与道德实为一体，政治通过人的意志自由选择这样一种普遍和崇高的道德谱系得到合法地位，道德亦能与政治强有力地结合起来，并与政治实现互相强化。卢梭在政治制度中所一再指出的法律和立法者也是颇具有道德色彩的词汇：一方面，作为公意直接结果的法律极为单一，仅指根本的大法，即可能影响到国家根本制度和机构设置的宪法，并未指涉具体的法律规条，他提出要将法律与命令区分开来。但是他又强调要从公意的角度来理解法律，不能如同孟德斯鸠所作出的形而上学的处理，仅仅将法律视为事物本性所产生的必然关系，在法律的缔造和法律施行的过程中人人皆平等，不允许有任何僭越法律的自由。另一方面，他的法律体系又相当复杂，除了规定政府和国家构成的政治法（根本法），规定社会成员之间、社会成员与国家共同体之间关系的刑法，以及惩罚不服从法律的个人的刑法之外，一切法律之中最重要的一种是铭刻在公民内心的真正宪法，它以其永恒的生命力能够复活甚至替代正在衰老的种种法律，宪法能够不自觉地以习惯的力量来替代和维持权威（即风尚、习俗和舆论）。卢梭在此处关于穹顶拱心石和内心法律的譬喻很容易使我们联想起另一个著名的譬喻，头上星空和心中道德律。而卢梭在这里所论证的能够体现民族风尚和灵魂的便不仅仅是通常意义上所讲的宪法，而是与道德律紧密相连的规则——一种人人皆能自律和自察的意志自由和平等。

道德与政治的联系还在于道德同政治一样都应当是普遍性的诉说，这种普遍性的运用就是平等观念的深入与拓展。霍布斯和洛克等人所缔造的

---

① ［法］卢梭：《爱弥尔》，李平沤译，商务印书馆1996年版，第401页。

公民社会与卢梭的契约社会的区别正在于，他们允许公民在人生而自由平等的前提基础下追逐和保存自我私利，卢梭却在同样的前提下指出公民为之而努力的方向是公共利益和德性的社会。卢梭回顾古希腊对于伦理学和政治学的扩散性论证，认为伦理与政治必须融贯一致，好的公民社会既是一个政治社会也是一个道德社会，公共利益面向共同性与普遍性，人的特殊性和差异性则有可能分裂这种古典的传统，无助于美德和统一性的建设，因此和政治平等在双重意义上的绝对平等一致，人们在道德上的平等也必须是绝对的。卢梭的这种普遍性解说深刻地影响了康德、黑格尔和马克思，[①] 并开出了黄克武所指称的另一种国家制度和功能设计的民主传统：卢梭—黑格尔—马克思主义。道德同政治的结合在古典城邦被破坏之后再次复归并且迅速成为现代性的一重注脚，并且政治之真正目的在于道德性的获取，"由自然状态进入社会状态，人类便产生了一场最堪注目的变化；在他们的行为中正义就取代了本能，而他们的行动也就被赋予了前所未有的道德性"[②]。卢梭在自己的道德理想国中畅想着柏拉图的理想国秩序，他说"我把我自己看成是柏拉图共和国的一分子"。权力与理念，道德和政治，平等与自由，都将在他的政治语境中重生和融合，而这一切都瞄准了一个强烈的至善论的靶心。

我们还需要注意到，卢梭的平等观虽然在一定意义上恢复了古典城邦的道德境遇，但是他和古典的平等有着本质的不同。在古希腊，"平等仅仅存在于这样一个特定的政治领域之中，在那里，人们作为公民而不是私人与他人相遇"[③]。古典的平等观，其精神实质在于，肯定人生而不平等，因此要通过人为的制度（城邦）来约定特定政治领域之内条件的平等，使满足这个准入门槛的人能够从事古代世界的政治活动。而卢梭及我们在现代意义上言说的平等是人生而平等，人的不平等是由于约定的制度而变得不平等。按照阿伦特（Hannah Arendt）的意见，希腊政治思想之所以要坚持平等与自由的相互联系，在于自由需要在某些人类活动中展现，自

---

① 张盾：《"道德政治"谱系中的卢梭、康德、马克思》，《中国社会科学》2011年第3期，第52页。

② ［法］卢梭：《社会契约论》，何兆武译，商务印书馆2010年版，第25页。

③ ［美］汉娜·阿伦特：《论革命》，陈周旺译，译林出版社2011年版，第19页。

由人的生活须得他人在场才能呈现其真实性。而在现代语境下，还存在着自由的意欲和“全新故事的开端”。这也就使卢梭通过平等来获致自由的学说在根本上和古典世界是两种叙事方式。

综观卢梭的政治话语，可以看到其中蜿蜒密布着由自由和平等交织而成的线索，它们在《论不平等》和《社会契约论》中作为反题和正题、现实与理想交替呈现，通过自然法证明其合理性又通过基本公约得到牢固的确立，自由与平等实为同一个观念。卢梭一直以实际意义上的局外人身份和想象中的日内瓦公民的态度尽情抒发和渲染着他的情感和理性，在其中最不容忽视的有以下几大原则：

一是卢梭对于人性结构的认识有异于西方的幽暗意识，他不完全认定理性、欲望和激情自柏拉图以降的惯有位置，因此他的自由和平等也就能够获得一种极为高蹈的价值基调，从而影响到对于政治和道德秩序的安排。

二是卢梭在个人的差异性原则上态度晦暗不明。一方面，他强调个人的天赋可以有所区分，而且有可能存在某些英雄或先知般的人物使他们有别于群氓，而且，自由和平等本身乃是为了完善和成就个人的幸福，卢梭从未谈过政治共同体的幸福，因为没有感性和具体个人的幸福根本不能称为幸福；另一方面，个人的差异性在公意面前又被无限地缩微，集体只能发出一种声音。

三是卢梭对于自身在任何真正政治共同体之外的放牧使他同时是保守和传统的，又是激进和革命的。他尊重甚至怀念古希腊的政治传统，试图在理念设计中恢复这种伦理与政治合一的国家模型，他不希望摧毁所有的个人所有制，乐于接受孟德斯鸠对于各个地域民族特性的设置并就此而拒绝完全的普世主义。然而他有时候又是危险和冲动的革命派，他在政治和道德方面都要求做到绝对和一丝不苟的平等。普列汉诺夫认为在《论不平等》中卢梭的唯物主义观点给他帮了倒忙，给他的实际方案带来了保守主义甚至是反动的因素，但是他的社会契约论却是“完全的革命学说”①。

综上，卢梭在一定程度上背离了西方认识论和人性论的传统看法而与

---

① ［苏］普列汉诺夫：《让—雅克·卢梭和他的人类不平等起源的学说》，见《论不平等》，李常山译，商务印书馆 1962 年版，第 237—239 页。

东方的乐观主义基调靠近，这是他能够在清末民初思想界获得迅速理解和被利用的重要原因。但是卢梭本人的思想是一个可能被多面诠释的棱镜，任何希望以单一的标签来定义他的做法都可能会误解他的原意。平等作为一种整体和全面的价值，能够很好地概括卢梭思想的主旨。虽然清末民初思想界在理解卢梭的时候抓住了他所要传递的强烈的平等信号，但是他们仅仅侧重于从现实的和革命激进的层面来描述卢梭，这是由当时平等观念的历史背景和语境所决定的。

第三章

平等观念的“前卢梭时期”和卢梭引入的语境

在卢梭平等观引入中国以前，传统中国社会亦有对“平等”的相关论述，尽管并非等级社会的主流观念，但是它们也共同构成了平等观念的“前卢梭时期”。在清末民初思想界平等观的塑形中，有许多元素值得注意，其中比较重要的既有传统社会关于平等的看法，也有卢梭平等观的激荡和动员，二者相互作用，使卢梭平等观披上了儒学、阳明学等合理的外衣，同时也使既有的平等观念在根本上发生了转变，此时期为卢梭的引入注入了内部的核心精神。此外，清末民初思想界由于其固有的社会和历史条件的限制，为卢梭的引入开辟了东洋的通道，并且卢梭一旦引入便同“革命”紧密相关，卢梭平等学说中最具有革命性的有关政治和道德平等的公意说也融入传统公私观：“东洋”“革命”和“公私”等说为卢梭的引入构建了一个外部的语境。

第一节　清末民初社会对于“平等”的传统看法

回溯“平等”一词的具体起源和由来，金观涛和刘青峰在《观念史研究》一书中，曾以时间和具体定义的转变和演化为线索，对“平等”一词的内涵做了如下梳理：

> 1830 年至 1895 年的主要用法。主要有三种含义。(1) 指没有等级差别。…… (2) 指平行。……这种用法较少见。(3) 指等级相同。……
>
> 1895 年至 1900 年的主要用法。1895 年，严复介绍了西方的“平等”观念，并将其与中国的“三纲”对举。……这时“平等”主要与“三纲”相对立，反对变法者也正是在这个意义上反对“平等”……
>
> 1900 年至 1915 年的主要用法。1900 年后，“平等”的使用次数大幅增加，常常与“自由”连用，虽然仍常用于反对“三纲”，但其侧重点在于反对政治专制。……1903 年后，出现了“贫富平等”、“社会平等”等用法，但较少见。……1905 年后使用“平等”稍多……1907 年，无政府主义者关于“平等”的次数逐渐增多。……
>
> 1915 年以后的用法。1915 年后，“平等”主要用于讨论不平等条约、男女平等、阶级平等的问题；1920 年，用于“男女平等”较多；1924 年后，最常用的是“不平等条约”。[①]

金观涛和刘青峰认为，“平等”在中文语境中，是随着翻译佛经而出现和被运用的，在实际生活中，平等观念并不适用于将伦常等级作为道德准则的儒家哲学规范。“儒家主张爱有差等的等级制道德观，所谓均平，只是对相同伦常等级而言，君臣、父子、夫妇之间是无所谓平等的。”[②]唯其如此，1864 年清廷主持的《万国公法》的翻译中，曾遭遇过如何翻译国家平等之间的词“equality”的困难，“由于‘平等’一词在中国文化中的含义是取消等级差别，故《万国公法》将 equality 译为‘平行’”[③]。金观涛等人认为这一事例足以证明儒学在根本上对平等观念的拒斥。

高瑞泉则在《自西徂东：平等观念史的西来脉络》一文中指出，在

---

① 金观涛、刘青峰：《观念史研究：中国现代重要政治术语的形成》，法律出版社 2009 年版，第 608 – 610 页。

② 同上书，第 377 页。

③ 同上。

中国现代观念的世界里，有三个基本的来源或脉络，其中第一个是中国传统观念，第二个是中国人在现代语境下的思想创造，第三个则是“西学东渐”。他认为“平等”作为一种中国现代价值的形成与以上三种来源或脉络都是相关的。此外，“平等观念不仅有古今之分、东西之别，还有宗教和世俗的分别”。因此平等观念在中国的成型是一个复杂的过程，高瑞泉提出了几种大致可能的要素：晚明的纲常危机和儒家传统友道的论证，基督教传教士的影响，洪秀全的平等实践，以及卢梭和法国革命所代表的激进平等的思想。

借助观念史研究的数量图谱和高瑞泉对平等观念脉络流变的系统研究和分析，我们可以洞见平等观念在清末民初的中国社会并非一种全新的思想维度。清末民初的中国社会可能在刚接触到卢梭平等思想的时候，因为其与“革命”的内在联系将其看作一个“崭新的政治原则”，但是一旦当平等渗透进社会生活和认识层面，当时的知识分子和精英们便意识到我们自有的观念体系中与平等相适洽的结构，他们不但从“革命”来为卢梭破题，而且敏感于传统公私观和卢梭公意说的融通，于是缔造出清末民初中国社会特有的对卢梭平等观的理解和再造，即成为现实化与扩大化的平等观念。

因此，如果要描述卢梭平等观在清末民初社会的传播和理解，需要厘清中国社会固有的关于“平等”的传统看法，它们构成了卢梭传播的背景并持续地影响着卢梭平等观的塑形。1895 年以前可能存在的对平等观念的基本认识和卢梭的平等观缺少理论上的直接承继关系和传递关系。然而当东西交会的桥梁一旦架起，旧邦新命的古老中国所怀抱的这种稀薄、笼统和模糊的平等观遭遇了卢梭激进的革命形象，尤其是在戊戌前后和辛亥以后，随着革命、建邦和共和等理念的不停交错，维新知识分子、士大夫阶层和革命者们重新从西方撤回目光并埋首于儒家传统的精华，于是关于民约的新命意，以及平等的新的赋值系统逐渐形成，原本稀薄、笼统和模糊的平等观便又被组合进卢梭的平等思想中，成为其现实化和扩大化的传统动因。

一、清末民初社会以前有关“平等”的表述和具体标准

对于传统中国社会既有平等观念的整理，可以观察到这样一个事实，

传统平等观念的表述和具体标准均和卢梭的平等观有所区别。

从表述而言，“平等”在古代汉语中多用“均”“平”等名词或形容词和“皆”等程度副词修饰之后的情状来表述，这是因为在清末民初以前的文献中，至少在白话文运动兴起之前，多用单字来表称现代汉语中的词汇。针对这种现象，王国维曾评价说，古代汉语单字成词，这种阐释体系不够精密，与日本新词的双字成词形成了对照，而这也是后来严复试图用古文作为基础的译词被日本新词替代的重要原因之一。

在清末民初社会的传统语境中，和“平等”意思最为接近的是“均”，“均”在作“平等”解的时候既可以用作动词也能用作形容词，“平”“公”较多用于形容词，“等”的“平等”词义不及前三者明显和丰厚。另除了“皆”之外，能表示“同等”或“同样”的程度副词还有“咸”“俱”等，在此仅举其中一例说明，不再赘论。与卢梭所持的清晰而抽象的“平等”观念不同，中国社会的传统“平等”观念散落在对土地、赋税、财富、爵位、地位等具体而微的论证中。

就具体标准而言，传统中国的社会治理模式中遵循着“礼治”的准则，这是中国社会独特的文化现象，而礼治的根本正在于等级的确立和区别之对待，传统社会按照宗法等级的次序去爱人和行“仁政”。礼治和礼法之下，“平等”的指向便只能面向一定的经济平等与人性的平等，而无视已经确立的人伦秩序，即政治地位、身份等。当时所承继的平等思想主要体现在经济平等上，而且集中体现为对土地的热爱与渴求，这样的思想一直延续到孙中山的土地政策。这与传统中国的生产方式和社会组织形式（乡土中国）密切相关，也是我们在判定个中平等原则时与卢梭的重要区别。例如，孔子就首先提出“均无贫”，董仲舒将其发挥为“不患贫而患不均，不患寡而患不安”。张载提出，“治天下不由井地，终无由得平。周道止是均平”。《太平经》有云：“平者言治，太平均，凡事悉治，无复不平。”统治者们注意到了一定程度上经济平等的必要性和重要性，历代农民起义亦多以平均土地和财富作为其动员群众的首要目标，政治和身份的平等尚在其次。例如唐末王仙芝自称“天补平均大将军”；黄巢自称“冲天大将军”，直陈起义目的为“赏罚不平”；北宋王小波称，“吾疾贫富不均，今为汝辈均之”；元末钟相、杨玄起义提出了“我行法，当等贵贱，均贫富”的纲领；明朝李自成提出了“均田免粮”和“贵贱均田制”

的纲领；晚清太平天国虽然带有浓厚的西方基督宗教色彩，但其核心纲领《天朝田亩制度》中也格外强调了对平均土地的要求。[①] 可见，传统中国社会对于平等的关切和动员都集中体现在土地问题上。直至民主民族革命爆发以后，对土地的关注仍然是革命动员的主流，这是由中国社会的特殊生产方式和组织方式所决定的。孙中山在 1903 年东京青山革命军事学校的入校誓词中第一次提出了“平均地权”[②]，此后在 1905 年的同盟会纲领中，平均地权又被作为纲领提出。相较于资本问题，平均地权是民生主义的根本问题，也是孙中山在财产问题上对于平等理论的重要阐发。与孙中山交往密切的宫崎民藏也曾在同盟会机关报《民报》第二号发文称，“土地之利用，为人类所当平等享受者，乃天赋之权利，万世不易之正道也”。

另外，对于人格和人性平等的坚守与论证非但不会造成对礼治的质疑，而且这种发扬和强调还能成全个人的道德追求，从而强化礼制的合法性。这种对人性普遍性中的道德面向和善性质的说明将在最后一章详加论证，而它们也构成了传统中国和卢梭对话的可能，虽然它们的终极论证方向并不一致，传统中国对于“天赋”和自然禀赋的理解也与卢梭不尽相同，但是在对人性的平等性上基本都持有肯定的态度。此外，在对理想社会的想象空间中，传统中国的统治者阶层和农民起义的领袖们都在一定程度上肯定这个理想社会是一个平等社会。如《礼记·礼运》就提出了一个“天下为公”的大同社会：“大道之行也，天下为公，选贤与能，讲修和睦。故人不独亲其亲，不独子其子，使老有所终，壮有所用，幼有所长，鳏寡孤独废疾者皆有所养，男有分，女有归。货恶其弃于地也，不必藏于己，力恶其不出于身也，不必为己。是故谋闭而不兴，盗窃乱贼而不作，故外户而不闭。是谓大同。”而农民起义中，无论是“王侯将相宁有

---

① 虽然“平等”的农民式乌托邦最后招致了失败，外来的宗教平等观念在太平天国变形后不但不能为人所接受，而且甚至带来了另一重的不平等，即神权政治下的腐败，但是曾国藩在《讨粤匪檄》中所指出的太平天国“自其伪君伪相，下逮兵卒贱役，皆以兄弟称之；惟天可以称父”，恰恰说明太平天国不同于一般的农民起义，它不仅是要平均土地，还要提倡与艰既有的旧伦常相对峙的人伦关系上的平等。

② 孙中山：《孙中山全集》第一卷，中国社会科学院近代史研究所中华民国史研究室等编，中华书局 1981 年版，第 224 页。

种乎”的呼声，还是“无处不均匀，无人不饱暖”的理想国，都直指向人格平等、身份平等和土地资源的平等。

二、“等级社会”下的平等

事实上，在对中国社会传统文化的形态进行描述时，常用“等级社会”或“差序格局”来表征其基本特质。“差序格局”是20世纪40年代，费孝通对应西方社会的团体格局提出对“乡土中国”的概念描述，皆因差等或差序的产生源自非常个人化的说理，人们在情感上的发展自然遵循着孟子所讲的“推恩”图景，“以‘己’为中心，像石子一般投入水中，和别人联系成的社会关系，不像团体中的分子一般，大家立在一个平面上的，而是像水的波纹一般，一圈圈推出去，愈推愈远，愈推愈稀薄”[①]。中国古代的仁学或仁爱理论，并非源于完全普遍和平等的情感，其在实质上是差等之爱。自孔子始，“君子笃于亲，则民兴于仁”，孟子说“亲亲仁也”，由己及人，每个个体的人都存在于某种人伦秩序中，而这种人伦秩序都是他的特殊社会身份，大多数不可与他人通约，人伦的递演遵循爱亲—泛爱众—天下的逻辑。

传统儒家治理下的个人在“十伦”中被标识和说明：鬼神、君臣、父子、贵贱、亲疏、爵赏、夫妇、政事、长幼、上下，其中每一重伦常都意味着差等。和基督教精神建构的西方社会不同，若说中国传统社会泯灭个人，却恰恰是在个人之中由个人的特殊感受出发来理解整个社会的伦理秩序，而基督教则采纳了一种超出寻常个人差序的兼爱，通过奥古斯丁对古代世界的告别，在上帝面前，“所有人都通过上帝和人的双向的爱，不仅解决了灵魂的安放，而且还把人和人的关系提升到了一个新的层面，爱不再仅仅发生在具体的人中间，而是发生在上帝和所有的人，以及所有人和所有人之间……这种阐述方式和古代世界的不同在于，后者的爱始终相信个人的理性能力，个人通过追求智慧本身来实现对尘世间其他对象和实践生活的爱，而且后者更多地照顾的是一个生活在熟人社会中的个人应该如何对待自身和他人的问题；前者则把个人交托给上帝看顾，所有的人都能够通过上帝这个永不丧失的灵魂中介来缔结和其他人甚至是物的约定，

---

① 费孝通：《乡土中国　生育制度》，北京大学出版社1998年版，第27页。

不仅仅是朋友，而且可以是仇人，是众人，这种约定是可以普遍化的”[①]。如果说西方通过基督宗教的改革经已确立了陌生人社会或说现代社会的交往雏形，那么中国社会则一直停留在“古代世界”的秩序中，由熟人和宗亲关系缔结的网络在实际上是个体的生存方式与最大空间。在具体的政治生活实践中，实际上存在着道德、宗教和法律（或人治权威）这几种既定秩序，中西在宗教与尘世关系上的不同对待映射到具体的政治社会中，就是对于人伦秩序的评价和权威的认同不一致。因此便出现了一种极为吊诡的现象，中国传统社会由个人切身感受出发来理解和习得的道德规范，反而成了个人的束缚，个人因这具体的枷锁而沉陷在精密细致的人伦关系中，西方基督教世界却超出支离的个人视域来理解来自彼岸世界的规范，相对简单的人我关系在一定程度上解除了人的羁绊，反而回到了对个人的观照和说明。

等级社会用礼制和礼法来维持既有的社会等级和伦常秩序，这也是德治梦想的具体化和现实化。制礼的根本在于以一套相对完善的规制来说明和强化某种特定的关系，这种关系就是血亲、宗法和国家之由内而外的推进和发展。因此在等级社会中，社会秩序的基本现实就是“不平等”。所谓“平等”的现实化，只存在于对秩序的适当维护和调整中，对于统治者而言，平等只是某个特定阶层内部的事务，或者是极小程度上对于经济和土地的略微调适，或者仅仅是关涉人性的某种性质（这已经是在“平等”观念上对于普通民众的最大限度的开放，而其最终目的正如此前所论证的，是要在根本上维护和强化礼法秩序），如果要在所有社会阶层之间实现身份的平等，打破礼法传统，对于统治阶级而言几乎是不可能的悖谬。有学者称，“中国传统社会文化追求人格差等，却又以经济平等来作为这种差等的结构补偿”[②]。对于被统治者而言，囿于其固有的视野和生活经验，平等更多地体现为对土地作为生产资料的要求，在社会矛盾激化的时候有可能会上升为对特权的反抗和对政治身份的要求，但是这个政治

---

① 文雅：《论奥古斯丁忏悔录的“爱”之诠释、进路及其意义》，《山西师范大学学报》（社会科学版）2012年第11期，第53页。

② 易小明：《中国传统社会文化差等——平等结构的特质及其消极影响》，《孔子研究》2007年第4期，第19页。

身份对应着何种的理想国，我们的传统在根本上尚缺乏特别精细和系统的论证。所以，在卢梭平等观引入以前，清末民初的中国社会各阶层的实际状况是“不平等”，即使有关于“平等”思想的论证也基本上是笼统而模糊的，言其笼统模糊乃是因为“平等”未曾成长为一种独立和基本的社会认同，而是作为某种微妙的调节机制和某种遥远的理想在不平等的现实夹缝中时隐时现。

国内有部分学者认为，除了魏晋时期的门阀制度，事实上在战国之后中国的政治体系在很大程度上体现了儒家的贤能政治①，或者说经由科举制度确定的“选举社会”。然而即便是在贤能政治和选举社会下，社会的基本状态依然是差等的。科举制度只是为普通知识分子提供了可以成为政治精英的可能性和上升通道，它表明社会流动的空间是部分开放的，关键问题在于它的不完整性上，它只面对士农工商中的“士”，同时它要求一定的教育、经济和社会背景。而一俟普通知识分子经过选贤与能的考试制度成为政治精英的一员，他们便自然地超越了他们原来所隶属的阶层。而且自春秋至清末，无论是世袭社会还是选举社会，其中都容有一个不考虑任何选举情形的例外，但这个例外却是最为重要的，即“君王”。皇权的继承必须有赖于血缘和世袭，它关涉国家的根本问题和合法性。因此在后来卢梭阐释者，尤其是杨廷栋和马君武的文本中，我们都能发现他们对于“君”的格外重视，他们或者完全将矛头对准“君”作为代表的专制社会，或者将人民主权说翻译为“帝民说”，前者是完全破坏了“君”的合法性，后者则是在卢梭的民主理论和传统中国对“君”的信仰中搭建桥梁，无论他们采取何种方式，他们的努力都在于尝试着以更好的理由来解释民主和平等。

在晚清，卢梭的平等观引入前夕，专制王朝的内部已经出现了一些对

① 这一点可参见何怀宏《世袭社会——西周至春秋社会形态研究》，标题中明确地将“世袭社会”这一特征赋予了战国前的中国社会形态。何怀宏将贤能政治的状态命名为“选举社会”。贝淡宁称，皇权时代的中国，贤能政治主要依靠科举制度使得优胜者博取功名和权力，并加以制度化，而且贤能政治一直是也将继续是中国政治文化的核心，它对有缺陷的西方民主制度构成了补充。而民主制度的主要特征，在于其对人格平等和身份平等的基本肯定，因此贤能政治虽然是对世袭社会的一次革新，但也不能简单等同于完全的平等状态，至少贤能政治必须承认有人能够超出一般平均水平地做知情的、道德上站得住脚的政治判断。

于“平等”问题的积极思考，当时的知识分子已经朦胧地意识到平等作为一个新兴价值的重要性。其中具有代表性的有以下几位：

1. 龚自珍代表了晚清普通知识分子对平等的一般看法：经济上以平均土地为根据的平等，甚至农民起义的正当性也是可以得到支持的。这种平等观念体现的对于土地的情结和农业中国的命脉是牢不可分的，未能脱离几千年来农民起义和社会革命的主题。龚自珍的思想体现了当时中国知识分子的个人意识、自我意识或个性解放的要求，戊戌前后的知识分子都受到了一定程度影响，而龚自珍等对于内部文化背景的强烈依赖则使梁启超等人在后来“稍进乃嫌其浅薄”，而后以求知识于域外的方式获得了更为全面的平等图景。

2. 张之洞与《劝学篇》。《劝学篇》是当时士大夫阶层中盛行的“中体西用”观念的结晶，课以纲常名教的传统训诫，全书凡 24 篇，又分内外篇，“内篇务本，以正人心；外篇务通，以开风气”。除向西人学习新技艺之外，还包括西政。且不论西政的施行能否实现，这种提法在当时已经是一种极大的进步。一方面，政治制度的前提是要明确国民的界限和范围，在甲午战争之后国内情势更为复杂的前提下，张之洞则继续在《劝学篇》中推动着洋务的观点，他所关切的是儒学的命运和“西人瓜分之祸”，“保国、保种、保教”这一切都需要落实在作为“民”的国民身上，他倡导在“君”之下的所有人作为“民”的平等关系的新模式；另一方面，张之洞又要求国民认识时局，领有各自的义务和责任，“言官以直言极谏为事，疆吏以足食足兵为事，将帅以明耻教战为事，军民以亲上死长为事，士林以通达时务为事，君臣同心，四民同力，则洙泗之传，神明之胄，其有赖乎?”① 将中华复兴的希望寄托在已经僵死的制度和能动的民众身上，这本身就构成了其中的深刻矛盾。张之洞的平等观实际上只有一个面向，即存在于四民之间的平等，所有的平等归结到最后仍然是为“君”服务，这种对王权和专制的妥协与维护，与卢梭所讲的平等观有根本的差别。

3. 康有为与《大同书》。康有为在其中运用和模仿了欧几里德的几何

---

① 张之洞：《劝学篇·外篇·同心第一》，见苑书义、孙华峰、李秉新编《张之洞全集》卷十二，河北人民出版社 1998 年版，第 9709 页。

论证方法，“此为几何公理所出之法，与人各分原质以为人，及各具一魂之实理全合，最有益于人道”[①]。就本书而言，康有为所指称的平等范围过大，他从“人道”的角度出发，说人类之苦“皆因九界”。这九界几乎无所不包，从国界、级界、形界乃至家界，甚至行业和类界等，因此，“吾救苦之道，即在破除九界而已”（《大同书》）。这种虚构的极为理想化的伦理世界既不能成为现实，在理论上也欠缺号召力和说服力，如此的平等并非人类所渴求的平等。我们在本书中要探讨的平等是一个有明确演进路线和范围变化的观念，从传统儒家的德性平等、以群体为中心的经济生活的平等、政治层面的平等到当下以个体为中心的法律资格的平等和政治义务的平等，现代化的平等观非但没有突进到康有为的大同世界，反而有了更为个人化的体现。

4. 谭嗣同与《仁学》。谭嗣同对于平等观念的转换努力在于，他对五伦提出了新的诠释视角，认为其中只有朋友一伦是值得保持的，其他关系都应该变成朋友关系，因为朋友关系的原则是平等。他在《仁学》中写道，“五伦中于人生最无弊而有益，无纤毫之苦，有淡水之乐，其惟朋友乎。顾择交何如耳，所以者何？一曰‘平等’，二曰‘自由’，三日‘节宣惟意’，总括其义，日不失自主之权而已矣”。

以上几种平等问题的看法中，龚自珍失之“浅薄”，张之洞则有所保留，唯有康梁师徒和谭嗣同等维新知识分子对“平等”的初步阐释最为接近卢梭。《民约论》在中国刊行之前，康梁师徒的思想中已经包含了一定的民权和平等的成分，不过这种成分流于感情稍显粗粝而缺乏理性论证。康有为自称，他早在1884年起便“演大同之义”，作为《大同书》的雏形，《实理公法全书》从几何原理出发，提出地球古今之人，都在“互相逆制之内”，认为人虽生而平等却又同时是独立的、差异的，所以应当“以平等之意，用人立之法”[②]，不仅长幼、朋友，甚至君民间都应当平等。谭嗣同1897年写成的《仁学》，倡导一种几乎是无所不包的泛化的平等，他的平等观甚至还跨越了生物种群的界限，他对平等的设计虽

---

① 康有为：《康有为大同论二种》，生活·读书·新知三联书店1998年版，第7页。

② 上海市文物保管委员会编：《戊戌变法前后万身公法书籍目录提要及实理公法全书》，上海人民出版社1986年版，第47—48页。

然仍未逃脱君民贵贱等旧有说辞的论证，但在当时甚至今天看来都是一种极其大胆和慷慨激越的陈述。谭嗣同实际上并未接受过任何关于卢梭的思想和学说，然而他关于平等的论述却在某些方面接近了卢梭的论述，甚至比卢梭的平等观更为激进，梁启超在《清代学术概论》中称“然彼辈当时，并卢骚《民约论》之名亦未梦见，而理想多为暗合，盖非思想解放之效不及此。其鼓吹排满革命也，词锋锐不可当”。谭嗣同在《仁学》中最为引人注目的是对礼教和三纲的批判，这种将平等视为固定之纲常对立物的观点在严复的《原强》当中也有所体现和论证。与后来的严复和梁启超不一致的地方在于，在当时的康有为和谭嗣同看来，平等是其所追求的理想，而非简单的实现形式和条件，梁启超认为他们之所以作出如此概念化的推论，是由于他们的知识结构“与政治哲学毫无所及”，因此便充满了美好的理想范式的色彩，而且后来的梁启超认为彼时的自己也和谭嗣同一样，正是“以殉教的精神力图传播”民治主义的根本信条，于是论证的方向平庸而疏阔。但是如果将梁启超的这一观点放在卢梭和康有为以及谭嗣同的比较中，则会发现卢梭为什么能够迅速启迪当时学人并迅速融入中国历史话语的另一条线索。康有为和谭嗣同等人对西方政治哲学的隔膜仅仅在于对英美等国的哲学渊源和政治现状不甚了然，梁启超自己也称，在根本上，他们与法国革命中所传递的卢梭的整个精神是“暗合”的。在当时维新被逼入困境、革命逐渐成为不得已而为之的道路时，这种“平等”的彻底性便作为一种世间真谛的理想被催发出来，并获得了巨大的生命力，它在那样的场景中显然无法完全照拂到太多的政治现实和历史传统，而是尝试着破除传统，以绝对的对立和新生展示它的合理存在。高瑞泉认为，康有为、谭嗣同、严复和梁启超共同地从天然同盟的角度来看待自由与平等这两个概念，只看到它们的关联部分而没有看到它们内部的逻辑与实践的冲突。[①] 这种做法其实正印证了前文对平等还是自由这一问题的探讨，在资产阶级革命兴起以前，两个概念实际上是同一个政治目标，即反转不平等和不自由的专制社会的一切规范。同时，在如何实践平等的这一路径安排上，早期的康有为、梁启超和谭嗣同倾向于完全破坏现

---

① 高瑞泉：《早期自由主义视域中的平等：以梁启超、严复为中心的考察》，《上海师范大学学报》（哲学社会科学版）2011 年第 6 期，第 21 页。

有的社会及其制度，严复和后期的梁启超则主张从进化论的精神出发，听从理性的安排。

需要特别指出的是，上文虽已列出1895年以前中国社会中可能存在的一部分对于平等观念的基本认识，但是在等级社会中，这种传统平等观念所呈现的全景与卢梭的平等观之间并无理论上的直接承继和传递关系，卢梭的平等观中沉淀的是西方基督宗教文化和西方政治伦理世界的信息，在卢梭以前和卢梭之后，西方世界所要求和倡导的平等有它们特殊的形式，其中涵盖的具体分类和演化尚需进一步探讨。大致说来，可以分为“权利的平等”和“状态的平等”。① 何怀宏认为，权利的平等更关注人和人格以及精神层面，状态平等则更关注物和经济利益；由于在状态平等中，被称作“生存权”的东西又可以纳入基本权利中，在权利和状态两种平等之间又可以划分出“基本”和“最佳”。西方国家在现代化和平等性的观念上都比我们走得更远，它们在从权利平等走向状态平等的道路上有非常清晰的疆界和过渡。如果把这样的观察运用到1895年以后中国社会的平等观念嬗变研究中，则很难发现相似的规律。何怀宏在观察人类平等和实践的历史之后归纳了平等的几种形式，并进行了排序，最优先和最基本的是生命权的平等，其次是人格的平等，第三是对基本自由的权利，第四是政治的平等，第五是更广义或具有实质性的机会平等，第六是精神和文化能力的平等，这是更高甚至是最高的。② 揆之以中国社会，在对平等进行立论的考察中，对于生命和政治的平等较为重视，对于精神和文化能力的平等则在一开始就以成仁成圣的高度进行了观照，在人格、基本自由和实质性机会平等诸方面的论证则严重不足甚至缺位，呈现出一种两头丰足而中间空泛的状态。卢梭的平等观念表达了个人的价值和尊严，强调个人的自由，是这一平等序列的有力补充，但是卢梭的平等观念在何种程度上改变和缔造了中国社会的平等观念，尚需更专门的讨论。

---

① 此处观点引自何怀宏《选举社会——秦汉至晚清社会形态研究》，北京大学出版社2011年版，第46—51页。

② 何怀宏：《平等的进展与困境》，《博览群书》2007年第11期，第93页。

第二节　甲午海战与卢梭进入中国的通道

卢梭思想的最初模型是在郭嵩焘等人的描述中建立起来的，除了郭嵩焘因为是驻英法的使臣而从英法等了解了“原汁原味”的泰西卢梭，传教士等人的传译和介绍也具有典型的西方视角。夏良才和颜德如的考证表明，王韬和黄遵宪等人在郭嵩焘之后都曾相继提到过卢梭。而王韬与黄遵宪触及卢梭都以日本书本作为基础，前者根据日本人的《法兰西志》和《万国史记》描述了卢梭与法国大革命的关系，后者则是在驻日期间取卢梭之说。直至其时，无论是完全西方的记述还是东洋的文献，卢梭与法国大革命已经发生了某种潜在的关联。袁贺等认为在甲午海战之前，由于对卢梭的译介尚未展开，这一时段的中国人对于卢梭仍然相当陌生。① 甲午海战是一个重要的转折点，当甲午海战将清王朝的危机推诸无可掩蔽的幕前，而日本的强大成为中国人洋务运动之后的锥心之痛时，如何从借鉴中超越便成为中国学人魂牵梦萦的家国命题。

一、晚清中国与幕末日本的不同路径

自鸦片战争拉开中国近代化进程的大幕之后，晚清时期的中国便和幕末明初的日本一样，被抛到了整个世界的历史舞台上，同时面临着来自国家内外的双重压力，两个国家却选择了不同的路径。日本自明治维新以来迅速铲除幕府统治的余孽，确立了以天皇为首的政治制度，脱亚入欧，交叉进行两次工业革命；而中国则从 19 世纪六七十年代起，在风雨飘摇中实行洋务运动，以“自强”和“求富”为口号，志在从器物方面学习西方。但是仅仅在器物方面的学习，而非国家制度的大变革，不足以真正令垂暮的帝国实现富强，甲午海战就是中日近代化进程第一阶段成果的检验。在这场较量中，中国政府苦心经营多年的北洋水师，在建立之初便以舰队火力和吨位领先日本而称雄东亚，却因清廷的腐朽不堪和贪腐成风，

① 袁贺、谈火生：《卢梭的中国面孔》，见《百年卢梭——卢梭研究在中国》，第 2 页。

导致北洋水师在使用现代化军备和训练来武装的日本舰队面前力不能支。[①] 洋务运动能够改进清军的装备，但是却不能改变在日军肆虐下清廷的软弱、溃退与其一贯主和苟安的衰颓。甲午海战是甲午战争中最引人注目的一环，北洋水师在占据有利地形的前提下，先失朝鲜，后退辽东，北洋舰队全军覆灭，“马关条约”的签订更加深了中国半殖民地化的程度。在朝鲜之变和甲午海战之前，如果说中日在各自的近代化进程中还互相独立各自为政的话，那么在此之后，中国被迫目睹了日本的野心并见证了明治维新以来日本的国力，中国经此一役在远东地区被原来的蕞尔小国视为囊中之物，觊觎不已，在半殖民化的泥潭里逐步深陷，而日本则摆脱了黑船开国以来笼罩在头上的被殖民阴影，成为列强序列中崭露头角的新贵。

甲午海战造成的影响和对比是如此强烈，以至于在甲午海战以前，富强的梦想还寄托在泰西诸国的器物之上，在甲午战后富强却立即成为日本海彼岸的特征。中国知识界开始将遥远的目光从泰西逐步收回，投向了距离我们最近的日本的典章和制度。甲午之后，有大臣奏请派学生赴日留学。“往昔的弟子，昨日的敌国，于今成为中国学子问学之所。”[②] 张之洞在《劝学篇》中提到：“至于游学之国，西洋不如东洋：路近省费可多遣；去华近，易考察；东文近于中文，易通晓；西书甚繁，凡西学不切要者，东人已删节而酌改之；中东情势风俗相近，易仿行，事半功倍，无过于此。”[③] 1896 年，清廷总理各国事务衙门向日本派出了第一批官派留学生，共计 13 人，自此，官派留学生逐年递增。日本留学生在中国所有官派留学生中的所占比例最大，数量呈绝对优势，造成的影响也最巨，之后辛亥革命的策划和组织基本上都是在留日学生中间进行，他们中很多人甚至成为武昌起义的直接参与者和牺牲者；而且在辛亥革命之后，从临时政

① “1889 年 4 月，荒尾精向日本参谋本部递交了乐善堂间谍们的第一份重要成果：有关中国大势的分析报告《复命书》。这份报告认为，清国的‘上下腐败已达极点，纲纪松弛，官吏逞私，祖宗基业殆尽倾颓’。而中日两国‘唇齿相保、辅车相依’，在列强虎视眈眈下，清国一旦不保，日本势将进退维谷。因此，‘清国之忧即日本之忧也’，日本要先发制人。”——摘自雪珥《绝版甲午》，文汇出版社 2009 年版。

② 张海鹏：《中国留日学生与祖国的历史命运》，《中国社会科学》1996 年第 6 期，第 180 页。

③ 张之洞：《劝学篇·外篇·游学第二》，见苑书义、孙华峰、李秉新编《张之洞全集》卷十二，第 9738 页。

府的唐绍仪内阁开始，历届内阁成员中，留日学生的比例和数量也具有明显优势。[①] 可以毫不夸张地说，革命因留日学生而兴，民国由他们所造。甲午海战与留日学生的派遣之间存在着一定的因果关系：甲午年的惨败让清廷在受到强烈震动之余走出了尝试性的快捷（张之洞所谓“事半功倍”）自救的道路，留日学生则是建设这条道路的主料。正是他们将卢梭真正带到了中国，开启了卢梭平等观在中国的旅程，他们对卢梭的观感非常之重要在于他们的印象正体现了卢梭在中国的首因效应，他们对卢梭的处理则是卢梭平等观走形和扭曲的缘起。

二、甲午后知识界的东洋路径

甲午以前，晚清中国知识界看待世界的眼睛大多停留在魏源编撰的《海国图志》，可以说这甚至是他们知悉世界的唯一窗口。在《海国图志》中，华夷之辨的陈旧说法在魏源看来已经不合时宜，天朝上国的迷梦已然被惊醒，《海国图志》的主题是“师夷长技以制夷”，魏源在书中亦对弥利坚（美国）的民主制度心驰神往，对佛兰西（法国）却吝惜笔墨。然而即便是大赞美国民主，在已然腐朽却死而不僵的强大统治下，他却只能提出学习西方的三种“长技”：战舰、火器、养兵和练兵之法。值得一提的是，日本学者井上清在研究明治维新时期的各种动因后曾经指出，横井小楠就是因为读到了1855年前后在日本国内流传甚广的《海国图志》而有了思想上的革命从而力倡开国主义。一部本来为了应对西方坚船利炮而发愤自强主动了解世界的著作，却在之后在与我为敌、视我为鱼肉的东邻彼邦产生了如此积极的影响，不能不说，这是对强大制度的最有力反讽，也是促成晚清知识分子从制度层面反思甲午的诱因。如果说魏源只是根据林则徐主持编译的《四洲志》和其他人的《瀛寰志略》来编撰此书，因此对法国革命所知甚少的话，那么即便是真正旅欧，甚至先后出使法国的郭嵩焘、曾纪泽、薛福成以及黎庶昌等人，对法国大革命的回应也微薄而疏忽，他们更多地推崇“君民共主国政”的英国或“无君臣上下之分”

① 参见刘寿林编《辛亥以后十七年职官年表》（中华书局1966年版），以及张海鹏的定量研究“北洋时期历届内阁成员留学情况表”，见《中国留日学生与祖国的历史命运》，《中国社会科学》1996年第6期，第185页。

的瑞士。①

因此，甲午海战之前，当时的中国知识界通过驻外使臣所得到的卢梭印象近似于空白，这是由当时“师夷长技”的文化氛围和政治自觉所导致的；甲午年的大事件促使留日学生的成长，正是这一批人将卢梭的平等思想引入了中国，而他们从东洋习得的卢梭印象成为他们偏离卢梭题旨的主要原因。

第三节　“革命”与卢梭形象

甲午年后，留日的学生在东洋接受日本和西洋文化的同时，在国内也悄然兴起了一场自上而下的改良运动，它被称作“变法”而非革命，皆因“革命”指代更彻底和根本的转变，这场变法虽然从器物的模仿进入了制度的改良，然而却迅即招致了失败。也正是在这场变法前后，卢梭与革命，真正从留日学生、流亡革命者与国内最后一批士大夫的介绍中进入了中国学人的视野，对法国大革命的评价几乎可以全部归诸卢梭，卢梭的平等观也在这些评价中次第呈现出来。金观涛、刘青峰的研究表明，“在1899年以前，平等、独立和革命三个观念并不存在太明显的相关性”，1899—1917年，三个关键词的使用次数和关联性大增，“有部分论述直接以平等为新道德，实行革命是为了消除不平等”。1903年左右出现最多的是“政治革命”“排满/种族革命”和“法国革命”，“意味着在中国提倡法国革命即为排满和争取民族独立，而民族独立也就是平等的实现”②。

一、“革命”在中日的语义演变

“革命”一词出自《周易》，“汤武革命，顺乎天而应乎人”，以神权正义的角度出发来阐释王朝的更替。有人考证，“革命”在今天的语义来自王韬的《法国志略》（1890），王韬最早使用“革命”一词便是指代的法国革命，他的用法出自他所借鉴的日文著作《法兰西志》和《万国史

① 章开沅：《法国大革命与辛亥革命——纪念法国大革命200周年》，《历史研究》1989年期。

② 金观涛、刘青峰：《观念史研究：中国现代重要政治术语的形成》，第385—387页。

志》。日本人的“革命”来自汉语，他们最初也用“革命”来形容明治维新，只是后来才冠之以“维新”。梁启超在《释革》也曾写道：“其所谓变革云者，即英语 Revolution 之义也，而倡此论者多习于日本，以日人之译此语为革命也，因相沿而顺呼之曰‘革命革命’。”据金观涛、刘青峰，革命观念扫荡一切观念领域始于 1900 年的“排满革命”和“政治革命”的兴起。在中国知识分子学习 revolution 内容的时候，“传统革命观念潜在地参与了中国现代革命观念的塑造”①。

革命本身具有正面和正义的词义导向，但当时的日本知识界已经意识到“法国大革命”具有颠覆性的作用和力量，对于整个政治制度和国家可能是不安全的，于是日本人在使用“革命”的时候是基于正面的基调予以谨慎的收束。在清末民初的中国社会，“革命”被赋予了多重意义的解读，而每一重意义都近乎极端。康有为、梁启超、孙中山、章太炎、邹容、陈天华等对革命和法国大革命的阅读和判断截然不同，有警惕恐惧之心，也有鼓舞赞颂之意，他们的态度也影响了卢梭在中国的最初印象：

1898 年，康有为在向光绪呈报的《法兰西大革命记》中沿用了日本的翻译，他分析称，中国两千年改郡县以后，“既无世诸侯大夫，人人平等，无封建之压制，民久自由”②，法国的不平等和不自由的现象远远甚于中国，并且“法之卢骚，福禄特尔诸人，亦不无阅历短浅、轻于言论之咎。……我中国平等自由已甚，与法全反”③。在这篇文章中，他极力渲染了法国大革命的暴力与残酷，“法革命之祸，至于弑君易朝，死者百廿九万，可谓弥天之大祸矣”④。而且康有为提醒光绪皇帝注意，“民”的力量不容忽视，一旦被翻动，便足以令君主专制崩溃。是年进行的这场改良派的变法运动，在继续推进西方科技文化的旗帜下，大胆提出了建立君主立宪政体的要求，最后以百日维新的短暂和六君子的就义惨淡收场。至此，寻求富强之路上，从器物到制度的探索都以失败而告终。1902 年，康有为收到海外保皇党人的来信，信中表达了对立宪理想的质疑和失望，

---

① 金观涛、刘青峰：《观念史研究：中国现代重要政治术语的形成》，第 376 页。

② 康有为：《法国大革命记》，见汤志钧编《康有为政论集》（卷二），中华书局 1981 年版，第 592 页。

③ 同上书，第 594 页。

④ 同上书，第 595 页。

康有为因此发出《答南北美洲诸华侨论中国只可行立宪不可行革命书》的公开信，称法国大革命“大乱八十年，流血数百万”，中国革命必将引致内乱相残。“革命未成，而国民涂炭，则民权自由，且不可得也。是故真有爱国之心，爱民之诚，但言民权自由可矣，不必谈革命也。”① 而且康有为在文中还提出，他对于帝制的拥护其核心理据在于满汉平等。梁启超称康有为在中国首倡民权，但实际上康有为的政策却往往围绕君权开展，从而道出了变法运动是自上而下实施改良，而非重建制度的本质。

梁启超在早期对法国大革命持基本肯定的态度，他在1900年的《致康有为书》中写道：“先生屡引法国大革命为鉴。法国革命之惨，弟子深知之，日本人忌之恶之尤甚。……且法国之惨祸，由于革命诸人，借自由之名以生祸，而非自由之为祸。”② 他同意法国大革命所造成的惨烈现实，但是认为这并非自由和革命的“祸”。他欣然接受了卢梭对于自由平等精神的伸张，在1902年《论学术之势力左右世界》中说，“及卢梭出，以为人也者生而有平等之权，即生而当享自由之福，此天之所以与我，无贵贱一也，于是著《民约论》（*Social Contact*）大倡此义。……自此说一行，欧洲学界，如旱地起一霹雳，如暗界放一光明，风驰云卷，仅十余年，遂有法国大革命之事。自兹以往，欧洲列国之革命，纷纷继起，卒成今日之民权世界。法国大革命，十九世纪全世界之原动力也”③。

戊戌变法对中国学人造成的阵痛在章太炎的《驳康有为论革命书》中体现得格外鲜明，他指出改良就是一场谬说，满清从扬州十日、嘉定三屠直至残害六君子，这一切都体现出满洲人为主、汉人为奴的民族不平等，根本就不存在康有为的满汉平等，“公理之未明，即以革命明之，旧俗之俱在，即以革命去之”。值得一提的是，章太炎曾三次流亡日本，他称“东洋卢梭”中江兆民为“东方师表”。章太炎激烈称颂革命，痛恨零敲碎打的改良运动，他在清末民初社会开启了有关平等观念两种的重要传

① 康有为：《答南北美洲诸华侨论中国只可行立宪不可行革命书》，见沈志均编《康有为政论集》（卷二）中华书局1981年版，482页。

② 梁启超：《致康有为书》，见李华兴、吴高勋编《梁启超选集》，上海人民出版社1984年版，第136页。

③ 梁启超：《论学术之势力左右世界》，见陈书良选编《梁启超文集》，燕山出版社2009年版，第212页。

统：第一是以民族的不平等来抨击旧制度，提出唯有彻底革命才能彰显公理。这种借助民族观念的复兴来建立新国家，从民族到国家的逻辑启发了梁启超和孙中山，成为日后辛亥革命的一大目标；第二是不惜以稍嫌激进的言辞来刻画卢梭，他在1904年作《訄书》称："路索穿窬脱纵，百物无所约制，以是深观，得其精和，故能光大冥而极自由。"[①] 而章太炎本人也在1911年上海《民立报》的致辞中，被寄予厚望，文曰："惟望我同胞奉之为中国之卢梭。"

1903年，自日本回国的邹容在《苏报》上以"革命军马前卒"为名，与章太炎同期发表了《革命军》一文，"劝动天下造反"。可见彼时"造反"一词已经被赋予了新潮而积极的"革命"内涵。他在绪论中称："夫卢梭诸大哲之微言大义，为起死回生之灵药，返魄还魂之主方，金丹换骨，刀圭奏效，法、美文明之胚胎，皆基于是。"邹容在日本接触到的《民约论》使他发出了要做"卢梭第二人"的急切呼声。和章太炎的主张一致，他大力宣称革命是天演之公例和世界之公理，"欲御外侮，先清内患"，"革命必先排满"；在他的理想国度中，"凡为国人，男女一律平等，无上下贵贱之分"。自《革命军》后，中国革命党人便再无退路，革命的目的便明确指向了帝制和王权。鲁迅说它气势磅礴，振聋发聩，无异于一声惊雷将皇冠震落在地。"便是悲壮淋漓的诗文，也不过是纸片上的东西，于后来的武昌起义怕没有什么大关系。倘说影响，则别的千言万语，大概都抵不过浅近直截的'革命军马前卒邹容'所做的《革命军》。"[②]

据陈少白在《兴中会革命史要》中记载，在1895年孙中山称自己为"革命党"之前，中国革命党人只认为做皇帝才叫革命，自己的行为只能算是造反，但孙中山显然已经在西方接受了"共和革命"的思想，并且还明确强调了要驱除鞑虏，附加了实行种族革命的意义。孙中山的革命便与保皇和改良彻底对立起来。此后在孙中山的三民主义的学说中，他在《民权主义》中便直接援引了卢梭的观点。

虽然甲午至于庚子，国内对于"革命"有两种不同的认识和态度，但是就上述分析来看，庚子事变之后的国内情势，正如辛亥志士张难先所

---

① 章太炎：《章太炎全集》第3卷，上海人民出版社1985年版，第133页。

② 鲁迅：《杂忆》，《鲁迅全集》第一卷，人民文学出版社2005年版，第234页。

描绘的：“庚子以还，形形色色奔凑咸来，外面东西留学生，内而军学两界，其倾向革命之热情，如雨后春笋，暴发于满山之间。”“革命”的正面意义和积极价值显然成为当时不可逆转的潮流，康有为等保皇党人维护帝制的宣传被认为是落后和不合时宜的，推翻帝制、排满革命已然成为当时的最强音。在晚清知识界，随着留日学生和流亡革命者在日接受教育以及往来中日的交流增多，“革命”和卢梭的形象逐渐鲜明。

此外，据颜德如《卢梭与晚清革命话语》的分析，从甲午战争到辛亥革命前夕，对法国大革命的介绍主要有两种观点，即暴乱论与革命论。[①] 这一说法也从侧面肯定了“革命”和暴乱是对立的，“革命”具有摧枯拉朽的积极意蕴，是与落后陈腐相对立的进步观念。借助颜德如的研究，我们能够洞悉到这一阶段卢梭和革命进入中国语境的思想逻辑，颜德如概括了几种代表性的表述：“其一，称颂卢梭改造世界的巨大功劳……其二，讴歌法国大革命而间接歌颂卢梭……其三，以赞扬社会契约思想的作用而称赞卢梭。”[②] 这三种表述都指向了一种关系，即卢梭促成了法国大革命，法国大革命则改变了世界，这一切对当时已经落后于世界同时又亟须巨变以谋求生存和富强的中国无疑具有巨大的诱惑力。

同时，在立宪派这一面，他们对于“革命”的不满和拒绝还因为背后有清政府的最后反省。义和团运动和庚子事变促成了清王朝主动推行“新政”的计划，一旦祭起新政大旗，犹如一盘散沙的各种政治力量又重新蓄积在王朝当政者的周围，“维新”成为比“革命”更温和也更加时髦的词汇。[③] 但是“维新”本来是为了凝聚立宪以对抗革命，殊不料预备立宪成了政府和立宪派走向分裂的导火索，新政推行者的君臣（以慈禧太后和张之洞为代表）对君主立宪的认识不足，对立宪派的打压、新政的具体举措失当等，最终令新政为清王朝敲响了丧钟。“革命”于是再一次显示出它的合理性。

---

① 颜德如：《卢梭与晚清革命话语》，见《百年卢梭——卢梭在中国》，吉林出版集团 2009 年版，第 71 页。

② 同上书，第 72 页。

③ 1901 年，梁启超在《维新图说》中指出，维新已成为社会上时髦的流行词汇。

二、卢梭平等观在“革命”语境下的传播

由此，在甲午海战至辛亥革命之前，在晚清中国的前途和命运上，有来自王朝统治者、士大夫阶层和留日学生以及流亡革命党人的种种企望和尝试：对于王朝统治者来说，洋务运动、戊戌变法和新政的推行都是在最大限度保留专制权力之下的改良运动，然而它们都被证明是收效甚微甚至是悖谬初衷；对于士大夫阶层来说，当“天下”大势愈演愈烈的时候，他们也在反复拣选、怀疑和试探；对于留日学生和流亡的革命分子来说，虽然中间也不乏保皇党人和立宪主义者，但是“革命”却正是在他们的号召下，渐成清末民初社会主旨，他们要从根本上摧毁帝制，振奋民族，也正是这一个群体成为辛亥革命以后中国社会的主流政治力量。卢梭在这样的前提下进入中国，便是被有选择地介绍和接受的。在甲午年到辛亥年这个阶段，卢梭的传播便具有如下几个特征：

第一，具有日本的地缘性和亲近性。卢梭的引入中国，在辛亥革命之前几乎全部来自日本通道。经过日文整理和中江兆民译解后的卢梭介绍及著作，成为思想直接传播的唯一凭证。由于中日在甲午海战后的交锋，留学生和流亡者在日本对于卢梭的接受首先便具有一种迫切的使命感和紧要性，他们从卢梭身上看到了以知识和舆论去发动平民造成革命的巨大威力。但是前文已经分析过，当时他们所接受的卢梭却未必完全是法国的卢梭，而是东洋的卢梭，这个卢梭的片面化和现实化也正是他们所需要的特质。

第二，具有和“革命”的密切性。不论“革命”在这个时间段内被作何评价，有一点是士大夫、立宪派和革命者们都公认的，即卢梭和法国大革命有天然的关联，甚至卢梭就是法国大革命的始作俑者，卢梭本人就是“革命者”。在清末民初的中国社会，革命者们甚至将卢梭确立为自己的理想，将卢梭设定为献身革命的同道者。“东洋卢梭”提供了卢梭现实化和东方化的版本，当卢梭进入中国人视野之后，陆续涌现出被先后寄予“中国卢梭”厚望的章太炎和梁启超，要做“卢梭第二人”的邹容，自称“亚洲卢梭”的柳亚子，被誉为“女界卢梭”的秋瑾。我们可以看到，这几位中国式的“卢梭”都是曾经留学或流亡日本的维新派或革命派，由于在卢梭和清末民初社会之间还隔着明治维新的日本社会这样一个时空的

距离，当时的中国人在与卢梭相遇的时候对卢梭的学说几乎只有一种单一的解读——卢梭是激进的，是极端的，是现实主义的批判者。在甚至不了解卢梭的具体年代（比如陈天华就曾说，卢梭是与中国明朝同时代的人）和学说的时候，就以被传译之后的“自由”“民权”等新词汇来概括卢梭的全部思想。因此，既然卢梭和“革命”捆绑在一起，那么革命的含义也就决定卢梭整个思想包括平等观的理论基调是激进和彻底的。实际上，革命者们并不关心卢梭真正想要讲述的内容，颜德如在《卢梭与晚清革命话语》中对卢梭思想与晚清革命的关系有一个恰如其分的评价：“卢梭社会契约思想与晚清革命话语关系并不大。也就是说，前者并没有为后者提供具体的思想资源，不过是起了标签的作用，而前者的旨趣却被抛弃了。”①

第三，具有传播范围的普遍性。与日本国内卢梭几乎只在政治学和政治层面上出没不同，卢梭平等观在辛亥革命前的传播可谓普遍而全面，在文艺界、在学术界、在政治界，卢梭都是一个崭新而激越的革命形象，学界和政治界（尤其是前者）的巨大影响在下一章将会得到更进一步的阐述，文艺界的影响较为表浅，许多研究也曾经作过相关的论述，我们在本章中试图从文艺界的广泛传播给出原因。究其因由，大致有二：

一是中日的文学传统和文化普及的程度不一致，两国学人的身份和理想也有所区别。日本没有中国如此深厚和广泛的文化积累，并且在明治维新以前，森严的门阀制度和幕府统治隔绝了绝大部分普通下层民众获取基本的文化教育的可能性，对于卢梭形象的知识只可能出现在相对集中的统治阶层，而且在明治维新以前也没有在文艺界开展过轰轰烈烈的革命性运动，即便出现过某些无政府主义小说的潜流，却未曾引起民间的强烈回应。因此卢梭只进入了日本的政治空间，仅被拘束在相对的精英阶层；在中国，由于科举制度的延续和儒教文化的铺垫，文人、学人和士大夫在很多时候往往是身份一致的同一类人，文学影射政治进而影响政治的风气与文人政治的传统原本便非常深厚，卢梭从留日学生和流亡革命者中进入中国，能很快地被文学界、学术界和政治界消化与接纳。

二是“革命”一词在中国各个方面的渗透。由于卢梭与“革命”如

---

① 颜德如：《卢梭与晚清革命话语》，见《百年卢梭——卢梭在中国》，第79页。

影随形，因此诗界革命有卢梭，日后的新文化运动中也有卢梭。并且我们在下文中还将看到，最初明确提出卢梭平等思想的恰恰就是在文艺界而非学术界。文艺与卢梭的结合虽然不如学界透彻，但却能更广泛地流传和感染民众。例如“诗界革命”中被梁启超誉为“近世诗界三杰”之一的蒋智由，其最有影响力的诗便是《卢骚》：“世人皆欲杀，法国一卢骚。《民约》倡新义，君威扫旧骄。力填平等路，血灌自由苗。文字收功日，全球革命潮。”被誉为“女界卢梭”的诗人秋瑾也有诗云：“卢梭文笔波兰血，拚把头颅换凯歌。”她在弹词《精卫石》中说道：“近日得观欧美国，许多书说自由权，并言男女皆平等，天赋无偏利与权。”诗人柳亚子在长诗《放歌》（1903 年）中写道：“卢梭第一人，铜像巍天阊。《民约》创鸿著，大义君民昌。胚胎革命军，一扫秕与糠。百年来欧陆，幸福日恢张。”此外，卢梭的形象也集中出现在辛亥以前的近代小说和戏剧中①，如李宝嘉的《文明小史》（1900 年）②，陈天华的《狮子吼》以及柳亚子的剧本《松陵新女儿传奇》，岭南羽衣女士的《东欧女豪杰》（1902 年），曾朴以“东亚病夫”为笔名发表的历史小说《孽海花》（1903 年），夏循垲以蕊卿为名的《血痕花》（1903 年），玉瑟斋主人的小说《回天绮谈》（1903 年）③，张肇桐托“震旦女士自由花”之名的《自由结婚》（1904 年）④，怀仁的社会小说《卢梭魂》（1905 年），不详作者的“社会小说”《立宪镜》（1906 年），等等。

与诗歌、政论不同，这些小说多托假名而成，延续了晚清小说的一贯

---

① 根据欧阳健《晚清小说史》（浙江古籍出版社 1997 年版）整理。

② 小说人物王公浦具有民主思想和叛逆精神，他喜欢读卢梭的《民约论》。小说第二十五回中，他向书童宣讲卢梭书中的道理：“论理你也是个人，我也是个人，不过你生在小户人家，比我穷些，所以你做我的家童。我不过比你多两个钱，你同为一样的人，又不是父母生下来应该做奴才的……我要与你讲那平等的道理，怕你不懂，只不要见了我拘定主人奴才的份儿就是了。”

③ 该小说以“政治小说”为题，以 12 世纪末 13 世纪初的英国“自由宪章”故事来映射当时晚清时期的“宪政运动”。文中第十四回中明确提到了“卢骚”之民约论，其书曰：“各人发表意见。那年少气盛的人，心醉卢骚民约的议论，又见各国革命革得这样爽快，忘了本国数千年的历史。又不暇计及国民智识的程度，各国窥伺的危险，非说今日自当革命，就说今日不可不革命。”将民约论和“革命”紧密联系在了一起。

④ 该书也以“政治小说”为题，主要内容其实是宣传革命。以虚拟的国度影射清廷治下的中国，“盗主国体，贼民政体”，“几千年来的神皇圣帝，不是盗贼就是盗子贼孙，不是盗子贼孙，就是盗亲贼戚”。认为要反对帝国主义的侵略就必须消灭清政府。

风格，发表在当时正蓬勃兴起的民间报刊上，多标注为“政治小说”或“社会小说”，且其中多数为未完本。它们题材简单，风格明快有力，以当时最能深入普通人的小说为载体，以新兴的报业为媒介，于是极容易被传播和扩散，在隐晦而曲折的笔名遮掩下提出了大胆和新潮的革命见解。卢梭的平等观被充分扩散为男女之间的平等、种族之间的平等、阶级之间的平等、自由权上的平等、国家之间的平等。经由东洋而来的卢梭平等观不再局限于政治人物的简单号召和诉说，而是通过这种极为平易近人的方式在晚清社会的各个阶层中铺设开来，这是卢梭平等观的扩大化，而且这种扩大化是现实化的有力补充，也是东洋卢梭及其国家所未曾经历过的如此多元和丰富的平等扩大化。

综观戊戌变法至辛亥革命这一历史时期，“革命”的主题日益显现并最终成为现实，卢梭在此阶段被有意解说和宣传为革命者的饱满形象，辛亥革命之最伟大的功绩便在于它推翻了三千年未有之大变局的封建帝制和超稳定的专制传统，使“民主和共和的观念深入人心”，而在这个伟大的过程中，卢梭平等观的现实化与扩大化居功至伟。

第四节　传统公私观与卢梭公意说

卢梭的公意说是其道德和政治平等理论的核心观点，清末民初思想界在理解卢梭的时候，也注意到了传统公私观和卢梭公意说在道德内涵上以及在私意走向公意的论证方面都有共通的旨趣，但是传统公私观对于“公”的理解并非现代意义上的民族国家，而是倾向于宏观的“天下”。此外，清末民初学人在处理公私关系的时候也并非完全批驳和否定“私”的存在。以上两个不融合成为他们无法从学理上把握卢梭公意说的主要原因。

一、“公”的道德性

对于公私关系的思考，自春秋百家争鸣期已有较为成熟的讨论。从严格意义上讲，公私之辨一直有一种强烈的面向，即“大道之行也，天下为公”，公本位的思想从来都是传统社会的主流观念。按照沟口雄三的观点，中国虽有公私之辨的传统，却从未形成西欧社会中以自我为中心的契约关系，而且这种公私之辨也不同于日本的地域性意识。在日本的近现代过程中，缺乏公理的观念，而是一味就日本本土的凝聚和统一出发，学习他国，形成了以政治和文化共同体为绝对前提的整体意识。[①] 但是我们从金观涛等人的分析中则看到，与西方和日本皆不同，民初“新知识分子”将“公理”等同于新道德，公理被赋予了道德和正义的内涵，[②] 甚至是新的普世价值的替代品，这是当时知识分子读解卢梭的出发点，他们的理想比西欧和日本都更为辽阔，也更具有道德色彩。严复认为中国之弱在于“坐不知平等自由之公理，而私权奋力行耳”（《主客平议》）。在中国最后一批士大夫的观念体系中，整体性的平等和自由被包容在“公”之中。这就涉及“公”的政治权利意义的衍生和流变。

如前所提及的，“公”在最初具有平分之义，它可以非常具体地运用在土地和财产权的划分与定义中。春秋之后，“公”逐步走向更抽象的政治意涵，成为与国家和政治共同体直接相关的概念。特别是当统一的国家形成以后，公成为与君主、官府等统治机关相关的概念。然而，“公”虽与“君”在某种程度上有词义重叠，甚至有时候可以作为某种政治体制的首脑的代称，但是在中国历史的进程中，基本上持有一种自下而上的观点，认为“公”与天下、民的概念更为接近，它不一定为君主私有，即便在政治实践中是“家天下”，但是在理论的建构上更倾向于天下为天下人共有。宋明理学将“公”“私”的概念进一步集中在天理与人欲的对峙，“天理所宜是公，人情所欲是私”（《北溪字义·义利》）。公私成为道德与不道德、正与不正、善与不善的代称，其伦理意义得到升华。此外，公与私的对立还有认识论上的区分，朱熹将其阐发为“廓然大公，只是除却私意，事物之来，顺他道理应之”。根据沟口雄三，中国社会对于“公”的总体和一贯的理解，实际上是由私出发而连带集结而成的，它以协调为前提，是包容性的概念，强调公平与公正。但是，这种道德上的优先性便决定了“私”具有天然的劣势。

---

① 沟口雄三：《中国的公与私》，郑静译，三联书店 2011 年版，第 3—10 页。

② 金观涛、刘青峰：《观念史研究：中国现代重要政治术语的形成》，第 62 页。

二、“公”与“天下”和“私”

卢梭公意说中的政治与社会平等的绝对性，虽然遥遥指向一个道德的乌托邦，带有一种道德优先的设定，然而他的公意说本身并不以“天下”的宏大为根本目标，也缺乏中国哲学中融认识与实践为一体的特色。在清末民初的中国学人中，他们有的模糊了其中的区别，以中国传统公私之辨来化约卢梭的观点，有的则意识到了公私概念的局限性并试图在道德上给出更好的方案，然而他们的理解始终无法逃离道德的羁绊，由于“公”的道德优势，他们也许人为地泯灭了作为“私”的合理性和空间，由于“公”的认识与实践功能合一作为铺垫，他们中有的人甚至持有比卢梭更为乐观主义的想法，即公理性的认识与知识的进步可以带来新道德进而是新的理想政治共同体。

同时，从对“私意”的理解而言，在卢梭这里，公意与私意不能并行，因为只有当个人意志泯灭和不具有合法性之后才能产生出公共意志。这种对于两种意志的对立性处理仍源于他对于人性的基本判断，人性本身具有向善的能力，可以克服人性中的私欲和恶，于是政府的作用就在于引导人们去恶扬善，追求和实现最后的道德乌托邦。许纪霖论证说这正是卢梭的致命问题之所在，体现在实际的政治后果中，就是法国大革命中的雅各宾专政；与美国联邦党人基于幽暗人性的理念相左，卢梭对于公意极具煽动性的美好想象导致了对私人利益的仇视，反而造成公意的落空和无法实现，而在另一方面，联邦党人的以恶制恶、分权而治，却能很好地将私人利益转化为真正的公共利益。

与此相对，清末民初学人的公私意识除了面对卢梭的公意说展现出固有的“公”的道德优先性，他们还需要处理自明末以降所发生的“私”的成长和被肯定，即明末清初萌生出来的“合私为公”的观念，这种观念认为公并不一定和“私”呈现出完全的对立和紧张，公共实际上是私人的综合。因此民族国家的目的也就不主要在于抑制私人的喜好，而在于凝结私人以对抗其他的现代民族国家。这也是在理解当时知识分子公私观念和公意阐释的时候必须注意的另一条伏线。

综上，在政治与道德的二维空间里，平等于中国传统儒家精神是德性上的平等，在政治生活中，则无论是世袭社会还是选举社会，都设置了对于一般民众而言极难逾越的藩篱，因此平等观念在中国的真实实践就既不是道德践履的，也非政治目的，而成为与民生问题相关的“均”字诀。卢梭的平等观中，平等的自由是个人道德的体现，需要政治作为保障，与传统儒学在理论原点上是契合与共融的，因此当时的中国知识界能够迅速接纳这种理想性质的平等观，但若一旦归之于现实层面，则平等必然发生变形和转换。

在这种变形和转换中，尤为值得重视的便是卢梭的“革命”形象，其深层原因在于：首先，卢梭本人平等观极为复杂和多面，如果不是对他的著作有一个整体的把握并且尝试着从动态来理解他的思想的整全性的话，很容易陷入某一个侧面的误会中；其次，清末民初思想界在接受卢梭的时候，由于社会历史环境造成了东洋路径的特殊性，于是决定了这种接受本身便有着相当的局限，他们几乎都只注意到了卢梭的《社会契约论》，而忽略了卢梭本人对传统和自由的珍视；最后，清末民初思想界有其固有的平等语境，虽然他们所论证和所要实现的平等和卢梭的不太一致，但是这个语境却为卢梭平等的具体化和现实化规定了生长的土壤。

第四章

“东洋卢梭”借助儒家阳明学的阐释

如果对清末民初盛行于中国社会的列种思潮进行观察，很容易注意到当时援入中国的西方理论不只卢梭一家，但是造成最巨大影响的却仅仅是卢梭并始终有卢梭。详之以中国古代和近代时期的历史与政治背景，最为吊诡的是，在壁垒森严的中国社会，甚至尤其是在居于相对统治地位和高位的知识分子阶层中，卢梭的平等观刺中了其中的核心部分。个中缘由可以有诸种分析，从外部而论，卢梭的全部思想在最初是经由日本进入中国的。日本学习西方，在完成了明治维新之后，卢梭平等主义的观念经过中江兆民等人的阐发正迎合了日本民权运动的需要。而中国最初和最大的留日学生群体作为知识分子中的精英，恰好浸淫其中，接受、吸纳并引入了卢梭的思想。若单从表象分析，似乎一切仅为巧合，但是如果深入其中，我们将发现卢梭经由日本进入中国的这条道路是必然的，作为方法论的阳明学已经先行为中日共同吸收西洋文化奠定了几乎同样的话语疆界和语境。

第一节　“东洋卢梭”的《民约译解》及其主要思想

一、东洋卢梭其人：阳明学理论背景下的自由民权践行者

中江兆民（1847—1901），原名中江笃介，是日本明治时期倡导自由民权的领军人物，其成长和盛年时期正好遭遇了幕末与明治初期的诸种巨变，他在言论界的活跃期也与中国最为著名的几位留日学生的思想萌芽期相若。1882 年，中江兆民以汉文翻译了卢梭的《社会契约论》，这是卢梭著作的第

一个汉语译本，直接而深远地影响了其后卢梭思想在中国的传播与接受。

中江出身土佐藩下级武士家庭，幼年时期曾入藩学文武馆学习汉语和儒家经典，深受儒家思想熏陶，熟稔汉文。1871 年中江兆民在大久保利通的帮助下，被派遣至法国留学，归国后于 1874 年开办法学塾（法兰西学塾）①，法学塾旨在传播法国民权与自由思想，以伏尔泰、孟德斯鸠和卢梭等人的著作为研习内容。1882 年（明治十五年），中江兆民在继续学习汉语的基础上，根据卢梭的法文原著 *le Contrat Social*（1761 年版），以汉语翻译并加以评注而成《民约译解》，随即在日本国内激起了极大反响。中江兆民本人亦因为此而被冠以“东洋卢梭”之名。

有学者认为对于中江兆民本人的思想属性有两种界定，在 20 世纪初他被归于“阳明学”的学统，而在 20 世纪末他又被看作“基本上是朱子学者”②。但是在以下三重意义上，中江兆民受到的阳明学影响和体现的阳明学精神似乎更为突出：第一，若从中江兆民所处的时代而言，他的整个活跃期都位于明治维新阶段，王学在日本的勃兴主要是幕末维新年间，当时的思想家和革命者接受和利用王学的态度更为激进和踊跃，和阳明学的关联更加密切。第二，若从中江兆民本人所处的阶层和教育经历而言，他出身下级武士家庭，而阳明学则占据了日本中下层平民的日常生活，作为“私学”和维护幕府根本统治利益的官学形成了对峙。③ 唐永亮认为，中江兆民的出身地土佐藩是明治维新的重镇，坂本龙马、植木枝盛、幸德秋水等明治重要人物皆出于此，此外土佐藩也是在野民权运动的中心阵地。中江兆民在藩校文武馆所接受的教育主要包括土佐南学、系统的儒学和洋学课程，南学传统中则兼有朱子学和阳明学的成分。④ 特别值得一提

① 法学塾的创办可谓中江兆民的一大创举，其灵感可能来自 1786 年在江户兴办的兰学塾。兰学是日本在 18 世纪后期形成的以荷兰语为媒介学习西方近代学术的一门特殊学问，兰学塾就是以江户的芝兰堂为起点，教授兰学并逐渐拓展的一种学塾形式，兰学塾开设的课程以医学为主，辅以荷兰语的学习和科研活动的引领。兰学和兰学塾在日本的近现代历程中具有主动探究和图学西方先进科学文化的重要意义。显然，进入 19 世纪后半期，当荷兰人的发现和航海时代过去之后，在幕府末期明治初年，近现代化中的日本人又在寻找新的学习对象，中江兆民的法兰西学塾以一种偏重社会思潮和文化的形象出现，标志着当时日本学人和知识阶层的新启蒙和转型。

② 刘岳兵：《中江兆民的中国观及其他》，《中华读书报》2003 年 2 月 19 日。

③ 参见朱谦之《日本的古学及阳明学》，上海人民出版社 1962 年版，第 219 页。

④ 唐永亮：《大家精要：中江兆民》，云南教育出版社 2012 年版，第 9 页。

的是，奥宫慥斋作为江户时代晚期著名阳明学者佐藤一斋的学生，在当时为中江兆民讲授了经学。中江兆民也在后来的《兆民居士王学谈》中提到他曾经在奥宫门下学习了王阳明全书和靖乱录讲义，并因此给予了阳明学以很高的评价。[①] 第三，若从日本朱子学与阳明学的发展而言，实际上日本阳明学的初创者中江藤树原本就是一名朱子学者，他和他之后的阳明学者不仅接受了阳明的"良知"和"知行合一"说，而且将本国的神道教教义和阳明学进行了融合和改造，他们大多主张调和朱子学与阳明学，既要实践，也要"格物穷理"，即便是在王学蒸蒸日上的时候，日本的阳明学者也从未想过要否定或非议朱子学，甚至一直对朱子学保留了相当的肯定。因此在日本，朱子学和阳明学既有对立和并峙的局面，也有继承与借取的历史，它们随着时代的变迁演绎出此消彼长的函数关系，又在同一个时空里占据了不同的阶层和地位。在某种程度上，也可以说日本阳明学是日本朱子学的某一个阶段和结果，它和朱子学一样尊崇某些基本的儒家传统，并放弃了朱子学中那些不合时宜的陈腐观念，成为推动明治维新的重要精神来源。由此，如果仅以朱子学者来定义中江兆民未免有失偏颇，中江兆民在更多的时候更加宣扬和实践了阳明学的传统。

二、"半部民约"的由来

根据岩波书店出版的《中江兆民全集》第一卷整理，中江兆民并未进行全本翻译，他仅对卢梭《社会契约论》的卷一全部和卷二部分（即原文第二卷第一章至第六章）作了汉文翻译。[②] 其中，卷一被单独刊印和发行，书名为《民约论译解　卷之一》，于明治十五年十月由法学塾出版局出版，卷二的部分章节则以片章的形式连载在《欧米政理丛谈》[③] 的第12号至46号，其刊载时间为明治十五年八月至十六年九月。

就篇幅而论，卢梭的《社会契约论》一共分为前言和正文四卷（在

---

① 唐永亮：《大家精要：中江兆民》，云南教育出版社2012年版，第10页。

② 此处参见中江兆民《中江兆民全集》第一卷，东京：岩波书店1983年版，第65—129页，以下同。

③ 《政理丛谈》是明治十五年（1882）开始创办的法学塾刊物。它以介绍欧美政治制度和思想为职志，其所依据和翻译的著作多"以洛克为根，以卢梭为干"，如果从其学术源流而论，此书几乎充斥着卢梭主义和革命精神。

杨廷栋本中为“编”，马君武本中为“书”，徐百齐、丘瑾章本中为“编”)，共48章（各个版本均为“章”)，其中第一卷凡9章，第二卷12章，第三卷共18章，第四卷共9章。中江兆民引入清末民初社会的《民约译解》仅是前言与第一卷的译本，若同全文总共四卷四十八章相比，一卷九章的内容略显单薄。

就《社会契约论》全本主题而言，第一卷在开篇便与《论不平等》形成呼应和衔接，指出第一卷题旨为社会秩序建立于约定而非自然，从原始社会入手层层深入，论证了约定非出于强权而在于公约；第一次明确了“公意”的外延和内涵，以及为了满足公意和实现真正自由的“迫使自由”的论点。最后一章关于财产权重申了《论不平等》中对于财富的所有正确观点，他阐述了两种所有权，一种是个人所有权，另一种是社会的所有权，个人归于社会的同时将个人财产（卢梭重点强调了土地）转让于社会，个人的财产非但没有被剥夺而且还因为转让而得到合法性的支撑。据此，在第一卷中几乎已经出现了《社会契约论》将会处理的全部重要论题，包括自然和约定，自由与平等的关系和分类，以及“社会契约”，公意概念和“迫使自由”等可能令人费解的谜题，这些都是构成理想社会的基础。第二卷提出，第一卷为全书确立了原则，而第二卷以这个原则的“首先而最重要的结果”来引起全卷内容——“唯有公意才能够按照国家创制的目的，即公共幸福，来指导国家的各种力量”①。因此第二卷主要讨论公意的运用，即主权的特性，主权的基础——人民的特质以及主权如何体现于法律和立法体系。第三卷则着重提出政府的建制原则和分类，以及判断政府好坏的标志、主权权威的维持等。第四卷再次论及公意的另一大特点是不可摧毁，从实践层面论证如何以具体的措施来维持国家的制度。四卷在原本中没有单独的题目，有学者据其纲要在“导读”本中选取了各卷主旨，分别为“论社会契约”“论主权与法律”“论政府”“论选举与监察”，基本概括了各卷的核心命题。②

---

① ［法］卢梭：《社会契约论》，第29页。

② 尚杰：《〈社会契约论〉导读》。另外，依据伏汉本的注释，第一卷讨论的是人类怎样由自然状态过渡到政治状态，以及公约的根本条件是什么；第二卷讨论的是立法；第三卷讨论的是政治法，即政府的形式；第四卷则是继续讨论政治法，并阐明巩固国家体制的方法。

因此，前言与第一卷虽然篇幅不长，但为整部《社会契约论》明确了题旨和原则，后三卷内容都在这个原则的指引下，围绕着“公意”如何表达、实现和巩固展开论证；第一卷强调基本精神，后三卷则强调具体实践，就思想分量之比重而论，用“半部民约论”来指称《民约译解》名副其实。[①] 但是正因为只有基本精神的投射而缺乏具体原则的介绍，半部民约便为受众留下了格外丰富的想象空间，在日本，这个想象空间在稍加扩充之后便因为明治维新后革命精神的偃旗息鼓而被压缩，反观清末民初的中国社会，这个空间却得到了极为充足的扩张。

半部民约的作者中江兆民，经受过中国传统儒学尤其是阳明学的熏陶和训练，同时作为最早留法的日本学生，中江兆民对卢梭与法国大革命之间的历史记忆格外熟稔。在他的《民约译解》中，以孟子章句为骨骼，以卢梭精神为血肉，以阳明学为魂魄，组织了另外一种比卢梭原有的平等观更为激进和放大的平等理念，而这种理念的激进和放大化集中体现在“自由”一题，这种处理方式源于中江兆民本人的际遇以及当时日本的国家需要。

中江兆民在巴黎留学时，曾追随“实证主义时代卢梭的弟子”、著名的民主主义理论家爱米尔·阿科拉。阿科拉既是卢梭的追随者也是其批判者，他和卢梭一样，有充沛的激情和理想，坚持自由、平等和民主的信念，同时他基于实证主义，赞成科学、进步和改革，强调完全的无神论，反对卢梭关于公共人格的主权观念，主张基本权利仅在于个人自身。[②] 中江兆民以阿科拉为师友，因此他对于卢梭的观察也自然会受到这种实证主义视角的影响，在中江兆民本人的学术思想历程中，找不到卢梭对文明与科学的激烈批判，反而对于科学和进步的诉求则历历在目；他认为东洋文

① “半部民约”之说始见于戴季陶1928年出版的《日本论》，他在这本“中国人认识日本第一书”中专设一章介绍明治维新时期著名的日本民权运动家板垣退助，“拿起当时刚译起的半部《民约论》，猛烈地主张自由民权。这一个运动，的确是日本一切政治改革社会改革的最大动力”。中江兆民翻译的民约论在日本的版本有前言、卷一全部和卷二之部分，这个“半部”之说所涵盖的译文内容应该比引入中国社会的译文要更为丰富，而且板垣退助所读到的也很可能是尚未正式付梓的民约论，而是中江兆民在法学塾宣传自由民权运动时所翻译的《社会契约论》的手抄本。

② 根据唐永亮《中江兆民》整理，第28—30页。

明与西洋文明各有优点，西方文明在技术和理论上优于日本，而日本在君民关系和国民的道德教化上则显然具有巨大优势。此外，中江兆民留法期间，目睹了法国七月革命、二月革命与王政复辟的交替，法国当时的混乱和依然残留的大革命时期的影响让他感到以人头来作为革命刻度的法国模式并不能为人民带来福祉和安康。他在《英法人民可哀不可慕》中指出，法国革命虽然让法国人获取了一定的自由权，但是代价却是周边欧洲国家的君主对法国实行的联合围剿和讨伐，反而是法国人民的大不幸。[①]

因此，在这样一种思想的驱策下，中江兆民在翻译《社会契约论》的时候就必然会注入自己的观感而不是单纯的语句传译，这也是他将译作命名为《民约译解》的由来，翻译已经对原本做了一次初步加工，而他的“解”则是更深层次的解读和加工，引领读者奔赴他想要创造的语境和方向。《民约译解》的“解”在行文中有时甚至盖过了译文的光芒，中江兆民的注解和发挥使人感到他的企图不仅仅是在传译卢梭，译文本身似乎还负有传递译者思想的重任。因此受众在面对作品的时候就像是在面对两个卢梭，一个是中江兆民视域中的法国卢梭，一个则是东洋卢梭中江兆民。

一方面，中江歆慕法国和欧洲大陆在科学技艺上的长足进步，认识到自由民权必须成为人的基本需要和设置；另一方面，他对卢梭的解析也绝非顶礼膜拜，他在肯定日本固有优势和传统，乃至中国儒家精神的基础上，希望将它们有机地结合起来，凝结为明治维新时期的新精神。中江在传译《社会契约论》的时候只进行到了原著第二卷第六章，至此，卢梭著作中的保守倾向和对于民族以及理想国家政治制度的详细论证都尚未出现；[②] 在《民约译解》问世后不久，中江兆民还和土居岩太郎一起翻译了卢梭的《论科学与艺术》，译作名为“非开化论”，译名本身便反映了译

---

① 唐永亮：《中江兆民》，第 31 页。

② 在费切尔的《论卢梭的政治哲学：关于民主自由概念的历史》一书中，他认为卢梭其实一直是一个保守主义者，首先卢梭的时代诊断是面向即将崛起的资产阶级社会而不是封建社会，其次卢梭的理想要么是回归自然，要么是超越资产阶级共和国的精神——道德共和国，最后卢梭与法国大革命之间存在着莫名其妙的紧张关系，他基本上对革命持有一种反对的态度，他所信仰和追求的是“平等主义的民主”，达至这种民主需要的是人的改造或说教育。——参见曹卫东《卢梭是个保守主义者》，《读书》2002 年第 1 期。

者的态度，他们在作品中对日本近代多注重形式性的西欧化风潮实行了反讽和批判。[①] 观之“一论”《论科学与艺术》创作的背景，也正是卢梭思想初萌之际，卢梭正以澎湃的激情为“文明”罗织着罪名。有鉴于此，中江兆民在理解卢梭的时候实质上一直囿于卢梭学说中的激进面。虽然对于这个激进和放大的自由平等观可能造成的困难和革命，中江兆民本人也有所警醒和怀疑，但是至少在传译的时候，他却根据自己的亲身经验和理解，对这个激越的观念作了不遗余力的刻画。

第二节 “半部民约”:《民约译解》的文本分析

一、传统儒家视角下的《民约译解》

在卢梭的政治哲学尤其是平等和自由观的话语中，《社会契约论》和《论人类不平等的起源和基础》作为一个整体需要得到充分和完整的理解。尽管中江兆民尽量在《民约译解》中补充了《论不平等》的某些精神和段落，然而其说却终究未能捕捉到自由与平等在自然法和自然状态中发生勾连的意义所在，因此卢梭对于人类天然的自由和平等的合法论述在《民约译解》中便成为非常突兀的一个前提条件，在客观上需要中江兆民借助其他的理论来加以辅证，而中江兆民所借助的正是传统的儒家文献和日本阳明学的某些概念，特别是孟子的理义说，它们在《民约译解》中的痕迹极为明显，主要表现在以下几个方面。

首先，以孟子的理义二元观念来阐释卢梭的原则精神，赋予其一定的内在道德指向。

在第三章，“论最强者的权利”中，中江兆民说道：

> 凡强云者，非谓形气之力乎？权云者，非谓理义之效乎？吾未知何由能变力为权也？凡屈云者，非谓志之困乎？义云者，非谓事之易乎？吾未知何由能变屈为义也。且凡屈乎人者，皆出于不得已也，非择而取之也。苟非择而取之，是亦自全之一计云，尔何义之有？是故

① 唐永亮：《试析中江兆民前期国际政治思想》，《日本学刊》2007年第2期，第140页。

强者之权，人之所疾，莫有甚焉？然而吾观世之为君臣，莫不据此权以建基者，何也？①

中江将卢梭所讲的某种原则读解为“理义”，将自由意志所产生的道德性或疏解为“义”，此外“义”也同时指代西方哲学中的“义务”和“当然”。理义一词，实出于《孟子·告子上》：“故理义之悦我心，犹刍豢之悦我口。”初意为公理与正义，后来则演绎为社会道德规范。“义”这一概念在传统儒家学说中则被赋予了非常广泛的道德范畴的意义，它最先由孔子提出，又被孟子发扬为至高的道德标的，成为儒家践行的实际生活目标所在。中江对于卢梭在政治哲学体系中所使用的此类词汇（如理义对应原则，义对应道德、义务和应当，道对应合法性等）基本上都采取了这种偏向道德范畴的注解和发挥，将卢梭学说中本来就蕴含的道德指向推向了极致，而且是与客观的天道和某种天理相适应的道德准则，个人的自由和平等则被剔除在外。

在第六章“论社会公约”中，中江兆民还敏锐地看到了卢梭之所谓最大幸福的理念与边沁功利主义的异同，他在“解”中概述了边沁与卢梭的区别，并为卢梭作了客观而公允的辩解。他说：

（解）英吉利边沁曰，卢骚民约，世所未尝有，彼岂未尝读此一段，故为是言邪。卢骚固言，民约之条目，未尝闻有举之口笔之书。盖卢骚最恶世之论政术者往往徒据实迹而为说，故本书专推道理立言，论义之所当然，而事之有无，初非所问也。边沁论用，而卢骚论体；边沁论末，而卢骚论本；边沁单论利，而卢骚并论义，其有不合也固宜。②

在中江兆民看来，边沁没有意识到卢梭的民约是一种假说，目的在于

① 中江笃介：《民约论译解》，选自《民报》第二十六号，1910 年，见附录二，标点为笔者所加。现有文本中，有收入东京岩波书店出版的《中江兆民全集》的《民约译解卷之一》，虽然此文已经是全汉文，但其编排方式和某些字词的写法与《民报》本相比，不如后者更贴近中文语境，因此在本书中笔者多选取《民报》版为引文出处。

② 同上，附录二。

推演出社会契约的合理性和合法性，卢梭与边沁的学说可以展开为体用、本末和义利的关系。中江兆民对于边沁的理解可能失之详考，实际上从自然法和自然状态来推论应然的社会并非卢梭独创，而是启蒙时代的学者对国家起源的普遍遐想，边沁对卢梭的最大批评不在于此。边沁在其功利主义学说中继承了卢梭关于最大幸福的描述，而且还将其规定为最大多数人的幸福，他把那种被迫的自由和对个人差异的忽视推向了现实主义的情境，几乎成为功利主义面临的最大困境和挑战，这也是他之后的密尔以英国人的自由理念从功利主义出发重申个人自由重要性的原因所在，而密尔批评边沁的利器正在于托克维尔提到过的“多数人的暴政”。边沁与卢梭的根本差别并不是如同中江以中国古代哲学的辩证论角度所分配的“体用”“义利”等具有强烈感情色彩和理论上本身带有优劣之分的二元关系，他们乃是根源于对人性的基本认识，在此基础上设计出了在某种程度上可能相似的政治制度：边沁认为法律、政治学和伦理学的所有原则都在于功利原则，而功利主义来自人性中天然的趋乐避苦的倾向，人性是自私的，我们只能通过制度设计尽量鼓励人成为有道德的公民；卢梭虽然肯定人有自我保全的自然倾向，但是人性中最值得肯定的还在于人可以趋于美德，能以这种德性达成公约，构建共同体。对人性善恶倾向的不同认识成为他们真正的交锋所在，虽然他们都有泯灭和压制个人自由的嫌疑，但是他们的政治哲学却走向了两条截然分明的道路，卢梭因此而到达道德与政治合一的乌托邦，边沁则得到了非常精心的英国式个人自由的改造，功利主义在经过密尔的阐发之后成为现实国家和政府在政治过程中潜在和内化的原则。中江兆民显然并不认同边沁的“西土之术”，在人性这个基本点上，由于接受过传统儒学和日本阳明学系统教育，他于是深信，卢梭之值得借取正在于他和儒家的理想政治范型一致，卢梭在某种程度上可以说是儒家的德治主义者，而这一点以其和中国传统的贴切，很快被清末民初社会的知识分子内化为卢梭的平等理论在道德上的既定优势。[①]

其次，中江兆民借助了中国传统君民等级观念来理解卢梭的“主权者”的概念，并以此阐释了国家的义务和责任。

在第七章，“主权者”，主权者的概念对于完全没有过自然状态学说

① 王家骅：《中江兆民的自由民权思想和儒学》，《世界历史》1994 年第 1 期。

和现代国家学说图景的日本和中国来说都是难以去归纳和想象的，中江兆民用“君”来捕捉这个概念的内涵，这种译法也直接影响了杨廷栋和刘师培等人的传译。为了尽量准确地把握卢梭的主权者设想，他在译文正文中甚至牺牲了译文的完全对译，做了一定程度的修饰和解释。例如，他在第七章第一段中说：

> 然所谓君者不过众人相合者，虽云君臣交盟，实人人躬自盟也。何以言之？曰众人相倚为一体，将议而发令，即君也，非别置尊者而奉之，而凡与此约者，皆有与乎为君也。自其将出乎令而言，则君与其臣盟；自其将奉乎令而言，则臣与其君盟，故曰虽云君臣交盟，实人人躬自盟也。……兹所谓君者，合众而成，故臣之于君，犹片段之于全体，非如讼律所云躬自誓之类也。①

倘若我们按图索骥去查阅主权者的定义，在卢梭原文中是空缺的，中江兆民对“君”在译文中衍生的新含义做了简单的定义——“君”是众人相合的产物，君臣关系是整体与部分的关系。中江兆民用君臣关系来解释主权者和作为主权者成员的个体，以具体现实对应抽象理念，难免使人产生困惑，主权者是否将凌驾于个体之上，而且个体最后以全部忠诚所寄托的对象究竟是一个怎样的存在，在这个具体的君臣关系中无法得到解答。在更深的层面上，中江兆民对于“君”的强调和重视也正反映了他对明治维新之后日本君主制度的深刻思考。中江兆民本人并非要否定君主制，实际上，在写作《民约译解》之前，他就已经注意到了“共和”的思想，“卢梭以前论及共和皆指民本身为国家的主人，而不设别的至尊者，如美利坚、瑞士以及今日的法兰西。其余的均称帝制之国或王制之国以示区别。今按卢梭的说法‘民若自己制定律例而不受其他羁束，则无论有无帝王皆可称为自治之国’。……因为民已自操制定律例之权柄即成了所谓的帝所谓的王”②。在中江兆民看来，人民自己立法和掌握立法权

---

① ［日］中江笃介：《民约论译解》，附录二。

② 转引自冯玮《“洋学”家的“尊王”论在日本近代政治体制形成中的作用》，《复旦大学学报》（社会科学版）2002 年第 4 期，第 76 页。

限便是真正的帝王，他一向以自由民权说为思想标志，虽然他也公开承认天皇的合法性，但天皇和君主制仅仅是其自由民权说的外壳。如果说卢梭对于政治制度的构想还停留在虚构的日内瓦幻象中，中江兆民则已经在《民约译解》中亮出了他的思想锋芒，并直刺入现实政治的躯体，要激发出人民主权和人民自由的沸腾血浆。这是中江兆民在对内的政治设想中所做出的关于抽象精神变为具体现实的一次努力。

此外《民约译解》也暴露了他在对外的国家关系上的思考。他说：

> 若夫与他邦往复交结所约，虽由众议，不得有渝，无他，在是时非复躬自誓之类；而信义之可崇，在两国间，与在两人间，无以异也。①

中江兆民把缔约之后主权者成员所负有的义务从"契约的神圣性"疏解为"信义"这样一个典型的儒家道德范畴，并首次提到了信义在"在两国间，与在两人间，无以异也"。"信义"一词是"信"与"义"的合称，在先秦是两种独立的德目。"信"是孔子四教"文、行、忠、信"中之一种，而"义"则被孟子高举为仅次于"仁"的重要道德范畴。在孙中山《民族主义》的讲稿中"信义"合流，被阐发为中国固有道德之一种，孙中山说中国人在古时对邻邦和朋友都讲信，单就信而言，中国人比外国人尤其是日本人好得多。因此信义的词义重心实在于"信"，"义"则是讲信行为的道德评价，即合乎道义的行为。孔子的"信"主要是在人际和国家对于人的双重关系中言说的："信"在个人而论，就是"人而无信不知其可也"，是人之为人和做事的基本条件，与"忠"合而为一，则是"主忠信"的道德原则；从政府和国家而出，则是要取信于民。到孙中山的时候，"信"则超脱了个人的角度，主要成为国家和政府行为的评价，反映出当时中国社会的焦点除了个人化的道德规范，还有国家与民族等历史问题的纠葛与拓展。在中江兆民这里，我们也能从他对契约的阐释窥见其前期之整体国际关系思想之一斑。卢梭在此段中的原文是：

---

① ［日］中江笃介：《民约论译解》，见附录二。

> 但是政治共同体或主权者，其存在既然只是出于契约的神圣性，所以就绝不能使自己负有任何可以损害这一原始行为的义务，即使是对外人也不能。[①]

若加以对比，可以更加清晰地看到，卢梭的论证中，对于国家间关系的思考在此尚未特别明确，他只是模糊地提到政治共同体作为一个整体不能损坏契约的缔结，即便是对于外来者（outsider）也不能如此。而中江兆民则将其阐述为，国家间关系类似于人际关系，要以信义作为坚守的准则。事实上，对于国家间的关系究竟以什么作为准绳，卢梭的态度不同于他在建立社会契约以给予所有人以高度的自由和平等的最初设想。确立政治制度和道德义务的确能够消除人与人之间的无政府状态，但是基本公约不应当建立在强权的基础上；然而在另一个维度，国与国之间潜存着无政府状态，在这里强权的基础性却不应当受到质疑。实际上，在《论不平等》中，猎人捕鹿的困境和寓言经已说明[②]，在无政府的状态下，人们间的相互义务和随之而来的好处实际上是在“不知不觉”中获得的，自利的观念可能起着最为重要的调节作用；而且由于缺乏有约束力的最上层的权威，人们甚至可能任意违背集体的协议。因此卢梭可能会认同在实际的国际关系层面，霍布斯的关于最强者的权利得到了最大的实践和诠释。作为译者的中江兆民，其关于国际关系的思想则因为日本的具体命运和处境经历了数次转折，1884 年以前，法国自由主义理念是他国际政治思想的主要脉络，自 1884 年以后至 1894 年间，则体现为国粹主义，到 1898 年之后中江兆民彻底转向了民族主义。[③]《民约译解》在 1882 年译成，因此其国际关系的解说依然停留在和平和道义理想主义的阶段，他认为正义和道义可以成为比强权更为高阶的概念，这一观念在翻译卢梭的时候也不自觉地通过“信义”的阐释流露了出来。他在同时期发表的《论外交》等

① ［法］卢梭：《社会契约论》，第 23 页。

② 原文为：如果大家在捕一只鹿，每人都很知道应该忠实地守着自己的岗位。但是如果有一只兔从其中一人的眼前跑过，这个人一定会毫不迟疑地去追捕这只兔；当他捕到了兔以后，他的同伴们因此而没有捕到他们的猎获物这件事，他会不大在意，这是无须怀疑的。

③ 见唐永亮《中江兆民》，第 128 页。

文章中，认为必须在国际视野中形成一种共同的平等观，即大家都能够建立一个共识：欺凌和攻伐落后国家绝不是真正开化的人所应当实施的行为。从这种国家间的政治地位平等论中，也能看到孟子思想的影响，孟子主张国与国之间应当“有道”，“国君好仁，天下无敌”，“齐楚虽大，何畏焉”。[①] 因此中江兆民实际上借助卢梭之口阐明了不同于个体的政治共同体的平等形式。这种平等观念与甲午海战之前，清末民初社会关于国家在整个世界上的和平外交的主流思想是相适的。然而，当民族存亡和殖民主义的危险渐成生死攸关的大问题和大危机时，日本和中国都意识到了和平的国家关系背后还需要振兴国粹和发扬民族主义，富强始终是每一个国家的荣誉和梦想，无论是霍布斯的利维坦，卢梭的道德理想国，还是明治维新后的日本与清末民初的中国，国家间的平等关系在现实社会中如果单纯寄托为信义，其根基则难免虚浮和空想。

最后，中江兆民用“众意同然”的典型儒家思维来理解卢梭复杂而精巧的“公意”说。

中江兆民以儒家的“中庸”为尺度来理解公意和众意的辩证关系。[②] 在《民约译解》中，中江兆民将“公意”理解为“众意之所同然”，在有的文本中又以“众志”来代替“公意”，“所谓众志者，必于众人之志众得之。何以言之？盖众人皆挟其私以临议。所云，众人之志也。而此中，必有在两端，最急与最缓者，最激与最和者之谓也。此二者势不相容。二者不相容，则中者必将出其间。是乃众志之所存也”[③]。中江兆民的阐释中，公意带有明朗的道德指向性，虽然在儒家学说中，执中道具有美德的意涵，但是这种平和敦厚的传统儒家式理解与卢梭带有积极进取精神的“公意”显然是不能并论之的。中江兆民还是用儒家的体用说来比拟卢梭的“公意”，发挥了卢梭在《社会契约论》中的有机体说，用社会有机体来形容卢梭的“民约”。这样的处理可以在梁启超的《卢梭学案》中再次得见。

---

① 见唐永亮《中江兆民》，第 132 页。

② 此处参考了王家骅《中江兆民的自由民权思想和儒学》，《世界历史》1994 年第 1 期。

③ 转引自王家骅《中江兆民的自由民权思想和儒学》，《世界历史》1994 年第 1 期。原文转引自米原谦《日本近代思想和中江兆民》，第 185 页。

《民约译解》中和“公意”相关的主要段落如下：

第六章

是故民约也者，提其要而言曰，人人自举其身与其力供之于众用，率之以众意之所同然是也。

民约已成，于是乎地变而为邦，人变而为民。民也者，众意之相结而成体者也。是体也，以议院为心腹，以律例为气血，斯以宣畅其意思者是也。是体也，不自有形，而以众身为形；不自有意，而以众意为意。①

第七章“君”

是故君唯无立，立则以义始终而已，公意之所在，君之所存也。若夫臣之于君，则不然，其享利于君虽大，若不豫为之防，不可以保其无背民约。何也？夫人人皆一身而两职，故其为君之所令，为君或有不悦矣。公意之所欲，私情或有不愿矣。②

第八章

人义之自由建之以众意所同然，而限之亦以众意所同然。③

沟口雄三认为，日本的“公”并未含有通和平分的部分，在平安时代，“公”甚至成为指称天皇个人的语汇，到了日本近代以后，公私之间是国家、社会、全体对个人、个体的关系，没有任何伦理性。④ 中江兆民所依据的公私观念采纳了孟子与儒家的中庸说，但是在中江兆民的译文和注解中，由于现实背景下公私伦理性的欠缺，使公私的理解比照中国的处理更接近

① ［日］中江笃介：《民约论译解》，附录二。

② 同上。

③ 同上。

④ ［日］沟口雄三：《中国的公与私》，第7页。

卢梭的理解，即公意与私人利益和意志之间不具备天然的道德分野，至少在《民约译解》中，私意并未被彻底否定。此外，中江兆民第一次准确译解了“众意”，并以众意中的相同部分来指代“公意”，而且中江兆民的这一阐释方式避免了卢梭原文中潜在的困难，即众意是如何合理过渡为公意的。众意的繁杂和各种力量的抵消与综合根本无法应对单一的公意的提炼。中江兆民的译本则通过将公意直接理解为众意作为前提化解了这一疑问。

二、基于阳明学视角的自由与平等

阳明学自中国发端，其在中国的活跃期集中在明末，后屡遭诟病，被人为披上了误国之论和“禅学”的外衣，一度在中国沉寂，其后反而在东亚邻邦得到了充足的滋养和发展，以日本尤为突出。通过分析阳明学思想的要件，我们可以洞见到卢梭的自由平等观如何能够在中日之间实现如此顺利的传播。如果说《民约译解》的行文和概念构建基本上在很大部分上借鉴了中国传统的儒家学说，尤其是孟子的基本概念的话，那么对于方法论和内在精神而言，中江兆民对卢梭的理解实际上更深地来自他固有的阳明学的理论背景，这种背景集中体现在“自由”和“平等”上，因此，阳明一系对孟子内在本心的固有追求也就体现在了《民约译解》的字里行间。阳明学中既有事功也有禅学，而一切都围绕着“自由”展开，在事功、禅的相互矛盾和“自由”的精神特质之下，则是阳明学本身所具备的平等化倾向和些微可见的革命性色彩。由此可以说阳明学的中国形式和日本变体为卢梭思想的蔓延和渗透提供了桥接的可能。

若以单个概念而论，《民约译解》对“自由”的阐释多过“平等”，中江兆民根据卢梭的原文，运用“天命自由”“人义自由”和“心之自由”来对译卢梭的三种自由。而在其他文章中，他根植于日本阳明学对心神自由的强调，突出了自由的第三义——心之自由和道德自由，并将其发挥为具有本体意义和人生价值的概念。对于平等观念，在《民约译解》中的处理较为单一，多用“均”来作为替代，[①]“均”在中国传统中多指涉经济层面的平等，并不能概括政治和道德层面的平等要求。实际上，卢梭的平等观中有细致的区分，在经济方面卢梭并不赞成绝对的均等化，在

① 仅在第四章开篇提到过“人咸相等，无有贵贱而又力无以为权”。

政治和道德层面则强调质与量的绝对平等，而“均”的本意为平均和同等，很难把握住卢梭平等观的层级设置，单纯的均等虽能贴近日本和中国社会的传统现实，却误导了《民约译解》的受众，使他们倾向于仅仅从单向度的均等化（而且很可能仅仅直观到经济方面的平等性）来理解整个的卢梭平等观。虽然中江兆民后来在其他文本中对“均”的概念有所突破和补救，但是《民约译解》对平等的处理却极为粗糙与原始，这种处理反映到现实就是自由平等的简单化和片面化，以及背后潜伏着的现实化与扩大化的可能。

在“自由”概念的处理上，中江兆民基本上忠实传达了卢梭所要表达的原意，并且站在阳明学的角度对自由的释义进行了分析。中江对于自由的类型划分和卢梭的原文基本上保持了一致，以“天命自由”“人义自由”和“心之自由”分别对应了“自然的自由”“社会的自由”和“道德的自由”。他亦基本忠实于卢梭的原意，对“道德的自由”只做了简单的论证并未进行更深的处理工作。

第一章，在卢梭尚未提出自由的三种分类之时，中江在“解”中便已抛出了自由的类型和定义，他说：

> 自由权亦有二焉，上古之人，肆意为生，绝无检束，纯乎天者也，故谓之天命之自由，本章所云是也。民相约，建邦国，设法度，兴自治之制，斯得各逐其生长，其利杂乎人者也，故谓之人义之自由，第六章以下所云即是也。……天命之自由，本无限极，而其弊也不免交侵互夺之患，于是咸自弃其天命之自由，相约建邦国，作制度，以自治而人义之自由生焉。如此者所谓弃自由权之正道也。①

而《社会契约论》直至第一卷第八章结束的时候才正式界定了自由的分类。中江在开篇便隐藏了卢梭对道德自由的阐述，将自由权只做二分，以天命和人义形成一种相互对照的关系，认为社会自由是在自然的自由丧失之后才能够获致的自由形式。并且中江兆民指出，人的自由权的最初丧失，其中的变化在“《不平等论》书中，论所变之所从来极详”。证

① ［日］中江笃介：《民约论译解》，附录二。

明他至少了解卢梭《论不平等》的大意和精神，但是中江兆民对《论不平等》一书的介绍却仅限于此，《论不平等》中对于“自然”和自然法的论述，在此后的译文中并未得见，原书对于不平等和不自由现象的历史性回顾和批判也不能够反映于译文。

在第八章，中江兆民紧随卢梭的原文并做了进一步延伸，他在对天命自由和人义自由的段落进行翻译后说道：

（解）天命之自由，人人唯力是视，故论土地财贿，若见人之无为守，若人之未下手，辄进而取之。所谓夺有之权，与先有之权也，而一旦复有人力踰我，我亦为其所夺矣。故曰，此二权者，与力俱生，与力俱灭也。人义之自由，民约所置，亦民约所限，盖民约既立，法制既设，土地财贿，必有定主，所谓保有之权也。而此权者，文书为之征，故得之与失之，并无关于力。此三权者，下章论之更详。①

如果不是对《论不平等》有一定程度的涉猎和了解，中江兆民不可能为天命与人义之自由的由来作出如斯判断，然而即便如此，从中仍未能看到有关自然状态的任何假定性的评价，对自然状态论证的系统缺失在《民约译解》中不能不说是一种遗憾，它有可能直接妨害到对卢梭本意的正确解读。

对于“道德自由”，中江兆民在《民约译解》中的论证不如其他二重自由那么详密，但是他在其他文本中给予了补充甚至是强调。例如，在第八章的翻译中，他将心之自由（即道德自由）视作与不知自可的为形气之所驱的东西相对立的概念，认为只有自我为法，自我循之才是心之自由的真义；在相应的“解”中，他提道：

（解）邦国未建之时，人人纵欲徇情，不知自修，故就貌而观，虽如极活泼自由，实不免为形气之所驱役。本心初未能为主宰，非奴隶之类乎？民约既立，凡为士者，莫不皆与议法，故曰，自我为法。②

---

① ［日］中江兆民：《民约译解》，附录二。

② 同上。

其中所动用的“形气”说和“活泼自由”的说法实为阳明学中关于自由的读解和专用词汇，而此种说法也在他其他文献中重复出现，作为其对“心之自由”的独特理解。

在1881年3月18日发表的《东洋自由新闻》的创刊号中，先于《民约译解》的泛泛而论，中江兆民曾经突出过“心神之自由”（亦称“心思之自由”）的地位。他先是指出了“行为之自由”的具体表现，例如，一身之自由，思想之自由，言论之自由，集会之自由，出版之自由，结社之自由，民事之自由，从政之自由。[①] 这种分类和我们现代法律上规定的自由权几乎相差无几。从“人义之自由”和法制的伴生关系来说，“行为之自由”和“人义之自由”的概念外延和内涵是一致的，都是由法的限定所带来的人的可能限度。此外，中江兆民在此文中对“心神自由”大唱赞歌，他说：“心神之自由，是谓我精神心思绝不受他物之束缚，完全发达而得无余力。古人所谓配义与道之浩然之一气，即此物也。内省而不疚，自反而缩，亦此物也。乃俯仰天地而无愧怍，外之政策教门所不能钳制，内之五欲六恶所不能妨碍，活泼泼，转辘辘，凡其所得驰骛者驰骛之，而愈进无少挠者也。”中江兆民以《孟子·公孙丑》一章中的“浩然之气”来说明“心神之自由”，说“心神之自由乃吾本有之根基”，且“心神之自由”是“行为之自由”以下的各种自由及福祉、学艺等的所出之处。“盖吾人最当留心涵养者，莫尚此物。”[②] 很明显，就中江兆民本人而言，即使受到卢梭的启发众多，但是他仍然将心神自由（我们姑且认为这就是与“心之自由”一致的东西，只是换了一种表达方式而已，这种看法在中江兆民本对“心之自由”的注解中能够找到根据）放置在一切自由之上，它远远超越了行为自由，而且它和儒家的涵养功夫紧密相连，甚至到达了“俯仰天地”的境界，所以心之自由也就远高于人义之自由。在《民约译解》中没有彻底展开的自由层次，其实已经先于《民约译解》在《东洋自由新闻》中被论证过了。张昆将据此认为中江兆民的身上体现了“作为民权论”的阳明学背景。中江兆民曾言：“阳明

---

① 转引自王家骅《中江兆民的自由民权思想和儒学》，《世界历史》1994年第1期，第42—43页。

② 同上书，第43页。

学……以良知学，尊知行合一，以说事功为第一，可谓活用之学。”[①] 张昆将认为他在《东洋自由新闻》发刊词中对于自由的分类颇似伯林的积极自由与消极自由的区分，在中江兆民提出的“心神的自由”中极具阳明学的色彩，其中，心神自由的“活泼敏锐”“活泼细缊”“活泼泼转碌碌”均以“气”的自我运动作为理论架构。[②] 中江兆民特别强调心神自由的活泼性，首先与心学一系注重生命本体活泼的灵明体验是一致的，其次尤其是“气”的自由运转，更突出了日本阳明学“活泼泼的精神”特质。中江兆民称良知之学富有活力，充满了进取精神，在儒学中吸纳了禅学又用儒学的践行改造了禅学，正适合年轻人研习。[③]

至于“天命自由”，在《民约译解》中只是和“人义之自由”作为对举而出现，在《民约译解》之外的空间中江兆民便再无论及。

《民约译解》中，中江兆民的着力点在于努力阐明因“天命之自由”而带来的“先有之权”和“夺有之权”与因“人义之自由”而固定下来的“保有之权”之间的区别，意在说明“民约”的可靠性和法律的恒定性。总体来说，中江兆民在这里的重点分析内容基本上忠实于卢梭的原著，并没有进行演绎和详证。但是我们仍然能够很容易地读取到在中江兆民文字背后所蕴含的关于“心之自由”中所需要升华和处理的内容，即是一种本能地向内用力，侧重对个人修养的关注和贴切，这是由“东洋卢梭”的学术土壤和政治意图决定的，它和以卢梭为代表的典型的向外用力的思考逻辑显然是处在两个迥然不同的层面。

和“自由”相比，阳明学中固有的“平等”倾向在中江兆民翻译的《民约译解》中没有被很好地传达，他对卢梭“平等”的介绍依然停留在比较笼统和粗略的“均”上。“均”所出现的频次和中江兆民想要借此传达的意图都较“自由”更为薄弱。

例如第九章，“论财产权”中，中江兆民在“解”中说道：

（解）前乎此所论，皆先有土地，然后相约成国，故第九章云，

---

① 张昆将：《阳明学在东亚：诠释、交流与行动》，台湾大学出版中心 2011 年版，第 255 页。

② 同上书，第 255 页。

③ 唐永亮：《中江兆民》，第 11 页。

民约之方成，人人举其当时所有土地，纳之于君，盖当下所有，或有广者，或有狭者，官乃因而书券，以著人人保有之权，故同章又云，先有之权，必须保有之权，然后见效，第八章亦云，保有之权，文书以著之，生灭俱无涉于力，前后参考方明白，又未有土地，欲相约成果，当先相土地就而寄迹焉。是时也，或众共有土地无分异，或均而分之，或广狭有差，皆议而定之，所谓自君定之也，若众共有土地无分异，则是官专有土地，而庶人初无所得擅也。故曰，若众共有土地则已，苟有分异，则毋论其均与不均，皆庶人有所得擅矣。庶人有所得擅，而议院之公权，不胜乎庶人之私权，则君权有所不及，而法令有所不行矣。故君之于土地，其权当在庶人之上。盖众议一决，收买土地若别有所令，庶人不得而拒之也。①

本章基本上复原了《论不平等》中关于私人如何圈出第一块地并因此而确立私有权的那个想象中的场景，卢梭在此重点强调了土地的重要性，描述了私人土地如何成为公共土地并转变为集体财富的过程。中江则明确将这个过程称为“邦”的建立，将每一次土地相合的行为都看作“相合为邦”的行为，乃是将卢梭的对于公私关系的抽象描述转化为具体的国家形式。而且中江在“解”中特别对此进行了阐发，指出在缔约之前，无论土地的占有是否平等，是个人独立占有还是集体的占有，在缔约之后，都要交付给主权者，最后由主权者来保障个人对土地的所有权，卢梭认为两者的所有权可以区分并能够共存，中江提出这正是由于保有之权才能够保障先有之权，财富最后聚焦在土地这样一个具体的生产性资料之上。

由此观之，邦国之所当为法，可知已。曰，均不均是也，盖天之降才，固不能均，有智者焉，有愚者焉，而其肆意为生，所谓天命之自由，无有限极，民约一立，权力成均，不得复有侵夺。此即前所云，弃自由之正道也。若智者欺愚，强者暴弱，而无所顾惮，复何邦之为，乃举此以为本卷之殿云。②

---

① ［日］中江笃介：《民约论译解》，附录二。

② 同上。

何兆武译本中与之对应的段落是“基本公约并没有摧毁自然的平等，反而是以道德的和法律的平等来代替自然所造成的人与人之间的身体上的不平等；从而，人们尽可以在力量上和才智上不平等，但是由于约定并且根据权利，他们却是人人平等的”①。在中江兆民本中，天命之自由导致了不均的现象必然存在，即自然的自由和自然的不平等是一体的，而后民约达成之后，“均”便成为不复侵夺的。与何兆武本对照来看，中江兆民的阐释虽非有意混淆自然的和道德政治上的不平等，但是至少是没有阐明平等的类型及其可能的进路。

中江兆民之所以不能对平等的类型作出区分，并且无法提出真正的达成进路，问题的源头并不在卢梭，而正在中国古代思想中的传统“均”字诀并不能简单代替含义丰盛的“平等”概念，他以“均”来对译卢梭的平等，自然不能在深层意义上完全理解卢梭。② “均”本身在《说文解字》中是“平”的意思。在诗中，均是“大夫不均，我从事独贤”（《诗经·小雅·北山》）；在老子，均是“天地相合，以降甘露，民莫之令而自均”（《老子·三十二章》）；在孔子，均是“不患寡而患不均”（《论

① ［法］卢梭：《社会契约论》，第30页。

② 例如第九章，“论财产权”中，中江兆民在“解”中说道：“（解）前乎此所论，皆先有土地，然后相约成国，故第九章云，民约之方成，人人举其当时所有土地，纳之于君，盖当下所有，或有广者，或有狭者，官乃因而书券，以著人人保有之权，故同章又云，先有之权，必须保有之权，然后见效，第八章亦云，保有之权，文书以著之，生灭俱无涉于力，前后参考方明白，又未有土地，欲相约成果，当先相土地就而寄迹焉。是时也，或众共有土地无分异，或均而分之，或广狭有差，皆议而定之，所谓自君定之也，若众共有土地无分异，则是官专有土地，而庶人初无所得擅也。故曰，若众共有土地则已，苟有分异，则毋论其均与不均，皆庶人有所得擅矣。庶人有所得擅，而议院之公权，不胜乎庶人之私权，则君权有所不及，而法令有所不行矣。故君之于土地，其权当在庶人之上。盖众议一决，收买土地若别有所令，庶人不得而拒之也。”中江兆民在此段中基本上复原了《论不平等》中关于私人如何圈出第一块地并因此而确立私有权的那个想象中的场景，卢梭在此重点强调了土地的重要性，描述了私人土地如何成为公共土地并转变为集体财富的过程。中江兆民则明确将这个过程称为“邦”的建立，将每一次土地相合的行为都看作“相合为邦”的行为，乃是将卢梭的对于公私关系的抽象描述转化为具体的国家形式。而且中江兆民在“解”中特别对此进行了阐发，指出在缔约之前，无论土地的占有是否平等，是个人独立占有还是集体的占有，在缔约之后，都要交付给主权者，最后由主权者来保障个人对土地的所有权，卢梭认为两者的所有权可以区分并能够共存，中江兆民提出这正是由于保有之权才能够保障先有之权，财富最后聚焦在土地这样一个具体的生产性资料之上。于是，与传统中国对平等的关注倾向和凝结于“土地”相一致，中江兆民的平等观也在对卢梭的阐释中表现出了具体和现实的一面。

语·颜渊》)；在历朝历代的农民起义中，均是“均贫富”。“均”字一题首先直观地表述了关于经济平等的含义，其次是非常具体的平均主义的分配方式。“均”对于人的主体能动性并没有进行动员和召集，它基本上是来自上天的或者是上位者的。但是在卢梭所著的《社会契约论》中，卢梭的平等观中沉淀的“平等”片段却映射了西方基督宗教文化和西方政治伦理世界架构的全息图像；在卢梭以前和卢梭之后，西方世界所要求和倡导的平等有它们特殊的形式，其中涵盖的具体分类和演化尚需进一步探讨。大致说来，可以分为“权利的平等”和“状态的平等”。[①] 但是在东方世界，包括日本和中国，“均”却掩盖了平等的诸种类型，将之简单化为表面的事实而非理论和历史的讨论。

以上是中江兆民译作中对卢梭平等观念的东方式注解；另外，中江兆民在其他文本中也曲折反映了卢梭平等观念的中国式内涵，他也在一定程度上注意到了“平等”的重要性，并将如何引入和深化平等观念做了学理和传统上的分析，他在其他文本中对“平等”本身意蕴的理解在一定程度上突破了儒家传统“均”字诀的束缚，不仅限于经济的平等和分配的具体，而且将其上升为国家制度的政治设计层面。

基于对“日本没有哲学”的认识，中江兆民既要从西方学自由民权运用于国内，同时站在他的特殊视角又看到了中国传统文化当中的重民思想与卢梭平等观念之间的关联，“民权是至理，自由平等是大义。违背了这些理义的人，终究免不了要受到这些理义的惩罚。即便是在众多的帝国主义国家，也终于不能够消灭这些理义。帝王虽然是尊贵的，但也只有尊重了这些理义，才能保持他们自身的尊贵。中国早就有孟子和柳宗元看清了这个道理。这并不是欧美的专利”[②]。中江兆民所处的时代背景和他所需要回应的主题相较卢梭的时代和本书的时代都不一样，他所理解的平等观念主要是对抗君主专制，当然他的发掘也被后来的学者证明，重民思想和现代社会中的民主思想在根本上是不一样的。在中江兆民看来，自由平等的实现唯有依赖于民主共和国，在民主共和国中，甚至泯灭了国家本身的存在，“只有一个自由这种东西，制度还不能完备，在有了自由之同时

① 何怀宏：《选举社会——秦汉至晚清社会形态研究》，第46—51页。

② ［日］中江兆民：《一年有半·续一年有半》，杨扬译，译林出版社2011年版，第39页。

更要取得平等，这才能取得全面成功”。只有民主共和国，“在这个制度下，既没有君主也没有贵族，是万人平等的社会。在这里国家之间的对立也废除了。为什么呢？因为使地球的各部分隔开来，居民互相之间的心也隔离起来，这是王制遗留下来的祸患”①。于是，他的平等思想就不仅是在现实，而且在未来政体上进行了设计。

第三节 “半部民约”的传播和影响

一、“半部民约”在日本——自由民权运动的兴起与衰亡

《社会契约论》虽然没有直接倡导革命，却被雅各宾派奉为法国大革命的“圣经”，《民约译解》则从诞生之时便明确指向了自由民权运动，它教化和引导了大批自由民权运动家的成长，其与传统儒学和日本阳明学相结合的东洋式论证深入人心，因此它也堪称日本明治维新时期民权运动的“圣经”和“明治思想史上的金字塔”。②

中江兆民的《民约译解》从学理上论证了自由民权的正义性，为这场运动赋予了合法性和内在精神，实现了理论引导运动和民众的大转变。《民约译解》问世后，在日本国内掀起了热潮，宫崎兄弟中的长兄宫崎八郎正是因为读了中江兆民的《民约译解》后弃国权主义而转向了自由民权阵营，其诗《读民约论》云：“天下朦胧皆梦魂，危言独欲贯乾坤。谁知凄月悲风底，泣读卢梭民约论。”久松猥堂曾这样评价中江兆民及其一手创办的法学塾和作品《民约译解》在日本民权运动中的形象，“在当时

---

① ［日］中江兆民：《三醉人经纶问答》，桑原武夫、岛田虔次译校注，东京：岩波书屋1966年版，第39—42页。

② 自由民权运动肇始于19世纪70年代，即明治初年，它被定义为资产阶级争得自由民主权利的政治运动，内容涉及内政外交各个方面，对内包括开国会、制宪法、减地税、确立地方自治，对外包括反对与西方列强签订的不平等条约等诸要求，它是日本在近代史上作为一支新生的政治力量，在维护民族独立和主权完整的前提下与自上而下的政治改革紧密联系起来的一次民权行动。早期民权运动仅限于士族内部的政治要求，后来蔓延至全国，成为声势浩大的全国性运动。“民权”一词乃是19世纪70年代日本学界用以翻译“democracy”的时候所使用的，在今天看来，“民权”在当时所要表达的就是西方语境下的“民主”。“民权”的翻译或许能够传递民主制度的某些精神，却并不能完全反映民主的内涵，“民主”隐然有与专制君主对立，甚至废除君主制度之意，但民权却能够包容君主立宪制度，并不完全与帝制构成反对关系。当然，自由民权运动本身的兴起和衰亡也符合日本国内从民主到民权，词义转化的逻辑。

的言论界竖起新旗帜，开始将那个煽起法国革命之乱、震荡欧洲大陆政界的民主主义理论输入到日本，引起世道民心前所未有的大变动、大革新。……这种新言论的感化力逼近当时的政治改革，事实上在日本社会的革新上也冥冥间打开了一个端口”①。

中江兆民本人为这场运动带来了法国大革命的典章，同时也在其中不自觉地输入了他理想中的政治行为的道德性。有感于幕末明治时期纲常沦陷所带来的困难与危机，中江提出要以孔孟之教来维护日本的国民道德和涵养日本的国民人格。在《民约译解》中他所援引的儒家经典诠释和日本阳明学的阐释手法都在践行着将政治行为道德化的目标。在动员民众的层面，他一反日本国内阶层分明的旧秩序，指出了“平民主义”的局限性，认为虽然在明治维新之后日本取消了“秽多”种群，以“新平民”取而代之，然而实际上这种称呼依然带有来自其他阶层的蔑视。“平等是天地之公道，人世之正理”，“平民主义唯有摆脱习惯和自家心性的束缚，才能实现真正的平等”。② 中江兆民提倡的自由民权包含一切民众，但自由民权运动在践履中却依然是非常精英主义的行为，以孔孟之教涵育普通民众在当时的日本社会几乎是不可能的，要赋予政治行为以道德化的意义与新生的要求个人权利的政治要求也是脱节的。自由民权运动以士族民权、豪民民权为主，兼及城市资产阶级、博徙人士等对政府有批判立场的各个阶层，对于开国会和制宪乃至废除或改造不平等条约的呼声都只限于在这几个享有一定社会财富的阶层中流动，被动员的平民在其中并不占据主流。因此，自由民权的实际贡献不在于精英对于平民的成功动员和平民权利的真正实现，而体现在它成立了正式的政党，并实现了政府与政党间一定程度的对立，在客观上促成了宪法的完成。但是即便是宪法确立后，宪法中对臣民权利的规定也仅是天皇赐予的“恩惠的权利”，有鉴于此，有学者认为自由民权运动从来没有真正成功过。与法国大革命相比，它们虽然都面临着激烈的社会变动，然而二者所面对的专制政体却绝非同一种类型：法国大革命面对的是强大而腐朽的君主专制，民权运动面对的却是一个新兴而逐渐完善的君主政体。从民权运动初兴之时，政府便马上意识

---

① 转引自唐永亮《中江兆民》，第 43 页。

② 同上书，第 63 页。

到了运动的危险性，明治政府镇压与收买并重，不遗余力地分化和瓦解自由民权运动，二者之间的对抗虽然声势浩大，但是并没有出现彻底革命的声音；这种情况和日本当时的具体处境也有极大关系，在内外交困的近代化过程中，自由民权的引起者们更倾向于对国家政治制度作出调整而不是推翻和重建。

因此，民权运动的实质是新兴的资产阶级在政治上要求权利的呼声，而它的引发则是由于幕末明治期间西方启蒙思想的传递和普及，但是当这场运动一旦在一定范围的民众中生根发芽之后便犹如脱缰野马一般，要努力挣脱启蒙思想的束缚，成为令当权的明治政府，乃至它的最初倡导者们所惧怕的梦魇。在学理层面，明治政府以官方哲学对其施以对抗，而且这种对抗还富有策略地占据了国家道德的制高点，所以自由民权在学理上其实一直是“非主流”的学说。这种非主流的学说虽然借鉴了传统的儒家经典和日本阳明学的精髓，但始终没有能够在明治时期形成蔚然的风气，它和发扬主体自由精神的日本阳明学分支一起，一直都处于被政府及官僚打压的状态；它对卢梭的片断化和现实化的读解在明治维新的日本社会造成的影响虽大，却不够深刻和持久，反而是在日本海的这一端潜移默化地塑造了中国社会接受卢梭的方式和特点。

二、《民约译解》在中国的传播和影响

中江兆民的汉语翻译本，不仅在当时日本国内掀起了一场关于平等自由民权观念的热情讨论，而且对于后来的中国知识界更是造成了难以估量的影响，它对当时中国社会所造成的冲击力和“破坏力”相当惊人，甚至是改变了一般的中国学人对于“平等”的观念结构和对“自由”的全新认识。

事实上，第一个真正阅读卢梭的中国人，应该是1879—1880年驻日的使馆参赞黄遵宪，他在给梁启超的信中专门提道，“明治十二三年时，民权之说极盛，初闻颇惊怪，既而取卢梭、孟德斯鸠之说读之，心志为之一变，以谓太平世必在民主，然无一人可与言也”①。1898年，上海同文译书局刻印中江笃介的《民约译解　卷之一》，将之定名为《民约通

① 《新民丛报》第13号，1902年8月4日。

义》)，书首有署名“东莞咽血咙胡子”的序言，但原书已不可得见。1900年12月6日至1901年12月15日《译书汇编》杂志的第一、二、四、九期上，留日学生杨廷栋翻译刊载了原田潜《民约论复议》的节选；1901年《清议报》刊载了梁启超撰写的《卢梭学案》。据岛田虔次撰文，在中国出版发行的《民约译解》有据可考的共有四种版本，分别是1898年大同译书局的《民约通义》，1899年上海译书局的《民约通义》，1898年春不详译者和出版者名的《民约通义》，以及1910年在中国同盟会机关报《民报》第26号上刊载的《民约论译解》。以上最后一个版本的元本选自1909年日本高有伦堂印、幸德秋水编的《兆民文集》，原译本的“叙”“译者绪言”和“著者绪言”没有收录，而且在文字上对原译本亦有所修正。[①] 本书所依据的《民约译解》有二，其一为上述四个版本中的最后一个，其二为1983年在日本岩波书店出版的《中江兆民全集》之卷一收录的原译。

辛亥革命以前，在中国社会流传的《社会契约论》的主要版本，除了影响不甚突出的杨廷栋译本外，实际上仅有《民约译解》卷一第一至九章这“半部”书。在卢梭思想的最初拥趸者中，最有力者当推梁启超。1901年，《清议报》载梁启超的《卢梭学案》。1902年，《新民丛报》载《民约论巨子卢梭之学说》。两篇文章大致相同，都是在复述和介绍卢梭的社会契约论。梁启超可谓当时思想界的巨擘，他真正推动了卢梭著作在中国的传播。然而，据狭间直树的考证，梁启超这两篇意义非凡的文章，却与法国人阿尔弗里德·福耶（Alfred Fouillé）出版于1875年的《哲学史》（*Histoire de la Philosophie*）中关于卢梭的部分雷同，梁在行文编排和引注等方面都和《哲学史》一致。另据岛田虔次称，日本的宫村治雄和法国的巴斯蒂均各自发现，《卢梭学案》本自中江兆民所译的《理学沿革史》，而这本书正是福耶的《哲学史》，甚至根据宫村治雄的进一步研究，非独《卢梭学案》一文，梁启超在《新民丛报》上连载的各个学案皆来自中江兆民的这个哲学史译本。[②] 梁启超如何理解卢梭，鉴于他独特

① 参见［日］岛田虔次《中江兆民著译作在中国的传播》，《中山大学学报论丛》1992年第5期，第177页。

② 同上。

的政治地位和号召力，对于当时的知识界的卢梭印象而言非常重要，但梁启超真正阅读卢梭悉从中江兆民的汉译本始，并非卢梭原文。就《卢梭学案》及相关文献来看，梁对卢梭的理解几乎全部出自《社会契约论》一书，所引用和转述的卢梭观点均能在《社会契约论》中找到对应段落，并未涉及卢梭的其他著作和理论的内在联系。也许是未曾真正精研过卢梭的全部著作和思想体系，甚至仅仅是以翻译介绍性的文字来了解卢梭，所以梁启超对卢梭的认识仍然停留在较为通泛的层面。在梁启超的视野中，卢梭作为自由平等的“旗帜”作用更甚于作为思想的引路人，这也正好是当时所有进入中国的“西学”的真实处境。此外，《卢梭学案》的写作风格也有带有中江版《民约译解》的强烈风格，例如在引用卢梭的大段言论之后，以加按的形式表述阅读者本人的解释和想法，在梁启超而言主要是比较卢梭与当时中国特有的一些观念的异同，可以看作将卢梭尽量中国化的一种努力。从另外一个角度来讲，这也是梁启超基本从中江兆民的哲学史译本和《民约译解》来消化和传播卢梭的另一明证。

关于中江兆民本人为什么选择以汉语来翻译《社会契约论》，在现在看来所能推测的大致原因应该有以下几点：其一是中江兆民本人对法兰西革命和汉学的浓厚兴趣；其二是在熟悉卢梭的过程中所发掘到的民权观与中江兆民本人视域内中国古代硕儒观念的共通之处，这一点直接促使他选择在法学塾传播卢梭思想的同时用自己正进一步熟悉和学习的汉文来贯穿二者；其三是当时日本思想界所积累的关于汉学，更直接地说是儒学，甚至更贴近地说是关于朱子学和阳明学的深厚传统，使相当一部分日本知识分子能够以汉文来读解和参悟中江兆民的译本。根据柳父章的研究，中江兆民在《民约译解》中所使用的汉语关键字均为单字，如“民”“君”“邦”，[①] 这种翻译遣词形式古雅、严格，使《民约译解》带有浓厚的传统儒家习作的风格。由此，中江兆民的初衷应该不是以中国读者为受众，但是他的这次翻译和阐释却为他身后的中国学人开辟了一条最为接近卢梭的道路。

《民约译解》中所要淬炼的不仅仅是卢梭的思想，应当说，它经过了汉学、儒学和阳明学的外壳包装，是卢梭魂与阳明学中“自由”特质的

---

① 参见唐永亮《中江兆民》，第 44 页。

结合体，曾一度成为幕末明治时期日本道路的指针。《民约译解》不仅在日本受到了欢迎，在中国也得到了强有力的传播与支持，译作本身成为甲午海战以后中国人图强的典章，更为重要的是它对梁启超等思想巨擘的渗透和影响。《民约译解》对于阳明学所进行的改造和利用，与当时日本社会的国粹学与国家学密不可分，中江兆民成功地将脉络化的儒家概念和精神在《民约译解》中去脉络化，以不同于卢梭的方式进行了东洋命题的再脉络化。①

当一个观念或一组观念在一开始便被误读的时候，往往会造成以讹传讹的扩散效果。因此，如果将卢梭平等观在清末民初社会的形态与原作者在法国大革命之前的形态相比较的话，其中许多概念和初衷的谬以千里，很有可能是在传播中的失之毫厘带来的无意后果。卢梭和中国之间以日本作为媒介和基础，隔着语言和国情的距离，卢梭的传译被折射再折射，扭曲和再造于是成为它在日本和中国传播历程中的根本性特征。根据幕末明治时期的具体情况，“东洋卢梭”选择性地加重了卢梭思想中对于心神自由和国家道德功能的内容，将卢梭的自由平等观念生发为自由民权说。在卢梭平等观进入中国以后，至少在辛亥革命以前，仍旧延续了“东洋卢梭”和“半部民约论”的片面化习惯，而且和东洋卢梭在名义上依然尊重君权、倡导民权的思想不同，清末民初的中国学人在各种路径的尝试都遭到覆灭的情况下，终于将卢梭作为推翻帝制和彻底革命的工具搬上了历史舞台，因此前者对卢梭的现实主义解读在这种情况下更进一步地世俗化、情境化，卢梭平等观在中国社会的现实化和扩大化也延续了前者片面化和现实化的特质。

三、《民约译解》背后：作为革命论和方法论的中日阳明学

卢梭思想由日本东传而来，而最终抵达中国本土的卢梭已经是在日本阳明学的土壤中浸润过的另一种形象了，这其中一直交织着阳明学和卢梭思想的两条线索，分别是中国阳明学—日本阳明学—清末民初阳明学的回

---

① 脉络化，去脉络化和再脉络化借用了台湾大学人文高等研究院黄俊杰教授在台湾大学“第二届东亚儒学青年研习营”的讲义中所使用的说法。另参见黄俊杰《东亚文化交流中的儒家经典与理念：互动、转化与融合》，台湾大学出版中心 2011 年版，第 18—22 页。

顾和复兴，法国大革命前后的卢梭—东洋卢梭—清末民初的卢梭。这两条线索相互支撑协奏，时而重叠交织，在西欧、中国和日本之间构筑了对话的空间和可能。从另一个角度来看，在幕末明治维新的日本敞开接受西欧，清末民初的中国接受东洋和欧美的时候，正是阳明学和卢梭思想中的交集成为这样的一条通道，而这个交集中的公约数就是自由与平等，它们所对应的就是变革的时代命题。

阳明学的产生是对程朱理学的一定意义上的反叛，这种反叛是基于现实的需要而绝非学术上的纯粹逻辑。阳明学的诞生实际上是为了应对当时现实社会的急剧变化。在明代，资本主义萌芽在东南沿海的中国悄然出现，随着新的阶层和阶级的兴起，作为正统的程朱理学已经无法解决具体的现实问题。当时的社会阶层出现了重新的划分，既有的观念发生了震荡，而新兴的商人阶层和士人希望能够在程朱传统之下获得更多的自由，争得更多的权利。程朱理学一意格物致知，支离破碎的治学和修身方法阻隔了人们这种勃发的需求，使当时的士人阶层发出了新的疑问，即在变革的时代和新的生产关系之下，人人逐利而王朝“断桅破舟”时，应当以什么样的哲学来维护社会的基本道德规范和伦理纲常。

阳明学是一系列变动之下的产物，首先是君权和皇权对传统“士”的地位的认识发生了变化，然后是新兴经济力量的崛起带来了“士”的分流和“商”的独立，最后则是四民的传统角色发生了悄然的置换。虽然阳明学创立的初衷并非为了改写专制统治和道德秩序的铁律，甚至是为了更好地为旧制度进行辩护和修补，但是在阳明学本身所蕴含的自由与平等的活泼精神却已经昭示了它暗潜的革命性，它和不变的僵化的官方哲学不同，从诞生之始便是变动的、平易的、简明的。

伴随着明王朝的覆灭和清代经学的笼罩，在经历过相当长一段时间的沉寂之后，阳明学在清末民初从邻邦和历史两个维度重新进入了当时中国学人的视野，引起了一定的重视和反思。孙中山曾经评价，“日本维新之业，全得阳明学说之功，而东邦人士咸信为然，故推尊阳明极为隆重”①。在中国，康、梁维新思想深受阳明学的启迪。康有为早年曾“独好陆

① 孙中山：《建国方略·知行总论》，载《孙中山全集》第六卷，中华书局1985年版，第197页。

王”，“私心好求安心立命之所”，他盛赞阳明，说“言心学者必能任事，阳明辈是也。大儒能用兵者，惟阳明一人而已”。在康有为建构的儒学框架中，“仁”为普救众生的法宝，与天地万物为一体，就是直接来自阳明的仁说。在康梁变法中，康有为更是积极尝试采纳阳明学熏染下的日本明治维新的模式。梁启超的“新民说”亦从日本明治时期盛行的国家主义和对国民性的批判中汲取了许多的灵感，他从日本思想界竭力塑造日本新国民与新道德的争论中看到了改造国民和道德自由与自主的重要性，日本幕末维新志士身上的阳明学痕迹更是引发他思考阳明学与倒幕运动间的密切关系，以及淬炼民族精神唤醒国民的重要性。他以一种横贯中日阳明学和儒学传统的视角，慨然自陈《新民说》便是专门记述阳明及其后学所言的作品，阳明学便是国人自由平等思想的源泉。梁启超对于“民”的重塑也是基于时代的变革，而这场变革比阳明所面临的变革更为宏远和艰巨。在鸦片战争和甲午海战以前的中国，“民”是和“君”相对应的概念，国家则和更为抽象的“天下”关联在一起，与个人和社会的距离较为遥远。在1895年以后，当民族存亡的命题成为极其紧迫的时代呼声之后，“国家”观念在中国知识界被骤然唤醒了，而这个“国家”和阳明的天下，和卢梭所讲的“国家”都很不相同，它因为外侮的逼近和内乱的更迭，立即化身为民族的，具有功利和现实感的，独立的政治单位。梁启超在《新民说》中说“故今日欲抵挡列强之民族帝国主义，以挽浩劫而拯生灵，惟有我行我民族主义之一策；而欲实行民族主义于中国，舍新民末由”。“民”也就因此而肩负了比阳明时代更复杂的使命，他们要凝结为“群”“民族”和现代意义上的国家，同时对抗君权的专制、帝国主义的侵略和殖民的危险。

每个国家和民族都有自己的历史文化背景，例如，社会制度的设置，国家与政府的关系，君臣和封建制度的松弛程度等，都存在天然的沟壑。即使是同处东亚，日本和中国对于君臣理义等基本概念的理解也因为独特的历史背景而大相径庭。但是阳明学和卢梭思想的传播却超越了国界和疆土，它们一次次被重构，又一次次被返回到历史语境，其中依然共享了某些基本的原则，例如自由和平等。究其根本原因，就在于自由和平等在这几个特殊的时空阶段（中国的晚明时期、法国大革命前期、日本的幕末明初时期、中国的清末民初时期）都具有普遍性和独立性，它们同时满足了变革阶段的庶民和知识分子的心声，并在某种程度上适应了传统中国和启蒙时代后期的认识论和人性论的结构。卢梭以其乐观主义的认识论和道德的国家观念，很快融入了清末民初社会的儒学政治哲学语境，并被用以制造出新的政治哲学语境。

在半部民约中，中江兆民在开篇的“解”中便以天命自由和人义自由的对立进驻到卢梭的文本中，着重将“自由”阐发为相继而生的概念，对心之自由（道德自由）则完全采用了阳明学的处理手法，以活泼自由，不为形气所趋为其内在特征；在对“平等”的阐释中，在经济和政治平等的层面，他都以“均”来直接对译，“均”的内涵较卢梭的“平等”更为具体和狭窄，它多指物质财富方面的同等化；在国家政治制度上，对内他将卢梭的“主权者”译为具有具象人格的“君”，寄托了他对于君主实行民主共和的美好愿望，对外他则坚持国与国之间在国际社会中作为个体的平等。在翻译手法上，中江兆民不仅以儒家的既有概念重构和重组了卢梭沿用的各种西方传统政治哲学的概念以及卢梭的新观念，他的整个翻译还逐步地走向了意译而非字句的完全直译。我们列举的许多段落都说明，在很多时候，他甚至越俎代庖，说出了许多卢梭未曾说过的话，并且超出了卢梭想要表达的意思，引申出更为激进的或扩大化的观念。半部民约论的传播开创了卢梭东进路线中的两大特色：

第一，片面性。首先，卢梭的政治哲学有其丰富的内在张力，这个张力集中体现为自由平等精神的统一性和平等观念的逐层深入，需要对卢梭的著作尤其是《论不平等》和《社会契约论》进行整体把握之后，才能了解自由平等的观念如何在卢梭极具迷惑性的表面矛盾的语言下展开为一条清晰的思想主线。中江兆民在半部民约论中其实已经模糊地意识到了《论不平等》的重要性和与《社会契约论》的内在关联，但是由于他对欧洲整个自然法传统和自然状态假说的不深入，所以《民约译解》仅停留在《社会契约论》的单一文本中，并通过他的“解”升华了这种单一性：他只注意到了《社会契约论》中的集体如何超越个人，而这一主张经过儒家语境下的翻译之后更加显扬，虽然他援引了通过日本阳明学来理解的心神自由观念，但是这一切在强大的集体和国家面前显得格外单薄。其次，若仅就《社会契约论》的文本而言，半部民约论也是不完整和片面的，前言和第一章仅仅概述了卢梭的设想和大原则，至于大原则如何通过法律和具体制度的设置来加以保障，半部民约无法解释。

第二，现实性。如前所述，卢梭始终以局外人的身份游离于任何一个真正的政治共同体之外，对于自然状态的考察，他尝试性地回到假说的历史中追溯不平等的来源与根据，并基于此提出了理想的政治制度模型，他的“公意”“主权者”等都是高度抽象化的概念，与现实之间保持着一定的谨慎距离。在中江兆民这里这个距离则被撤销了，公意被理解为众意之所同然，主权者被理解为“君”，正当的义务和利益被理解为对峙的义利关系。中江兆民所做的一切都朝向特别具体的目的，即如何在明治维新之后的日本缔造一个现实可行的君民共治的政治制度，如何在理想的民主共和国中体现人民主权的精神，如何让日本在被迫近代化的历程中和列强环伺的环境下争得小国外交的生存空间。

在卢梭东进的这段历史内，中江兆民的片段性和现实性的读解方式为当时的日本和中国所展示出来的是卢梭思想中非常饱满和热情的一面：卢梭在《社会契约论》中刻意保留的理性态度被消融，他被中江兆民打造为当时的知识界图学西方的快速通道，而且这个通道还被我们所熟知的孟子理义与阳明学的平等和自由理念装饰得美轮美奂，从这个通道进入，似乎我们可以立即将学习到的西方的自由与平等的精神运用于现实的政治制度。

第五章

严复现实主义和经验主义的阐释

揆之卢梭的平等观，其对自由和平等的论述构成了其政治思想的主要脉络，他在古典自由主义传统中援入的平等观念为自由找到了存在的前提和边界，可视作对英国式个人自由的一种修正和补足。在资本主义世界的革命取得通盘胜利以前，自由和平等实质上是同一种理念，共同构成了“正义”的要素。之所以用平等来描述和定义卢梭的政治学说，首先在于尊重卢梭在两本著作中首尾衔接的论证，更深层的原因在于“平等”是卢梭对自由主义的创造性使用，而且“平等”涵盖了且更容易表达卢梭政治学说中的其他理念，例如“公意”和“人民主权”。作为整体观念的平等与自由，可视作卢梭平等观的第一维；由这一维出发，可以发现，在清末民初社会，当时的知识分子已经注意到了卢梭学说中同一个理念之下的这两股潜流。严复对密尔、赫胥黎和斯宾塞等英国式自由观念进行了介绍和阐释，与此同时，梁启超、孙中山以及革命派等则为法国革命和卢梭的平等观摇旗呐喊。于是平等与自由在清末民初社会中也逐渐被理解为两种相对独立的概念，平等逐渐偏离了卢梭的整全式的理解，成为与自由、改良、保守和传统相对立的概念。虽然严复的声音在当时并非时代的最强音，但是正因为他的理性和坚持，也使他对卢梭的阐释在一定程度上缓解了一边倒的激进路线。然而，总的来说，当时学人对平等和自由的处理方式大体离不开儒家场域，他们在接受卢梭的同时，或对卢梭的整体观念伴之以儒家式的理解，或尝试以回到儒家经典来反思卢梭，对于平等和自由究竟何种能够成为理性社会的元价值和目标，当时学人也给出了各种答案。

第一节　严复对“平等”“自由”的最初阐发和严复译词

一、严复最先阐发“平等”“自由”的概念

在清末民初观念史的记述中，最贴近卢梭“平等”观念内涵的传译应该始于严复，而且“平等”的初入是与自由的概念同时出现的，它们第一次出现在严复的译作中，但不一定依据卢梭其人其说而来。1895年，严复在《原强》中说：“西之教平等，故以公治众而贵自由。自由，故贵信果。东之教立纲，故以孝治天下而尊亲。尊亲，故薄信果。”① 据金观涛和刘青峰，戊戌变法以前，“自由”主要为严复、谭嗣同等使用。谭嗣同在《仁学》中指出“在宥”是“自由”的转音，这一说法最初出自老庄。② 严复还曾经在《群己权界论》中将“自由”翻译为“自繇”，在他创造性的翻译中，“自繇”被他经过了精心的转译和语境的缔造，他说“中文自繇，常含放诞、恣睢、无忌惮诸劣义，然此自是后起附属之诂，与初义无涉。初义但云不为外物拘牵而已，无胜义亦无劣义也”。《〈群己权界论〉译凡例》是《群己权界论》的解释性说明，以阐释“自繇”（或曰自由）为主线，认为自繇在中国也有其渊源，即《大学》中所有的絜矩之道，其中亦有限制之意，西人所谓自繇，谓人道介于天物之间，“治化天演，程度愈高，其所得以自繇自主之事愈众。由此可知自繇之乐，惟自治力大者为能享之”③。“卢梭《民约》，其开宗明义，谓斯民生而自繇，此语大为后贤所呵，亦谓初生小儿，法同禽兽，生死饥饱，权非己操，断断乎不得以自繇论也。”④ 可见自由的运用对运用自由的人是有各种限制和要求的，包括社会的文明程度和人的智识程度等。此外，在一般的中文语境下，“自由”并不天然地具有褒义，例如孙中山在《民权主义》第二讲中也曾提到，应当在国家的自由而非个人的自由层面上使用

---

① 转引自金观涛、刘青峰《观念史研究：中国现代重要政治术语的形成》，第608页。

② 同上书，第611页。

③ 严复：《〈群己权界论〉译凡例》，见王栻主编《严复集》，第132页。

④ 同上书，第133页。

“自由”一词，因为如果要讲究个人的自由，“便像中国自由的对待名词，成为放任、放荡”。严复最先注意到了平等和自由的并列，但在这两个概念中，他显然更加倾向于对自由的阐释，他直接以“西之教平等”为“自由”提供背景性说明，分别以“平等”和“纲常”作为中西社会的根本性特征，平等被严复省略为“自由”的必要前提，似乎已是不证自明的经义。

二、“革命”的平等和“国家”自由

“平等”和“自由”的概念分析实为严复甄引西学之努力的一个侧面。在西学东渐的路途中，概念的建构是最为基本的条石。严复在清末民初根据中国固有的哲学诠释语系，为译介西方哲学新概念缔造了大批新词汇（例如表述进化的“天演”，表述同情的“善相感”，表称存在的“净如”，表称物体性质的“德”“伦”“量”等），有学者指出，当时有两套哲学词汇进入了中国现代哲学的诞生期，一为严复译词，一为日本新词。① 严复的译词在刚出现的时候曾经盛极一时，而后却在与日本新词的“对决”中渐渐死亡，严复译词的命运证明他用纯粹中国语词来理解西方逻各斯精神的尝试其实遭遇了本来的理解困难，这是中国文字的“含混闪烁”与西方思想模式的简畅明晰之间的内在矛盾。严格来讲，“平等”和“自由”不能计入严复译词的范围，它们虽然曾经出现在中国古代文献中，而且也被严复用来介绍和翻译过密尔和卢梭等人的自由主义思想，但是在严复对它们进行重新阐发之前，“平等”主要在佛教经典中使用，“自由”的意义则先“平等”一步已经被黄遵宪等人描述为“民权自由”等与现当代语境较为契合的概念。平等和自由二词在清末民初社会中并非全新的创造，它们在古典文献中已经有所记载，但是它们在清末民初社会以后所承载的意义均与古典文献之间存在一定落差，即这两个词汇是在较新的意义上被开掘和显示的。同时，与严复创造的大批译词相比，它们的使用更频繁，使用空间更广阔，除了严复的推助之外，更多的学人都注意到了它们背后的丰富内涵。因此，一方面是“平等”“自由”这两个政治

---

① 张法：《严复哲学译词：特征与命运——“中国现代哲学语汇的缘起与定型”研究之二》，《中国政法大学学报》2009 年第 2 期，第 106 页。

哲学概念的兴起和发展，另一方面则是严复译词的凋零与谢世，它们都来自严复，兴自严复，却在清末民初社会的学术空间呈现出两种截然不同的结局，就表象而言，可能源自中西语言文化的差异性，但是也正印证了当时的时代主题和学人群体在采纳选用哲学概念时的现实性和功利性，面对国家与民族存亡的迫切问题，那种被有意识向“革命”靠拢的“平等”和国家“自由”的冲动盖过了其他元概念的建设。

第二节 积极自由的民主观与激进平等道路的对立

一、严复的积极自由的民主观

与同时代的大多数学人一样，严复本人对卢梭平等自由学说的态度并非一以贯之。张岂之指出严复曾经对卢梭的天赋人权学说作了一定的改造；郑师渠认为严复在《论世变之亟》《原强》和《辟韩》等中所使用的批判利器正是卢梭的《民约论》；王宪明和舒文则出于严复的政治理想（即主张在开民智，新民德，鼓民力的基础上开设议院和实行君主立宪制度），认为严复对于卢梭的传播和理解并不存在从戊戌变法到辛亥革命的分期问题，皆因严复在戊戌时期所宣传的并非卢梭的社会契约论思想，而是以赫胥黎、穆勒（密尔）和斯宾塞为代表的19世纪的英国政治思想。事实上，从甲午海战之后一直到辛亥革命前后，严复对于卢梭思想既有开放的胸怀也有清醒的反思，他从未完全被卢梭的《民约论》说服和鼓动，但是当时的社会环境和中国未来多重路径的选择可能造就了知识分子的集体彷徨与困惑，严复关于君主立宪制的政治理想也是在1895年之后渐次成型的，若以严复晚年的政见来描述其早年的传播动机，对思想观念的把握可能有失偏颇。

黄克武在《自由的所以然——严复对约翰弥尔自由思想的认识与批判》一书中对严复自由观念的形成作了文本的细致考察，认为密尔的自由之所以然，不再是上帝的普遍恩宠，而是知识和进步——它们是18世纪启蒙运动的信念成果，反观近代中国，人们很难发现类似的观念结构。中国的自由主义者往往简单地截取西方一度只是终极价值的观念，并通过宣传教育这种单一手段，试图将之转变为中国民众的终极价值。严复有意识地和主动地吸纳了密尔自由观当中的积极因素，通过翻译构建出一种围绕着“积极自由”的民主观，根源仍然在于严复所扎根的认识论传统是一种乐观的认识论，所以他不易了解，甚至不能欣赏密尔在悲观主义认识论基础上所做的关于人心能否获取知识的探讨，因此严复也就不了解，甚至有意回避了密尔偏向消极自由的观点。严复所面临的思想困境是，如果将他的积极自由的民主观反溯回去，则无法找到那种将调适和带有儒家印迹的积极自由相融合到一起的哲学体系。相反，和严复同时代的中国学人则走向了另一条激进的道路，他们中的很多人以卢梭的民主观念作为终极的建构工具。虽然严复并不欣赏那条激进的终极道路，但是在乐观的人性和认识论的面向上，他和卢梭却是一致的。

因此，在1895—1919年卢梭平等观念在中国社会的传播和成型期中，严复无疑起着非常重要的作用。首先，严复与卢梭的民约论之间始终维持着较为客观的距离，作为留英学人，他站在英国式的社会治理和实践层面，倡导一种调适的改良主义观点，这种观点虽然在当时并非时论，却在遥远的未来证明了其内在的合理性：对日暮途穷的中华帝国而言，并非仅有“革命”一途可供选择，而且“革命”的风险很可能反噬国家的建制；其次，严复对英国式自由主义的拣选也经过了他的再造和更新，他以“积极自由”来代替密尔的“消极自由”，仍然强调了国家和族群的重要性，卢梭和密尔等自由主义的信奉者们，尤其是后者在英国传统下对于个人自由的珍视在严复的语境中被刻意弱化。在思想观念的加工和锻造中，严复一直秉持着相对独立的立场，他的积极自由的民主观念在清末民初中国社会形成了与卢梭的平等观相并行的一种可能，是“革命”背后的另一种难得的声音和形象。严复的政治思想具有经验主义的态度，[①] 他以一种超前的智慧意识到了整体和全盘改造以走向抽象社会的理想不足以提供真正可靠的现实，于是他在同时代的学人中提前批判了革命理想的僭越性，但是严复和他的译词体系的失败却正说明了“毕其功于一役”的狂热和彻底改天换地的思潮是如何在彼时中国大地上持续发酵和流行的态势。综而论之，严复创造和提倡的积极自由的民主观念中蕴含了三种理论形态，包括与卢梭的平等观相互参照，对英国式自由的改造以及中国本身

① 萧功秦：《近代思想史上的“主义与问题”之争的再思考——严复与胡适的经验论思想比较及其启示》，《开放时代》1997年第1期，第47—50页。

的自由主义理念。

在 1895 年 3 月发表的《辟韩》中，严复提道：

> “民之自由，天之所畀也，吾又乌得而靳之！”西洋之言治者曰：“国者，斯民之公产也，王侯将相者，通国之公仆隶也。”①

严复承认自由是一种天赋的权利，国家是人民的公产。天赋人权说和国家公产论不一定发端于卢梭的《民约论》，但是至少严复在彼时和卢梭的出发点是一致的，即他们都在专制王权下认为人民自由权的合理性可以从先定原则中找到根据。

在 1902 年的《主客平议》中，严复亦曾追溯到中国古史，系从孔子以礼治国开论，比照美国、法兰西和近邦日本，对国内妄自菲薄固有传统，本末倒置的现象予以批评：

> 寡昧无识之夫，徒震于彼族一再胜之威，不知吾立国之经，固自有其大且远者，乃嚣然欲举中国数千载之天经地义，弁髦弃之，旦而言平等，夕而说自由。②

严复在新旧派和立宪与革命间都进行了比较，认为在文明程度较高的法国，卢梭和洛克的学说都有“徒长乱阶”之嫌，而在一个有着悠久传统却痼疾沉厚的中国，更是不能期待“朝倡而夕喻”，他在革命前夕已经意识到革命本身可能带来的危机和风险，提醒国人当尊重中国固有的传统文化。他对卢梭的拒绝不足为奇，但是他对洛克的批评则更加发人深省。在当时的西方政治自由主义传统中，要么是卢梭的激进占据上风，要么是洛克的经验主义和渐进主义大行其道，在很多时候二者之间甚至是一种非此即彼的关系，严复却同时将它们排在中国传统文化之后，他的改进之路显然比洛克的改良更加迟缓和温和，他对传统的保留也比英国自由主义的理念更为丰满。在 1906 年的《宪法大义》中，严复认为，《民约论》的

---

① 严复：《辟韩》，见王栻主编《严复集》（一），中华书局 1986 年版，第 35 页。

② 严复：《主客平议》，见王栻主编《严复集》（一），中华书局 1986 年版，第 117 页。

思想根源一为洛克，二为郝伯斯（即霍布斯——笔者注）。洛克的《民政论》（即《政府论》——笔者注）和郝氏的《来比阿丹》（即《利维坦》——笔者注）都是西方谈论治理的早期经典。而卢梭对二者的继承实际上在我国孟子的思想中已有过论证，“问古今之倡民权者，有重于‘民为重，社稷次之，君为轻’之二语者乎？”[①] 政府是执行主权的机关，国民是主权真正的主人，这就是国民自治的由来，政府处于主权和国民之间，主权立法，政府行法，并有司法来纠察裁判，“外对于邻敌，为独立之民群，此全体之自由也；内对于法律，为平等之民庶，此政令之自由也”[②]。他肯定了卢梭的“主权在民”，并以其为卢梭的“无弃之言”。卢梭在论政体的时候曾回溯到亚里士多德的分析，严复也结合亚里士多德的政体划分说总结道，“若出治者居少数，受治者居多数，此制善，谓之贤政之治，以贤治不肖者也。不善，名曰贵族之治，以贵治贱者也。又使多数之民合而出治，如是者，谓之民主”[③]。卢梭所倡的民主是直接民主而不是代议制民主。民主制适合小国家，君主制则适合大国家。合实情而观之，治理者的人数与受治者的人数应成反比。具体到我国的情况，四万万人有一个君主便是正当合法的。

总而言之，在1913年以前，严复对卢梭的评价仍然是有所保留的肯定，但是自1913年以后，严复在《天演进化论》《说党》和《民约平议》中，多次对以卢梭为代表的“自然公理论”进行了深刻的批判和反省，而且他的矛头自始至终指向唯理主义的大陆哲学。这种从唯理论和经验论的对峙来分析严复思想的轨迹提供了一种新颖的观察角度，也是对当时存在的法国道路和英美道路之分歧的哲学解释。

《说党》称卢梭思想在法国所造成的实际影响并未带来生民的福祉，言辞甚是激烈：

> 当十八稘法民之起为革命也，飙起霆发，举国若狂，聚数百之众于一堂，意若一夕措注，可以划数千载之不平，而明旦即成于郅治。

---

① 严复：《宪法大义》，见王栻主编《严复集》（二），第241页。

② 同上。

③ 同上。

且其志以谓吾法成，岂徒法民之利而已，生人之福，胥永赖之。乃论者则谓其民于代议政体毫无经验，而但訹于卢梭诐淫虚造之辞，惘然举其国千余年之政教，摧陷廓清，而无以善其后，名求国利民福，实则六七十稔之中，板荡元黄，所得拨云雾而睹青天者，赖当列强幼稚之秋，而竞争不逮今兹之烈，得轻丧败，危以复安，虽曰人事，亦天助也。①

《天演进化论》以介绍西方进化论为职志，在提及卢梭时将其处理为西方旧籍中的巨谬。

如卢梭《民约》之开宗明义谓：民生平等而一切自由是已。盖必如其言，民必待约而后成群，则太古洪荒，人人散处，迨至一朝，是人人者不谋而同，忽生群想，以谓相约共居乃极利益之事，尔乃相吸相合，发起一巨会者然，由是而最初之第一社会成焉。此自虚构理想不考事实者观之，亦若有然之事，而无如地球上之无此。②

当时，严复在理解《民约论》时有意偏离或说曲解了卢梭的原旨，在非议卢梭虚构的理论原点的同时否定了因此而形成的社会契约，并未深入社约内部去进行更精专的讨论，而这种观点在《民约平议》中得到了进一步的放大和加深。

二、积极自由与激进平等的对立——严章之争

严复的《民约平议》开篇便提到卢梭的语言和文辞的蛊惑性：

“《民约论》之出，穷檐委巷，几于人手一编。适会时世，民乐畔占，而卢梭文辞，又偏悍发扬，语辩而意泽，能使听者入其玄而不自知。”③ 民约在欧美已经有诸多否定性意见，而在我国国内，其流

① 严复：《说党》，见王栻主编《严复集》（二），第308页。

② 严复：《天演进化论》，见王栻主编《严复集》（二），第310页。

③ 严复：《民约平议》，见王栻主编《严复集》（二），第335页。

毒依然深刻，“卢梭《民约》风行，社会被其影响不少，不惜喋血捐生以从其法，然实无济于治，盖其本源谬也。刻拟草《民约平议》一通，以药社会之迷信。”① 其后，严复肃清了民约的由来，在比较郝伯斯（霍布斯）和洛克之后，称卢梭民约“其名虽本于郝，而义则主于洛者为多云”②。这种对卢梭思想的学理性分析在当时囫囵吞枣消化西学的学风下实属可贵的尝试，但是正因为学理的深入和断言，使严复对卢梭的解析更不容易被质询和怀疑，因此也就导致了严复所阐释的卢梭激进面的深化。

严复整理了民约之大经大义，归纳为三：

（甲）民生而自由者也，于其群为平等而皆善，出于自然，则常如此。是故自由平等而乐善者，其天赋之权利也。（乙）天赋之权利皆同，无一焉有侵夺其余之权利。是故公养之物，莫之能私。如土地及凡土地之所出者，非人类所同认公许者不得据之为已有也；产业者皆篡而得之者也。（丙）群之权利，以公约为之基；战胜之权利，非权利也。凡物之以力而有者，义得以力而夺之。③

严复认为自己对卢梭民约的翻译是既信且达的，正是这三条纲领对世人一误再误，因此才导致了种种恶果，他以之为纲目，逐条展开了批评。按条目甲，作为一个进化论的忠实拥戴者，严复以赫胥黎的观点作为利器来反击卢梭所谓的天生的自由和平等。“自由平等者，法律之所据以为施，而非云民质之本如此也。”④ 自由和平等是只能在法律的界限内实施的，如果单讲平等，任“一众专横，其危险压制，更甚于独夫”⑤。按条目乙，严复认为私产应属正当，这也符合人类社会的进化步骤，“社会最后之事，固必出于竞争。而竞争矣，则返本复原，又必以气力为断。卢梭

① 严复：《民约平议》，见王栻主编《严复集》（二），第333页页下注。

② 同上书，第335页

③ 同上。

④ 同上书，第337页。

⑤ 同上。

之说，仁则仁矣，而无如其必无是也，则奈何欲乱人国以从之乎?"[①] 按条目丙，以武力获取权利在卢梭看来是不义，也可以以武力来夺回。而反观中国历史，三代汤武均以征伐开国为顺应天命的正当行为。个体的自由竞争应当是合法公平的，否则人类的自由平等无从真正建立。总之，严复始终认为卢梭的学说虚幻而不切实际，“卢梭之说，其所以误人者，以其动于感情，悬意虚造，而不详诸人群历史之事实”[②]。萧功秦说，严复对这种“动以感情”的认识在于认为它主张一种完美的新秩序，而在这种秩序中人们具有天赋的平等和自由权利，但是严复显然并不醉心于这种完美，英美式的道路都倡导一种不完美的渐进变革，拒绝道德上的精英主义和至善观点，理论背后的实质仍然是乐观主义和悲观主义的对峙。在《民约平议》一文中，严复对卢梭的概括和整理，凸显了他的进化论立场，也为当时的卢梭研究和读解带来了一种崭新的理解。但是由于出于论战的需要，严复在总结卢梭的同时，难免会犯形式逻辑上所谓之“稻草人”的错误，即臆想或构造出一个个被打倒的目标，然后将之各个击倒，至于这个目标是否准确描摹了卢梭的真意和原型，其中的社会背景和译者的生活经历皆不容忽视。

实际上，严复对卢梭的三条批评在卢梭的《社会契约论》和《论不平等》原本中均能找到相当详细的反驳。首先，卢梭对平等与自由的关系处理绝非严复所想象的是分离的两个主题，自由与平等实为一种思想且彼此限定。其次，卢梭从未否认过私产的正当性，实际上卢梭在经济平等的论证中早已明确了自己的观点。章士钊指出，卢梭所谓同认公许的其实是他理想中的民约，是法律和为国者立法和执法的准绳，而不是要铲除既有的私有财产制度和打乱已经有所安顿的社会格局。最后，卢梭在《社会契约论》中最先批判的就是强力赋予法权的观念，汤武革命和法国革命在本质上完全不同。严复的丙款称“群之权利，以公约为之基。征服者之权利，非权利也。凡物之以力而有者，义当以力而夺之”[③]。严复认为不能据此而说征服者没有权利，举汤武革命为例说明征服者的权利的正

① 严复:《民约平议》，见王栻主编《严复集》（二），第 339 页。

② 同上。

③ 同上书，第 335 页。

当性。章士钊则引洛克的自然之境说证明，汤武革命正是桀纣违反了民约，蹂躏了人权而导致的人民争取自由和创建新政府的一场斗争，是顺应了自然法和民意，依旧是出于约，这和卢梭所讲的征服是完全不同的情境。

章士钊的《读严几道〈民约平议〉》一文称平等自由并非卢梭首发，从立宪到共和有其相同要素，且专制政府也有平等自由，即便是中国社会“所存平等自由之质本甚多，特其意义不必如西人所云耳”①。因此不宜以先入之见，硬坐卢梭学说为虚诞并视其为洪水猛兽，同时应认识到当时的中国国情是名为共和，实为专制。

章士钊考据赫胥黎的原文，指出严复的平议全出于赫氏的《人类自然等差》（*On the Natural Inequality of Men*）一文，所列的“民约之大经大法”三则，亦都是赫氏所举，至于对霍布斯和洛克的比较和对自由平等的解释亦悉出自赫氏。而赫胥黎精专生物学，对于政理并不了解。即便是严复平日最为崇信的斯宾塞也对赫胥黎的论述不以为然，要批驳卢梭的著作，以赫胥黎为旗先入为主，在章士钊看来难以令人信服。令严复最为“惶惑者”是民约的起源，章士钊指出，以生物学家赫胥黎的视角当然无法认清假设的实际意义，如果借助霍布斯和柳宗元的《封建论》便可洞见，“争者皆愿听命于能断曲直者，非有约胡能？”“卢梭之所言约，质虽不同，而起源大率如是。”② 赫胥黎所刺取卢梭的首条便是卢梭所提出的自由平等而乐善者，是天赋权利。而卢梭所指的这一条是生民之始，却非民约的动因，卢梭与霍布斯虽然在人性善恶的认识上并不一致，对于民约的逻辑过程认识却是一致的。严复对于卢梭的批驳是“感情之所中，成见之所封，不暇深求其书，而以道听途说自满假也”③。在论证方式上面也是犯了偷换概念的逻辑错误，例如将人与人之间的民约偷换为国与国的约定，以凸显民约的荒诞性。再者，卢梭谓“约以意不以力，‘屈于力

---

① 章士钊:《读严几道〈民约平议〉》，见王均熙、杨建英编《章士钊全集》（三），文汇出版社2000年版，第20页页下注。另，在《读》文中，章士钊在许多处都引用《民约论》，所列举文献中涉及法文，同当时国内的汉文译本不尽一致，可以推断章士钊应当是根据西文译出片段对严复加以驳斥。

② 同上书，第21页。

③ 同上。

者，乃势之事，非意之事也'"①。即是说卢梭认为只有经由普遍意志的共同立法才能达到合理合法的“民约”，但是严复却和赫胥黎一样，出于所谓进化论的分子说立场，把一切“无势无意”的契约统称为约。此外，赫胥黎将卢梭的“天生之生”理解为表面上的“生育之生”，以婴儿的天生不自由简单抨击卢梭的天赋自由，此为三段论推论中的再一次偷换概念，即“媒语小明”。赫氏以人天生体智的不平等非难卢梭的平等说，而此说也未切中要害，卢梭所谓的平等本来就不指涉体智，而是要在不违反天然平等之性的前提下，以道德法律的平等取代体智的不平等。至于自由和平等与法律所形成的先后关系，严复宗师赫胥黎，认为自由平等是法律所实施的根据，而并不是民质之本，这和边沁的一切权利皆由政府所造的观点是一致的。同为进化论者，斯宾塞则拥护天赋人权，并与边沁有过交锋，曾指出边沁所犯的“丐词”（即语义循环和用尚待证明的事物来证明某物——笔者注）的逻辑错误：造或是从无生有，或是对原有事物的营构，前者是天主的万能之力，后者则是人类的创作，政府是人所造，政府所造之物也是“即而范之”。严复攻击卢梭最剧之处无非天赋人权的虚幻性和假设性，斯宾塞则通过观察说“吾观于世界种族，有以知未有政府以前，人事悉准乎习惯”②。习惯和习俗便是认明个人权利的根据。边沁曰财产是法律所造，但其实在法诞生以前，财产就已经是公认的权利。法律不过是见之于文的习俗规定。

关于自由的实施和分类，严复认为当下最紧急的不在于提倡极度的自由，而在人人减损自由，以利国善群为职志。在史华兹看来，严复当然地在《民约平议》中攻击社会主义，而卢梭正是这最后一个散布社会主义的人。然而严复对于社会主义的理解可能是错误的，他认为社会主义之根本在于否认竞争的进步作用，而卢梭在不考虑任何具体历史现实的情况下，相信随时随地都能够实现自由、平等和民主。可是在严复的思想逻辑中，至少在当时当地的中国，显然“紧迫的现代化任务，或如马克斯·

① 章士钊：《读严几道〈民约平议〉》，见王均熙、杨建英编《章士钊全集》（三），文汇出版社 2000 年版，第 23 页。

② 同上书，第 28 页。

韦伯说的社会合理化，与自由平等的价值观念是绝无联系的"[①]。然而章士钊却并不这么认为，在章士钊的论证中，可以很清晰地看到他对自由平等作为观念先行塑造风气和影响政治的期待。章士钊亦曾有过"首当以国家绝对职权，整齐社会风习"[②] 的想法，他和严复的分歧还在于，他希望在一个边际模糊和泛化的自由框架中详细区分自由的类型，并列举出哪些自由适宜减损，而不是简单武断地减损一切自由，在自由的贯彻和执行中，他显然比严复更加富有现实的情怀。关于平等，严复仍然从传统等级社会的实际情况出发，认为平等在具体的实施过程中要审视公民程度。[③] 而章士钊则认为平等除了在投票上有体现，还有其他的途径，比如信仰、婚姻、资地、裁判等，在参政上不能借口公民程度低就废除多数人裁决的意见，此外平等与危急存亡关头的政府并无关联，不能因为国家有难就废除平等的制度。

章士钊本人早年曾大力宣扬共和革命，辛亥革命前力倡国权和强有力的政府，辛亥特别是讨袁之后，他的立场转向独立的个人自由。在他的思想转变中所恒有的一直是对个人自由的尊重，特别是人身自由、言论自由和司法平等。在章的思想脉络中也无时无刻不联系到中国传统儒家学说与卢梭的共通之处，例如，他曾有言，"盖天赋人权，无一毫之欠缺，充权利思想之所至，一毛不能拔，一毫之不能挫，然后足以养我浩然之气，而完全其人格"[④]。章士钊在《读》文中敏锐地意识到了严复可能造成的对于卢梭的片面化理解，力图证明"民约"并非实有，而仅仅是一种将自由之境转换为实有自由的论证手段。严复注意到了卢梭学说中自由与平等的张力，认为自由的价值不亚于平等，章士钊则完全赞成卢梭的平等压倒自由的说法。如果说严复是赫胥黎的法定权利说的支持者，那么章士钊就是卢梭的自然权利说的维护者。当然卢梭本身所具有的自由与极权的两面

---

① ［美］史华兹（Schwartz，Benjamin Isadore）：《寻求富强：严复与西方》，叶凤美译，江苏人民出版社 2010 年版，第 150 页，以下同。

② 章士钊：《读严几道〈民约平议〉》，见王均熙、杨建英编《章士钊全集》（三），第 30 页。

③ 例如，严复列举了在大海中遭遇风浪的例子，指出伙夫杂役如参与舟船的轮帆针向，则船的前途堪忧。

④ 章士钊：《说君》，见王均熙、杨建英编《章士钊全集》（一），第 73 页。

性是论争何以可能的重要根据。严复毕生向往的是君主立宪制度，章士钊的理想国则是民主共和，故严章之争所导向的两个论证方向恰好是对当时中国往何处去的历史命题的反映。

第三节 严复平等自由观念的实质

对于卢梭的平等自由观念，严复是站在“错层”的思想角度来观察的，第一个错层在于站在英国式的经验主义角度看待卢梭所生长的唯理论传统，从而兴起对大陆哲学唯理论的反对，第二个错层在于基于中国具体现实的需要而产生的对法国政治理论的陌生。因此他所理解的“平等”和“自由”虽然在观念援入的初期同古典文献的本意相比，与卢梭的学说主旨贴合较为紧密，但是也有着本质和内在的区别。

一、严复的平等观实质

关于“平等”的定义和内涵，严复赋予其一种极强烈的现实感和迫切性。严复将平等作为西方社会的本源特征，以其作为批判中国社会“三纲”的利器。但是在卢梭的平等观念体系内，平等仍需要被论证和追求，它具有天赋人权的合理性，也是建构理想社会的形式要件。在严复对西方社会的描述中，平等已然成长为现实，他在等级社会中假定西人的社会形态，然而在卢梭对社会的想象中，平等可以属于自然状态可以属于社会契约，却恰好并非现实。

而且严复显然略过平等的经济指向，直接处理了平等的社会和政治内涵，这是由于在进化论思想的主宰下，严复已然意识到中国正在被迫卷入一个被进步理念充斥的历史场域，在其中我们那些古老和宁静的循环史观已经被打破，必须进入平等和自由等现代价值体系的打造中。史华兹说，严复所阐发的“平等的原则所包含的仅仅是对人人都享有同等自由的认可。这里所谈的平等主要是‘机会均等’，因为只有在机会均等的地方，真正的人的能力和潜力才能充分发挥。人类社会的生存竞争应该完全在真正的能力之间而不应在被‘人为’的不平等扭曲了的能力之间进行”①。

① ［美］本杰明·史华兹：《寻求富强》，第41—42页。

史华兹认为，严复完全清楚经济不平等的存在甚至也熟悉西方的“均贫富”的社会主义倾向，他的自由主义中渗透了许多达尔文主义的成分，但是严复并不以财富均等的实现为其终极诉求，他所倡导的平等和自由须以政治和人性的改善为首要目的。

但是严复坚持，在清末民初的中国不可能废除君臣关系，因为人民自治的风俗和习惯尚未建立，而既有的君为臣纲的君臣关系也必须得到改善和变革，韩愈所讲的圣人为教并非实情。严复认为在实际的社会生活中，并不存在全知全善的圣人，君与臣之间的关系更有似于孟子所讲的“民贵君轻”，此乃“古今之通义”，君臣之间需要维持的是一种平等的契约关系。1903年，严复译成英国学者甄克思的《社会通诠》，在按语中，他特别强调了如何运用“少数服从多数”的民主原则。他指出，如果要实行这个原则，其前提条件是，“必社会之平等，各守其畛畔，一民各具一民之资格价值而后可”。这其实正是对卢梭平等原则的一个呼应。甄克思的原文是说，人人平等与“少数服从多数”之间实难分出因果。而严复却清晰地表明，少数服从多数必须运用于人人平等之后。正当人们容易对卢梭的公意原则产生“多数人暴政”的质疑时，严复实际上在极其实践化的层面上回答了类似的质疑，在所有人平等的前提下实行少数服从多数的原则，除了原则本身是恒定不变的，真正划分少数人和多数人的标准是随机的。人们不因为某种具体或特殊的利益而被分割成个别派系和团体，任何人都不能因为恐惧或权威而被笼络和击倒，于是他们的裁决、表达和欲望便是完全和纯粹的。

在严复看来，平等不仅是价值命意，也可以作为非常具体的建构工具。对于孟德斯鸠以中国为理想专制政体范型的看法，严复提出了严肃的批评。他绝不认为中国以恐惧为政治权力的基础，礼制和礼法的实施也是一种“荣誉”的象征，中西的对立不在于荣誉和恐惧的对立，尖锐的对立存在于君主与共和之中，君主政体不一定就是坏的，而共和也绝不一定就是好的。“民处其时，虽有圣人，要皆囿于所习。故心知有宗法，而不知有他级之社会。”① 在中国礼法和礼制的统治秩序下，人们匍匐在等级的缝隙中，这才是专制社会的明证和实质。因此，“当孟德斯鸠转而激烈

① ［法］孟德斯鸠：《孟德斯鸠法意》上册，严复译，商务印书馆1981年版，第416页。

地赞颂古代世界理想化的民主城邦里那种平等与爱国心之间的紧密关系时，严复自然就更加坚持认为平等和国家力量之间具有密切关系"[①]。培育"民德"于是成为格外重要和紧迫的事，严复对平等的阐述主要体现在"民德"的建设中，他认为新民德的核心是明平等之义。"平等义明，故其民知自重，而有所劝于为善。"[②]"不过择凡民之俊秀者而教之，至于穷檐之子，编户之氓，则自襁褓以至成人，未尝闻有孰教之者也。"[③] 正是中国宗法君主制的传统导致了从学校教育到民间风气中不平等观念的盛行。"盖自秦以降，为治虽有宽苛之异，而大抵皆以奴虏待吾民。"[④] 反观西洋诸国，"其国政教之施，以平等自由为宗旨，所以强豪虽盛，尚无役使作横之风，而贫富之差，则虽欲平之而终无术矣"[⑤]。与此同时，和英国的密尔、斯宾塞与赫胥黎，以及法国的孟德斯鸠等均不一致，严复对于人民采取了一种更为独特和进步的看法，在这一点上他对人民潜力的信任和尊重与卢梭更为接近。他说："顾平等必有所以为平者，非可强而平之也。必其力平，必其智平，必其德平。使是三者平，则郅治之民主至矣。"[⑥]"且国弱种困，则有深望于后之人，此不独吾今日之事然也。……吾尝读英洛克氏、法卢梭氏教育书，见其和蔼恺恻，大异平日反对政府之文辞。然皆大声疾呼，谓非是则国种诀灭。"[⑦] 教育是促成平等的所以然，同时教育之根本目的在于保国保种。严复深信，教育可以将人民塑造为与整个现代社会相协调的更好的民众，他们正是在这样一个过程中赢得自由和实现平等，这种平等使天然的力与智的不平等被逐渐地克服和完善，最终必然导向德性的平等。对于自然不平等的事实的认同和校正，也正是卢梭在《社会契约论》和《论不平等》中所一再强调的观点，严复也和卢梭一样，将教育作为了平等的一种实现手段，当然，前者的实现可能更具有指向性，也更加具体。

---

① ［美］本杰明·史华兹：《寻求富强》，第 112 页。

② 严复：《原强》（修订稿），见王栻主编《严复集》（一），第 30 页。

③ 同上。

④ 同上书，第 31 页。

⑤ 同上书，第 24 页。

⑥ 严复：《〈法意〉按语》，见王栻主编《严复集》（四），第 957 页。

⑦ 严复：《〈蒙养镜〉序》，见王栻主编《严复集》（二），第 255 页。

二、严复的自由观实质

在“自由”的分类和具体阐释中，严复显示了他更为超前和“过于理性”的看法，而这种态度与当时正蒸蒸日上的政治氛围是那样地格格不入，以至于严复本人在后来的政治语境中被认为其后期逐渐走向了“反动”和保守。然而事实并非如此，和他对于卢梭平等观念的理解一样，他的思想内核中一直坚持着一种积极、现实和“适当”的自由主义观念，与其说他走向了反动和保守，不如说他只是更加成熟和真确地完善了他固有的天赋平等和自由思想学说。并且和梁启超一样，严复对自由的态度在于注重自由概念背后的富强价值。

在严复“寻求富强”（史华兹语）的思想历程中，英国模式是他的理想范本，因此经济自由主义原则便是他对于自由一般原理的想象。此外，他在翻译密尔的《论自由》时也把握到了“公民自由”和“社会自由”的核心观点，即“社会可以合法地施加于个人的权力之性质和界限”，严复并未为“意志自由”留下任何可能空间和位置，这是他在传译西学的工作中得到的关于自由的一般认识。其次，和“平等”的现实主义基调一样，在对自由的看法上，他也继续否定着任何先验形式存在的可能。他对于卢梭式自由观的批判正在于此，例如严复看待出生婴孩，认为其没有任何行动和身体的自由，于是卢梭所指代的自由又从何而来呢？如果仅以具体可感的现实来理解卢梭所设定的原则，当然会遭到类似的误解。实际上，严复对卢梭的批判也正凸显了他们在理论设计上的原点不同，卢梭在相当思辨和抽象的领域内谈论着人的天然自由、现实中的各种不自由和可能的社会自由和道德自由，在卢梭看来自由被现实和理想剖成了两截，社会契约正在于从这现实的不自由中去努力拼合理想的自由，而严复则站在此岸的中国，他只看到现实中所有人的不自由。此外，由《论自由》而生出的《群己权界论》中还基于中国的特殊历史背景，对“群”与“己”作出了另一种关于“自由”的深刻理解。严复将孟德斯鸠式的自由翻译为“国群自由”与“小己自由”。所谓“国群”和“小己”都是严复自创的概念，前者对应的是 policital、community 和 society，后者则有 individual 和 subject。他有意识地曲解和再加工了密尔的观点，将密尔对个人优先的原则转换为个人自由应当让位于“国群自由”的原则。他在

《政治讲义》中把国群自由解释为“以国家的独立自主，不受强国干涉为自由”。严复对于国群自由的重视从另一个侧面印证了当时对于民族国家存亡问题的敏感和觉醒。

黄克武称，严复在翻译弥尔的时候，由于其固有的乐观主义认识论的倾向，忽略了弥尔的悲观主义认识论，从而在时空、语汇、思想模式和文化信念上都产生了重大误差，导致了“严复心中的弥尔主义”与“弥尔主义”的差别。严复是一个从中国文化深层处理解和传播英美民主和自由思想的杰出代表，他的这一差别作为个案和缘起，曲折地反映了传统中国社会为什么与真正的弥尔主义失之交臂，从而走向了卢梭主义和转化思想结合的激进道路。

严复所秉持的自由平等的观念和卢梭的自由平等说实际上是分别在两种传统的基础上诉说各自关于国家和民族的理论模式：前者基本上怀有对于英国经验主义的敬意，并且在更加现实的实践中运用和重塑着自由与平等，而后者则被看作完美的唯理论的理念空间。史华兹经过文本的整理，提炼出一种在当下获得了大多数研究者所认同的见解，他认为严复从未倾心于卢梭，为严复的思想充当精神导师的任何一个西方学者也从未赞同过卢梭。[①] 周振甫曾断定严复必将以《民约论》为自由平等思想最有影响和见解最深刻的著作，这种说法不能成立。事实上，严复所作的一切关于天赋权利和任何关于平等概念的论证都来自社会进化的客观过程，这也是斯宾塞和达尔文的旨趣。“是故自由平等者，法律之所以据以为施，而非云民质之本如此也。”因此严复对自由平等的理解就是在一种不断调适和改进的前提下进行的，自由平等并非天然的完美和杰出，它不是任何先天和先验的真理，而是与现实同步的观念。然而，即便我们能够论证严复是在进化主义和经验主义的立场采纳了自由和平等的观念，也不能因此就完全否认他思想中有关卢梭平等自由观念的要素和烙印。正如我们此前提到的

① 中国的卢梭研究者们，对严复是否采纳或吸收了卢梭的观点也持有不同的态度。郑师渠认为，严复至少在一段时间“思想上是卢梭《民约论》的拥护者，但在现实的政治实践中，却是一个维新改良论者”。严复的真正转变发生在戊戌变法以后，自那时起，他开始批评卢梭的《民约论》；蔡乐苏则认为严复一直以来都是内在一贯的，他始终排斥卢梭的天赋人权，其目的在于反对康梁的民权和平等思想。参见《卢梭的中国面孔》，见袁贺、谈火生《百年卢梭——卢梭在中国》，第 7 页。

那样，严复的视角是“错层”和独立的，他可能在根本原则上更倾向于英美关于政治制度的设定，然而在他的具体论证中（例如教育的重要性，以及如何警惕多数人暴政等），我们依然能够发现他与卢梭的共同之处。严复始终坚持在中国语境下探讨西学的观点，他的思想的复杂性和综合性使后来的研究者们可以以各种标签来定义他，或者是自由主义的，或者是英国经验主义的，甚至或者至少是在早期信奉过卢梭主义的，而事实上，我们毋宁说，严复是在理性、缓慢和有力地坚守着对传统专制制度的改良。

第六章

梁启超民族和国民平等理论的建构

如果说严复对密尔、赫胥黎和斯宾塞等人的阅读来自元本和直接的经验，那么梁启超对卢梭的理解则主要来自翻译后的文献。严复留学英国，其思想中不可避免地带有英国式经验主义的印痕，梁启超则从东洋卢梭和其留学日本的经历中获取了对卢梭及其学说的印象，他最初面对西学的时候是从东洋的途径获致的认识，并且他和严复一样，从未放弃从中国传统中汲取精神的滋养，因此他对平等和自由的描述也就更为杂糅和更具有实践性。梁启超对卢梭思想的处理有一个隐在的轨迹，分别是全盘称颂时期、理性的学理探讨时期和否定时期。① 这个轨迹与卢梭思想在清末民初传播和理解的进路相符，但梁启超的态度和转变皆比国内同期知识界提前了数年甚至更多。戊戌变法失败后，康梁流亡日本，梁启超真正从中江兆民的译本中接触了卢梭思想，他几乎完全地激赏卢梭的激进面；此后他从激烈的言辞和宣讲转向学术评介的撰写工作，他在 1901 年和 1902 年分别

---

① 参见颜德如、韩丽群《被逐渐放逐的卢梭：以梁启超的认知为中心》，《北京科技大学学报》（社会科学版）2011 年第 2 期。这篇文章对梁的态度转化描述较为细致，提出了全面颂扬、基本推崇和否定批判这三个时期来描述梁启超对卢梭的接受过程。而学界一般看法认为，梁启超的态度以 1903 年伯伦知理一文的发表作为转折点，基本将其分为赞成和批判两个时期。本书认为，前者的划分阶段更为细致，而后者的划分则更为明晰，因此综合二者的看法，将其概括为两个时期，前期是"从全面颂扬到学理探讨"，梁启超在此阶段以卢梭为医国的国手，并进行了学理的探讨和分析，后期则是否定和批判期，梁启超基本背离了先前的看法。这两个时期的转变仍以伯伦知理的发表为标志，并且衔接两个时期的几个端点分别描述了梁启超对于政制和民族、国民等概念的梳理，它们统一形成了梁启超的平等观并影响了梁氏的民族建构理论。

根据东洋卢梭的译作以及其他日本学者翻译或创作的哲学史料撰写了《卢梭学案》和《民约论巨子卢梭之学说》，主要围绕卢梭的《民约论》对其进行学理的分析，在1901年发表的其他文章中已经表现出对卢梭理论可能导致无政府主义的怀疑与批评；1903年，继《政治学大家伯伦知理之学说》一文发表之后，梁启超正式宣布与卢梭理论分道扬镳。由于梁启超其人在清末民初社会作为维新知识分子、留日学人以及保皇党人等多重身份的号召和因其身份而产生的巨大的社会影响力，他对卢梭的理解也成为自由平等观念在中国传播和再造的重要根据。梁启超对于卢梭思想的传播和态度在当时知识界既具有超前性，又具有深刻性和广泛性，因此有人甚至以梁启超为20世纪中国传播卢梭最有影响力的人，而梁启超自卢梭处发扬、批判和启发而来的平等观也成为中华民国建国理论和实践的资源之一。①

第一节　梁启超对卢梭及其平等观的接受、传播和理解

一、从全盘称颂到理性学理探讨——作为医国国手的卢梭

1．“革命”与卢梭

梁启超在《三十自述》中称，他在1890年入京会试时曾购得《瀛系放略》，始了解世界，搜罗西书。至戊戌变法前，已对西方“政学”有所

① 梁启超在中国近代史的贡献主要不是在于他的原创性的见解，而多在于他对时代的敏锐触觉，以及笔端常带激情的文字所激发的此后的思想乃至政治方面的具有重大影响的活动。他的文章和宣传，自日本的华人圈至中国的新兴知识分子，或多或少地激起了相当的思想震荡。后来成为中国共产党领袖之一的毛泽东谈道，他在青年时代曾以梁启超为楷模，对他主编的《新民丛报》“读了又读，直到可以背出来”。（摘自毛泽东1936年在保安接见斯诺的谈话。）郭沫若也认为，“平心而论，梁任公地位在当时确实不失为一个革命家的代表。他是生在中国的封建制度被资本主义冲破了的时候，他负戴着时代的使命，标榜自由思想而与封建的残垒作战。在他那新兴气锐的言论之前，差不多所有的旧思想、旧风气都好像狂风中的败叶，完全失掉了它的精彩。二十年前的青少年——换句话说，就是当时有产阶级的子弟——无论是赞成或反对，可以说没有一个没有受过他的思想或文字的洗礼的”。（郭沫若：《少年时代》，人民出版社1979年版，第112—113页。）但是除了极其正面的评价之外，也有不同的声音，严复曾评价他说，“吾国自甲午、戊戌以来，变故为不少矣。而海内所奉为导师，以为趋向标准者，首屈康、梁师弟”。同时严复称康梁的思想是中国的“祸魁”。（严复：《与熊纯如书》，见王栻主编《严复集》，中华书局1986年版，第631—633页。）无论如何，至少有一点可以达成共识，梁启超的思想在清末民初思想界具有启发性的地位和意义，而他对卢梭思想的处理也是当时一种较为主流和普遍的看法。

涉猎。戊戌维新失败以后，康梁逃亡日本，梁启超在日本接触了日本明治维新时期和西方启蒙运动以来的大量著作，其中以福泽谕吉、中江兆民和加藤弘之等日本思想家的著作最为突出，此外他还阅读了日文传译而成的穆勒、孟德斯鸠和卢梭等人的相关哲学材料。他带着急寻中国出路的焦虑参观了日本思想家的体系，体会了日本社会的风尚民俗，而他所接受到的也是经过日本明治维新语境处理的西方思想。

梁启超在日本接触最早也受到最大影响的是卢梭的《民约论》，它被梁启超选定为适合医治中国痼疾的良药和中国命题的出路。“今则成就一卢梭心目中所想望之国家，其路为最近，而其为最易焉。”[①] 但他开出的这一剂良药具有极强的破坏力，并且这条出路本身也就是破坏，破坏并非目的而是为了大同世界扫清障碍，它在欧洲和日本的实践都被证明是成功的。1899 年，他撰文称：“欧洲近世医国之国手，不下数十家。吾视其方最适于今日之中国者，其惟卢梭先生之《民约论》乎！是方也，当前世纪及今世纪之上半，施之于欧洲全洲而效；当明治六、七年至十五、六年之间，施之于日本而效。……呜呼！《民约论》，尚其东来。东方大陆，文明之母，神灵之宫。惟今世纪，地球万国，国国自主，人人独立，尚余此一土以殿诸邦。此土一通，时乃大同。呜呼！《民约论》兮，尚其来东！”[②] 同年，他在《留别梁任南汉挪路卢》诗四首之四中，尊孟德斯鸠和卢梭为“先河”，号召大家奋起同学卢梭：“孕育今世纪，论功谁萧何？华拿总余子，卢孟实先河。赤手铸新脑，雷音殄古魔。吾侪不努力，负此国民多。”（梁启超：《汗漫录第九·壮别二十六首》，《清议报全编》卷七，第 11 页，横滨新民社辑印。）与此同时，他开始在思想上渐渐背离了康有为，与从前相比“若出两人”，渐渐与维新变法的改良思想决裂。他和孙中山、陈少白等革命派频频接触，而对激进的破坏和革命心向往之。他借助进化论的角度，借助“公例”这一新发的概念论证“革命”的合理性：“革也者，天演界中不可逃避之公例也。革命之事业（即日人所谓革命，今我所谓变革）为今日救中国独一无二之法门，不由此道而

① 梁启超：《卢梭学案》，见《梁启超全集》第 1 册，北京出版社 1999 年版，第 509 页。

② 梁启超：《自由书破坏主义》，见《梁启超选集》，李华兴、吴高勋编，上海人民出版社 1984 年版，第 98—99 页。

欲以图存，欲以图强，是磨砖作镜，炊沙为饭之类也。"[①] 革命和破坏是万国求得进步不可逃避的公例，或曰公理。在梁启超的认识图景中，卢梭也概莫能外地被理解为"革命"的符号，虽然此后梁启超的思想常常"流质多变"，卢梭本身作为"革命"符号的形象却始终未曾更改。

梁启超认为革命的实质即破坏主义，他说："今日之中国，又积数千年之沉疴，合四百兆之痼疾，盘踞膏肓，命在旦夕者也。非去其病，则一切调摄、滋补、荣卫之术，皆无所用。故破坏之药，遂成为今日第一要件，遂成为今日第一美德。"[②] 而这显然不被康有为所接受，梁启超面对康有为的诘难，其回答是"惟言革事，则至今未改也"。并且声称他对革命的坚持是"受先生救国救民之教"，"不得不为之"的事。康有为的担忧在于，法国大革命的事例证明了激进的革命可能造成无可扭转的局面，梁启超则回答说，卢梭的学说唤起了自由的心神，"今日非施此药（即自由），万不能愈此病。而先生屡引法国大革命为鉴。法国革命之惨，弟子深知之，日本人忌之恶之尤甚。（先生谓弟子染日本风气而言自由，非也。日本书中无一不谈法国革命而色变者，其中无不痛诋路梭者。盖日本近日盛行法国主义，弟子实深恶之厌之。而至今之独尊法国主义者，实弟子排各论而倡之者也。）"[③] 梁启超承认法国大革命所造成的惨烈后果，并且观察到日本国内对法国大革命也颇为忌惮，但是他认为问题的实质并不在卢梭的《民约论》本身，法国大革命的祸端是由从事革命的人发起的，其罪不在革命行动，不在自由的倡导，当然也不在卢梭。

2.《卢梭学案》对卢梭平等观的阐发——个体主义的平等和自由

1901 年，梁启超在《清议报》上连载了《卢梭学案》，1902 年，他又根据此文撰写了《民约论巨子卢梭之学说》，转载于《新民丛报》。虽后经考证，这两篇文章基本脱胎于当时在日通行的哲学史译文，但是其中也不乏梁氏有意识地选取、介绍和阐释，而且两篇文章尤其是前者对《民约论》在清末民初知识界的传播起到了深远的影响，化育了相当一批新知识分子。

① 梁启超：《释革》，见《饮冰室合集》文集九，中华书局 2008 年版，第 42 页。

② 梁启超：《十种德性相反相成义》，见《梁启超文集》，第 111 页。

③ 梁启超：《致康有为书》，见《梁启超选集》，第 136 页。

如前所述，梁启超在《卢梭学案》中用“借来的”资料叙述卢梭生平，他以为社会契约虽然非历史实有，但是理论和事实是可以分开的（“德国大儒康德解之最明”）。他在1902年的《论政府与人民之权限》一文中也提出，“政府之所以成立，其原理何在乎？曰：在民约。（民约之义，法国硕儒卢梭倡之，近儒每驳其误，但谓此义为反于国家起原之历史则可，谓其谬于国家成立之原理则不可。虽憎卢梭者，亦无以难也。）”[①]民约的重要性在于确立了人民经由契约达成政府的原理，强调了政府得以存在的合法性在于被治者的认可，也就在根本上改写了既有的君权神授或者君权天授的合法性论证。在写作《卢梭学案》时，梁启超已经把握到了民约的理论虚构性，与之相比，与其同时代的杨廷栋和刘师培等人则依旧停留在对《民约论》文本的阐释中，以民约为历史事实，未能体察到卢梭探讨民约的意义。梁启超虽未进驻到卢梭的原本，但是来自哲学史的外部视角也许更能帮助他了解民约缔结前后，人民的自由和平等究竟指向何种意义。

第一，国家的成立在于个人的自由，从历史上看，国家成立的初始往往有“自由主义行乎期间”，从事理而言，“凡两人或数人欲共为一事，而彼此皆有平等之自由权，则非共立一约不能也”[②]。以此类推，便成为“邦国之民约”。这是国家起源的理义。可见个人自由是成立现代国家的必要条件，而且自由必须是“平等”的。他指出，全部民约的精义在于，“要而论之，民约云者，人人自由，人人平等。苟使有君王与臣庶之别，则无论由于君王之威力，由于臣民之好意，皆悖于事理者也”[③]。

第二，对于个人自由，梁启超同意卢梭所进行的道德论证，认为在民约缔结之后，公民也应当保留自由权。因为自由权是道德的根本，人若无自由，则善恶皆非己出。人不能放弃、滥用，也不能代别人捐弃自由权。梁启超在“按”中提到了自由权可以校验民约真假的另一重逻辑理由，从而证明在形式和实质上自由都是必要的：如果在订约的时候订约者丧失

① 梁启超：《论政府与人民之权限》，见《饮冰室合集》第2册，中华书局1989年版，第1—3页。

② 梁启超：《卢梭学案》，见《梁启超全集》第1册，第504页。

③ 同上。

了权利，那么“则此约旋成随毁，当初一切所定条件皆称泡幻。若是者谓之真约得乎？”[1]

第三，梁启超在《卢梭学案》中已经开始意识到了卢梭学说的内在矛盾，他分析其原因乃是由于卢梭与18世纪诸学者受到了古籍的影响，以国为重的旧主义和以民为重的新主义掺杂其间。首先，卢梭构建的“共有政体”与人民的关系来自柏拉图，类似于全体和肢节的关系，因此难免会造成有似于斯巴达的现象，“重邦国而轻各人”。其次，如果国家按照这种模式进行运转的话，那么只有国家本身具有自由权，在缔约之后，人的自由也一并丧失了。梁启超认为，卢梭看到了其中不相容的地方，于是做了遁词，称人们或者在缔约的时候是平等的关系，得失都是相互的和平衡的，并且人们所交出的也只是部分而非全部权利。

究竟是全部出让还是部分出让，的确是卢梭《社会契约论》中难以理解的一个问题，但是卢梭至少已经在梁启超的视线内解决了这个问题，梁启超没有深入文本中去细究这一点，所以造成了他对卢梭的误会。对全部出让，梁的解释是“各人虽皆自举其身以与众人”[2]。回溯卢梭的原本，卢梭明确声称，“这些条款无疑也可以全部归结为一句话，即是：每个结合者及其自身的一切权利全部都转让给整个集体”[3]。对部分出让，梁说：“凡各人为民约而献纳于国家者，亦有度量分界，不过为维持邦国所必要之事件，而将已有之能力财产与自由权，割爱其中几分以供众用云耳。”卢梭也承认，个人转让的一切权利、财富和自由仅仅是其中对于集体有重要关系的那一部分，就结果而言，个人的确能够保留某些权利、自由和财富。梁启超先是在出让中模糊了出让的主体，将卢梭谈到的个人对于集体具体化为各人对于众人，将权利的出让具体化为“举其身”，如果说这种具体化还没有在实质性上损伤他的理解的话，那么接下来他对部分出让的翻译便是致命的了。他提出各人在献纳权利的时候，是“割爱”的，因此这种行动就是各人主动决定的并且能推论出各人也能决定转让的某些条件和内容。然而卢梭的答案却是，个人所保留的那些东西仅在结果上是可

① 梁启超：《卢梭学案》，见《梁启超全集》第1册，第505页。

② 同上。

③ 《社会契约论》，第19页。

以被发现的，至于一开始“转让什么、如何转让”是主权者的考虑。而梁启超对卢梭在出让问题上的具体和主动性的理解，也就自然导向了他的第一个批评，即卢梭是国家主义至上而不是个体主义自由的倡导者。梁启超希望能够在具体的实践中强调“以民为重”，而且人民的自由不能被国家权威所凌驾和损毁，这也从侧面反映出一个事实，在《卢梭学案》期间，梁启超的自由和平等观是个体主义的。这对脱胎于改良实践的梁启超来说，不可谓不是一次思想巨变的象征。

至此，似乎梁启超在《卢梭学案》中已经彻底展现出了他对自由主义压倒一切的重视，但是这并不意味着他放弃了对平等的关切和建构。平等首先是自由的规定，即自由的人必须在地位上是对等的，这是梁启超所一再强调的地方。在《卢梭学案》中，他提出“卢梭又以为民约之为物，不独有益于人人之自由权而已，且为平等主义之根本也”①。民约的达成趋向的根本目的却是平等主义的。梁启超认为，卢梭思想以平等为主题，《民约论》在通篇都围绕自由的论证下实质上是要导向一种道德的（广义上包含了法律内涵）的平等。平等是实现一切法律和道德关系的前提和目标。他认同卢梭所提出的观点，“凡法律之目的，在于为公众谋最大利益，而所谓公众最大利益者非他，在自由与平等二者之中而已。……然无平等，则不能得自由，此平等所以为最大利益也”②。卢梭的民约目的在于将“事势之不平等”易为“道德之平等”，所谓“事势之不平等者何？天然之智愚强弱是也。道德之平等者何？由法律条款所生之义理是也”③。然而卢梭本人从未考虑过要在根本上改变自然不平等的事实，如我们在前文所强调的那样，即使卢梭在很多时候被理解为一个狂热的极权主义分子，但是他却始终坚持着个体的差异和特殊，人之为人，在于人的自由和人的彼此不同，在卢梭看来平等从来不是同等。而且卢梭对于法律和道德的实现有次第和渐进的安排，并非如同梁启超所分析得那样含混。高瑞泉指出，梁启超在谈论卢梭的时候，是“泛泛而论平等主义”，梁启超和严复一样，只关注直观的体验，对于“平等”的观念所进行的哲学论证相

① 梁启超：《卢梭学案》，见《梁启超全集》第1册，第505页。

② 同上书，第508页。

③ 同上书，第505页。

当薄弱，且这一情况在后来也未得到根本改变。[①] 在梁启超本人后来的实践中，我们看到他所关注的是平等原则在具体社会生活中如何被平等化，例如机会平等、教育平等、政治平等等问题，他和卢梭以及柏拉图一样，在溯及平等的原则时，谈论着自然不平等的合理性，他和卢梭一样，相信自然的不平等所造成的经济上不平等能够得到解释和说明，然后他又和柏拉图一样，承认由自然不平等带来的一切政治和经济上的不平等。平等和自由等观念都属于现代国家的"新民"所自然具备的素质和能力，作为这种能力的一种结果，他有时也在"自治"的意义上来解读"自由"，而且这种自由还是"人人"的、"自任"的，因此所谓自由、平等都是在一个已然成型的民主国家内才能真正实现的价值目标。有学者称，严复和梁启超在本质上都是"自由主义"的，梁启超虽然在早期曾经肯定和宣扬过卢梭的平等自由说，并以平等为卢梭价值谱系的终极指向，然而和严复一样，他们最终都放弃了形而上的平等原则，以平等为自由的实现条件，因为只要人类还希望着进步，人类就无法规避竞争，竞争的第一元素是自由。"与他对自由理论的重视与阐发的深度广度相比，平等从来没有成为梁启超思想的中心。"[②] 而梁启超对自由的申明也经历了从《卢梭学案》以及新民丛报时期的捍卫个人自由，到进而于《新民说》始推行思想自由的道路。

为了更好地理解卢梭的《民约论》，梁启超在当时"半部民约"风行，对"公意"理解不足的环境下，相对详细地分析了"总是倾向于平等"的卢梭的"公意说"，为立法和政府的观念带来了笼统却又新颖的认识。公意说"非以剥削个人之自由权为目的，实以增长坚立各人之自由权为目的"[③]，同时，以公意为体，以法律为用，在于"为公众谋最大利益"，前者在于保障个体自由，后者在于呼吁个体间的平等。梁启超通过对公意的阐释揭示了卢梭思想的两个终极目标。

梁启超谈道，"卢梭以为民约未立以前，人人皆自有主权，而此权与

① 高瑞泉：《早期自由主义视域中的平等——以梁启超、严复为中心的考察》，《上海师范大学学报》（哲学社会科学版）2011 年第 6 期，第 16 页。

② 同上书，第 15 页。

③ 梁启超：《卢梭学案》，见《梁启超全集》第 1 册，第 505 页。

自由权合为一体。及约之既成，则主权不在于一人之手，而在此众人之意，而所谓公意者事也”。“卢梭又以为所谓公意者，非徒指多数人之所欲而已，必全国人之所欲而后可。”[①] 缔约以前，自由权和主权是一体的，缔约以后，自由权依然在于个人之手，但是主权却凝结在公意之中，公意来源于自由，也同时保障着更加牢固的个人自由。公意不同于大多数人的所欲，它不单是数量上的关系，而是时间上面的序列组合，必须是在征得所有人同意之后的那样一种所欲。公意还有公益之谓，正是公意将“事势”的不平等转化为道德的平等，从而纠正了自然的不平等，人们利用公意将平等纳入道德框架和控制范围之内。

另外，从公意的实质而言，“所谓公意者，必与确乎不易之道理为一体矣”。这种看法则与“公”的客观性和公理的观念一致。传统中国社会通过“天”来缔结和命名政治合法性的思路已经在清末民初被悄然转化为对“公”的信任。从公意的行使而言，“公意，体也；法律，用也；公意无形也；法律有形也。公意不可见，而国人公认以为公意之所存者，夫是之谓法律”[②]。他在形式上并未抛弃中江兆民的公意论，也承接了中江兆民对公意的注解，采用传统体用关系来比附公意与法律，以公意为体，法律为用，但是在卢梭的原文中，公意通过国家法律而体现的这一阶段中，法律仅在狭义的层面上被运用，即法律就是中江兆民所讲的律例。而根据梁启超在其他文本中对卢梭的阐发，法律还包括了道德等广义的社会规范，这种广泛的牵连也使得公意和法律的体用关系更加合理。

3.《国家思想变迁异同论》——民族主义与新帝国主义

中国最早使用“民族主义”一词的人是梁启超。[③] 梁启超对民族和民族主义的思考并非源自卢梭，却借助卢梭的平等说阐发了民族主义对一个近代国家的成长的重要性，并且在梁启超后来的论证中，“民族主义”占据了他的许多理论空间，皆因民族是个人和国家之间的最好衔接，也是当时内忧外患的一个核心问题。1901 年，在《国家思想变迁异同论》一文

---

① 梁启超：《卢梭学案》，见《梁启超全集》第 1 册，第 506 页。

② 同上书，第 507 页。

③ 王柯：《“民族”：一个来自日本的误会》，《二十一世纪》（双月刊）2003 年 6 月号，总第 77 期，第 74 页。

中，梁启超指出："于现今学界，有割据称雄之二大学派，凡百理论皆由兹出焉，而国家思想其一端也。一曰平权派，卢梭之徒为民约论者代表之；二曰强权派，斯宾塞之徒为进化论者代表之。平权派之言曰：人权者出于天授者也，故人人皆有自主之权，人人皆平等。国家者，由人民之合意结契约而成立者也，故人民当有无限之权，而政府不可不顺从民意。是即民族主义之原动力也。其为效也，能增个人强立之气，以助人群之进步；及其弊也，陷于无政府党，以坏国家之秩序。"[①] 与民族主义形成对峙的，是由强权派理论基础上形成的新帝国主义。民族主义的理论根据在于天赋人权，人人皆自由平等，而强权派则以进化论为本，相信强者的权利压倒一切。梁启超对民族主义大唱赞歌，称"民族主义者，世界最光明、正大、公平之主义也，不使他族侵我之自由，我亦毋侵他族之自由。其在于本国也，人之独立；其在于世界也，国之独立。使能率由此主义，各明其界限以及于未来永劫，岂非天地间一大快事！"[②] 梁启超在这篇文章中将卢梭的思想拔升到催生了十八九世纪西方诸国飞速发展的高度，同时也将平等的意义进行了拓展。平等从天定和天赋的起点出发，成为国家内部人群进步的要因，也是各国之间交往形式的理想状况。在已经经过了民族主义成长阶段的欧洲国家，它们的相遇是平等者的相遇，因此就"无所谓权力，道理即权力也"。当欧洲国家与欧外诸国相交时，不平等者的交往便是"无所谓道理，权力即道理也"。人们往往只看到了目前帝国主义的横行，便以为只需要移植政府万能的学说到中国就可以改变我们贫弱的地位。然而现在的帝国主义是有别于旧帝国主义的新帝国主义，它们经过了民族主义的加工和锤炼，而成为民族帝国主义。世界在 19 世纪末与 20 世纪相交之际迈进到了民族帝国主义的时代，此时中国的民族主义却是"犹未胚胎"，中国人应当从孟子民贵君轻的论证中，迅速养成我们固有的民族主义，以抵御帝国主义的侵蚀。自此，梁启超对卢梭的平等观的理解触碰到了当时的中国对外交往的问题，他以平等作为个人和国家的立足之本，提出了平等成为现实和理想的双重可能。即便在当前的国家关系中，面临着不平等的欺凌，我们依然要明确民族主义乃是世界上最为

① 梁启超：《国家思想变迁异同论》，见《梁启超文集》，第 140 页。

② 同上书，第 142 页。

公平和正义的理论。梁启超虽然并没有读过卢梭的《论波兰政府》，但是他却从现实的历史看到了卢梭民族主义理论的实践，卢梭对于波兰人民的希望没有实现，法兰西和美利坚却利用了这一观念，成为强大的近代民族国家。在此文中，梁启超所作的欧洲新旧政治思想的对照图与伯伦知理的《国家论》非常之相似，证明他已经对卢梭的对立面——伯伦知理有所了解和把握，然而此时他依然对卢梭的观点抱有极强的信仰，原因是他本人对于政府和国家的关系尚不十分明确，坚持“国家与人民一体”，对于民族主义也持有一种模糊和简单的好感，认为只需要通过坚持和培养民族主义就可以对抗国家主义理论所训练出来的那些帝国主义国家，但对于民族主义的内涵，梁启超也没有付诸过多的关心。

二、质疑、批判和否定——立足于国家思想的平等观

学界一般认为，梁启超对卢梭的背离始于1903年发表的《政治学大家伯伦知理之学说》。但是从严格意义上讲，梁启超的思想转变在1902年便已经初现端倪。1902年2月，在《论学术之势力左右世界》一文中梁启超明确指出：“《民约论》者，法国大革命之原动之也；法国大革命，十九世纪全世界之原动力也。卢梭之关系于世界何如也！”但是，“卢氏立于十八世纪，而为十九世纪之母；伯氏立于十九世纪而为二十世纪之母。自伯氏出，然后定国家之界说，知国家之性质、精神、作用为何物，于是国家主义乃大兴于世。前所谓国家为人民而生者，今则转而云人民为国家而生焉，使国民皆以爱国为第一之义务，而盛强之国乃立，十九世纪末世界之政治则是也。而自今以往，此义愈益为各国之原力，无可疑也”①。他从进化主义的角度来看待政治学说的时效性，认为卢梭的学说刻画和引领的是19世纪的精神，这正是个人主义超越国家主义的时代，但是在国家主义盛行的20世纪，我们所需要的则是伯伦知理的爱国说。此前梁启超还称，虽然20世纪是帝国主义的时代，但是帝国主义是“新帝国主义”，其中富含了卢梭的民族主义因素，而在这篇文章中，他却明确站在了国家主义一面，将卢梭作为个人主义的代表，成为20世纪国家主义的对立面，从而斩断了卢梭之于新世界的意义。梁启超对国家主义的

---

① 梁启超：《论学术之势力左右世界》，见《梁启超文集》，第212页。

向往可能和他在此时对于政体的设想有关，自戊戌前后直至 1902 年，他先后徘徊于立宪和革命之间，如果说在《卢梭学案》及之前他还以卢梭为医国国手的话，那么自 1902 年 2 月起，他已经不再那么相信革命的拯救作用了。究其原因，在于梁启超个人阅历的拓展以及当时环境的影响，既包括他对明治维新的深入了解，也有对欧美大国的政体比较。例如，被梁启超誉为"平生风谊兼师友"的黄遵宪，他在 1902 年就曾对梁谆谆谈及他对卢梭的个人观感，起先是对民权之说，"心志为之一变，以谓太平世必在民主。然无一人可与言也"。黄遵宪这种当时出于理想政制的冲动无法与他人共鸣，但是直到亲历现实的国家，才发现实行了民主的美洲，政治依然污浊，而"又历三四年，复往英伦，乃以为政体当法英"。与梁启超对革命的热情消退两相参照，黄遵宪的思想转变无疑也为梁启超的转向提供了另一重说明。

1903 年前后，梁启超的学术与政治思想出现了重大转向，他在当年发表了《政治学大家伯伦知理之学说》，他在学术上对进化论的服膺和推崇，在政治上对立宪制度的回归和再阐发，直接导致他对卢梭的态度发生了根本性的转变。在这篇文章中，他宣称卢梭理论激发了法国革命，只能是法国当时状况的良药，其于中国问题则不对症。我们需要的是有机统一的秩序，个人的自由平等则应当放在次一级的位置。"何也？必先铸部民使成国民，然后国民之幸福乃可得言。"①

伯伦知理（Bluntchli Johann Caspar）是知名的国家学学者，其时其"国家有机体"的学说被视为日本政治学的开端。自明治中期以降，"德国学"在日本的地位越发彰显，日本师法德国，而中国近代学人则期望师法日本，从日本的西方化进程中汲取某些可以供日陷沉疴的大清帝国得以自愈的良方。伯伦知理的作品被译作《国家论》或《国法泛论》，先后在《清议报》和《译书汇编》上刊载，梁启超等人在伯伦知理学说的中国传播中起到了重要的推动作用。② 经巴斯蒂考证，梁启超发表的这篇文

① 梁启超：《政治学大家伯伦知理之学说》，见《梁启超全集》第 2 册，北京出版社 1999 年版，第 1066 页。

② 自 1901 年始，梁启超陆续在《清议报》上刊登介绍伯伦知理的《国家论》，而他所刊载译本，其实是当时日本的"善邻译书馆"专门为中国人翻译出版的，他在其中所做的是编译的工作。1908 年，梁启超以"饮冰室主人"为名，译出《国家学纲领》，由广智书局出版。

章系“抄袭”平田东助的《国家论》或吾妻兵治的《国家学》，然他的抄袭本身也是一种创作，他根据中国的实际情况和他所关注的焦点问题故意忽略了原文中关于欧洲立宪制度的演变历史等资料，同时，他还特地删去了 nation 和 volk 相区别的部分，因为梁本人认为族民（作为民族的一员）和国民（作为国家的一员）实无本质的区别，且他更加倾向于在国家主义的基础上用国民来涵盖族民。此外他也故意忽略了君主立宪制和代议共和制的分析部分，他在经历了立宪与革命的反复思量之后，虽然又一次倒向了立宪，但对于政体的选定还尚未成为一种成熟的思考，于是他对伯伦知理的这一部分不予阐发。①

梁启超在《政治学大家伯伦知理之学说》中对卢梭的学理批判主要跟从伯伦知理的逻辑进路展开。伯伦知理称，卢梭的民约说需要国民满足的三种性质，如果不是，则不能建国。这三种性质分别是：“一曰：其国民皆可各自离析，随其所欲，以进退生息于此国中也。不尔，则是强之使人，非合意之契约，不得为民约也。……二曰：其国民必悉立于平等之地位也。不尔，则是由命令者，有受命者，不得为民约也。……三曰：其国民必须全数画诺也。苟有一人不画诺，则终不能冒全国民意之名，不得谓之民约也。”② 其一，根据卢梭的民约，国民可以自由加入或离开某个国家，但是人的思想和欲望往往不尽相同，不可能在缔约的时候达成完全的同意，因此按照卢梭的设想最终只能组建一个“会社”（不同于社会）而非国家；其二，卢梭认为缔约的国民必须是平等的，但是现实中各个国家的建设必须依赖于某个具有超出同侪的有威望的人或集团，如果举国都是完全同质和同等的人则不可能立国；其三，国家的法制不能依托于全体的同意，卢梭的学说是支离的，只能付诸“多数之意见”，梁启超以个人的自由权对这种意见加以驳斥和否定，认为结果这种解决的方案最后仍然附着在现实政治的土壤中，却唯独不适用于民约建国。梁启超在此处对卢梭的批驳和严复根据赫胥黎的观点援引而来的三条“大经大义”的批评有共通之处，即都是依托他们在当时所信奉的某种理论（或国家主义，或

① ［法］巴斯蒂：《中国近代国家观念溯源——关于伯伦知理〈国家论〉的翻译》，《近代史研究》1997 年第 4 期。

② 梁启超：《政治学大家伯伦知理之学说》，见《梁启超全集》第 2 册，第 1065 页。

进化主义），从现实的角度出发罗织卢梭在理想状态下所设定的民约国家的罪名。在梁启超根据伯伦知理所归纳的卢梭民约的三重缺陷中，每一条根据都指向卢梭平等理论可能导致的同等化和均质化的危险，他们将卢梭所打造的平等不加分辨地理解为人的完全一致，然后从个人的具体境遇出发，认为这种一致性抹杀了人的个人情感，否认人的出类拔萃，并且由于卢梭不承认个人的分离性，那么他将在实际层面上走向挫败，并最终导致多数人暴政。然而如果梁启超能够依据《社会契约论》，甚至回到《论不平等》的原文，他将发现，实际上这种对于卢梭不注重个人差异的批判是不成立的。如前所述，卢梭的平等观念有着较为细密的区分和阶段性，至少在经济平等方面，卢梭提出的个人才能与财富的配比性就是对个人差异的一种肯定。卢梭所要求的绝对的平等只存在于他对新的政治共同体建立之后的部分。而且卢梭认为，即便有公意的存在，我们仍然需要一位天才的立法者，甚至他还是一位神明。在《卢梭学案》时期，梁启超尚能非常敏锐地把握到卢梭平等观的虚拟和历史实际之间的距离，并且为卢梭所设定的自然状态和天赋权利作了较强的辩护，但是从这篇文章开始，梁启超的认识却彻底转向了现实，似乎忘记了卢梭平等观的实质是卢梭对于理想状态的描摹而非绝对满足现实。从表面上看，这种转变是梁启超对于建国方案的妥协，意识到作为革命符号的卢梭与整个中国实际以及世界形势的可能矛盾；从根本上看，则是梁启超利用伯伦知理所批驳卢梭的第二大缺陷处出现了认识的转移，即梁启超不再认同卢梭所设定的天赋的平等权利。

1899 年，梁启超称，“若我中国人，则非受直接之暴虐，而常受间接之压制。人人天赋之权，虽未尚尽失，而常不完全，被民贼暗中侵夺而不自知”①。在该文中，他婉转地论证了天赋之权本该人人平等。此后，在梁启超接受了进化主义等当时被作为“公理”来传播的西学精神之后，他否认了人权来自天赋的观点，称“自由云者、平等云者，非如理想家所谓天生而人人畀以自由平等之权利云也。我辈人类与动植物同。必非天特与人以自由平等也”②。卢梭的社会契约，其中的元概念是“自然”，而

① 梁启超：《论中国与欧洲国体异同》，见《饮冰室合集》文集四，第 65 页。

② 梁启超：《自由书》，见《饮冰室合集》文集二，第 31—32 页。

非中国学人视域中的“天”，但是由于翻译的需要，来自自然和回到自然的观点被传释为“天”，元概念的误会使得梁启超无法真正从根本上理解和认同卢梭的平等观，他对卢梭的接受和放弃也就成为非常迅速的一个过程。[①]

自1903年起，以《政治学大家伯伦知理之学说》的发表作为标志，梁启超在对卢梭的批判和否定中逐步明确和提出了国家和国民的平等观。梁启超从法国大革命之后向前追溯，认为专制的君主主权犹可成国，但是专制的国民主权则可能盗窃主权，法国大革命的祸端便潜藏于此。梁启超并未直接阅读过卢梭的《社会契约论》原文，对《论不平等》和自然法理论也基本上不甚明了，但是他却在晚清社会的立宪运动中从另一个角度阐明了卢梭公意理论的实质。

第二节　梁启超的平等观：导向民族和国民的平等理论

如前所述，梁启超的平等观念在最初与康有为和谭嗣同是一致的，然而它的真正萌发和独立成长在很大程度上受到了卢梭的影响，他从对卢梭的接受、质疑、批判和否定中逐步提出并完善了自己的平等理论，由个人而至民族、国家，提供了一种较为完备的平等学说。由于梁启超学术驳杂的思想特性，他的平等观中掺入了许多中国传统的平等论述，紧密地和现实接驳在一起，呈现出一条非常突出的卢梭平等观的中国化路径。

一、中国传统平等观与梁启超

1. 王阳明的“新四民说”和梁启超的“新民”

王阳明对士农工商四民的划分来源于古代中国习惯化的分工模式，早在春秋时期，齐国管仲就曾说过“士农工商四民者，国之石，民也”。《春秋穀梁传·成公元年》亦有记载，“古者有四民：有士民，有商民，有农民，有工民”。而中国自古以来一直以“重农抑商”为主，即所谓“重本抑末”，商人位于四民之末仿佛已成定论。然而明中叶后，随着商

---

① 关于“自然”和“天”的误会与分歧，将作为结论被提出，以揭示卢梭在当时中国社会被误解的其中一重原因。

品经济的发展，雇佣关系在江南一带逐渐兴起，商业和商人渐渐成为新兴的经济和政治力量，他们开始要求在政治和社会领域拥有独立的话语权。与此同时，其时的明王朝内部也是危机重重，一方面是朝政腐败，农民起义屡屡发生；另一方面是社会思想开始出现动摇和分化，程朱理学对名分的监控和强调显然与在资本主义萌芽促生下苏醒和勃发的人性需求形成了矛盾。王朝的统治者与庶民都在渴望和迎接一种新的值得遵循的道德规范的到来，是毁灭还是重建，是革命还是调和，封建伦常遇到了前所未有的挑战。对于明王朝纲常倾颓的格局，王阳明的解决方案是弥合四民之间的沟壑，遵循对上古时代的追求，既然人心的私欲和物质的蒙蔽是造成乱象的肇因，那就应该革新人心，唤醒良知，回到天地万物同仁一体的局面，具体来说就是对“四民”施之以道德教化以挽救既有秩序。[①]

1902 年，梁启超在《新民说》之第九节《论自由》中说及四民平等的问题：“以此精神，其所造出之结果，厥有六端。（一）四民平等问题：凡一国之中，无论何人不许有特权（特别之权利与齐民异者），是平民对于贵族所争得之自由也。……”[②] 在梁启超看来，这种平等是社会和历史

① 王阳明曾在一篇为某位弃文从商的商人写作的墓表中提道，“古者四民异业而同道，其尽心焉一也。士以修治，农以具养，工以利器，商以通货，各就其资之所近，力之所及者而业焉，以求尽其心”。王阳明在这篇文章中提出了一个全新的观点，士农工商是属于“同道”的，他们天资不同，但地位平等，无分贵贱。他在《传习录拾遗》中也曾说，“虽经日作买卖，不害其为圣为贤”。当时社会“交鹜于利，以相驱轶，于是始有歆士而卑农，荣宦游而耻工贾”的现象，归根结底是因为“王道熄而学术乖，人失其心”。他在《拔本塞源论》中更有进一步的论述，“夫圣人之心，以天地万物为一体，其视天下之人，无外内远近。……天下之人心，其始亦非有异于圣人也，特其间于有我之私，隔于物欲之蔽，大者以小，通者以塞，人各有心，至有视其父、子、兄、弟如仇雠者。圣人有忧之，是以推其天地万物一体之仁以教天下，使之皆有以克其私，去其蔽，以复其心体之同然。……天下之人熙熙皞皞，皆相视如一家之亲。其才质之下者，则安其农、工、商、贾之分，各勤其业，以相生相养，而无有乎希高慕外之心。其才能之异，若皋、夔、稷、契者，则出而各效其能”。余英时则将经济之于政治而后思想的影响更推进了一步，他从政治生态直接入手，观察到宋明两朝的政治生态和文化有着显然的差别，这是程朱理学与阳明学之间断裂远大于延续的根本原因。在宋代“士”还能够得到皇权的尊重，因此“士”仍有“得君行道”的理想，士大夫们还进行了一系列自上而下的政治改革实践。但是自明太祖始，明朝的“士”却被抛弃和排除在政治主体之外，儒家理论对于君权完全失去了约束。余英时将阳明的致良知之教总结为“觉民行道”，即求助于人人内心深处的良知，自下而上地开展一次社会的改造，它是 16 世纪以来社会大变动的有机部分，其根源在于由“市场旺盛而卷起的士商合流”，而这一理想模型终于经王艮的泰州学派得到了最大限度的传承。

② 梁启超：《论自由》，见《梁启超文集》，第 158 页。

发展的必然结果，是人类走向自由中不可缺少的一个环节。黄克武认为《新民说》标志着梁启超从激烈的“转化”（transformative approach）走向了“调适”（accommodative approach）的回归传统的道路，在《新民说》中梁启超所借用的不再是儒家先圣，而是王阳明。事实上，梁启超的《新民说》和王阳明提出“新四民说”的《拔本塞源论》都强调道德教化的力量，提出要克服“私”的观念和藩篱，将“民”化育为更好的群体。

梁启超自己将《新民说》看作对阳明学的继承，他自称《新民说》“专述王学与其门下之言者，所愿学在足，他虽有桔论，未尝能受也”[①]。然而他所描述的“民”和阳明的“民”在组成上有着根本性的不同：王阳明的新四民是作为与“君”共生的一个群像出现的，他们的更好是为了维护“君”与君权的王道天下，王阳明的新四民之“新”在于四民之间的关系和秩序的重新排列，并且他在四民中特别强化了“商”与“士”的共通；梁启超的新民则完全排除了对“君”的供养，他所提到的“四民”是一个统称，在民中间不再刻意强调职业的平等，新民之“新”在于民的道德之新、身份之新，倡导中国人当从皇帝的臣民转变为国家的国民。

王阳明企图刻画一个人皆为圣人的“天下”，这个“天下”的破坏在于私欲的膨胀，于是要恢复心体之同然，便要实行道德的教化以克服私欲。天下的农工商贾相互依存，犹如人体的身体器官一样各司其职。和此后在清末民初被广为传播的卢梭的自然状态说相似，王阳明的理想“天下”是在儒家思想中经常被怀想的唐虞三代，似乎有一定的历史根据，并且唐虞三代和自然状态的不复存却都是出于人的私欲。然而，王阳明和卢梭不同的地方在于，他力争从已有的职业和社会分工的角度出发来说明人的能力和天分差异，因此只论述了“民”与“民”之间的关系，君与民的紧张关系在王阳明这里还没有成为焦点所在，他意在指出四民的遥远目标都是面向王道政治。和卢梭相同的地方则是，二者都怀想一个“道德理想国”，希望通过教化来实现这个理想的建设。而梁启超等人正是在王学背景下吸纳了卢梭的平等观念，从而得出了自己对于平等的独特理

① 梁启超：《饮冰室合集》，专集三，中华书局1989年版，第143页。

解。主要体现在以下几点：首先，梁启超阐明了自由与人格之间的关联，以自由作为人格与道德平等的前提。阳明学强调知行合一，但对于人的自由选择和道德之间的论证过于单薄，梁启超则从《卢梭学案》中汲取灵感，提出自由权是道德的根本，如果人放弃了自由则就不再是人，也就无法对人的道德行为做出评价。其次，与阳明学阐发“新四民”的前提不一致，梁启超并没有从经济的角度捕捉到四民或职业变迁的必要性，而是迅速将问题归为君民之间的对抗，“当他论及等级制度四民问题时，便简单认为中国自战国时期废除‘世卿之制’后，‘四民平等’问题便大致解决”[①]。最后，梁启超还有意将阳明学和卢梭等“西学”融合在一起，以良知作为其平等和自由说的开端。在梁启超看来，人之自由与平等真正在于精神和思想层面，他在《新民说》之《论权利思想》中提出，形而上的精神要高于形而下的肉体。康德以“良知”为其本体，这种做法便与阳明心学“若合符节”。

2. 从佛教中出发的平等观

梁启超的平等观中也带有极其强烈的佛教色彩。在变法维新的宣传时期，康有为曾提出大同理想，以“去苦界至极乐”为终极目标。康有为将诸苦的根源归之于佛教所讲的“九界”，并从佛学教义中引申出泛爱众生与众生平等的政治宣言。谭嗣同则在《仁学》中提出：“以心挽劫者，不惟发愿救本国，并彼强盛之西国，与夫含生之类，一切皆度之。”以一种“我不入地狱，谁入地狱”的大无畏精神表明了维新的勇气和决心。梁启超深受他们的影响，称谭嗣同的《仁学》为应用佛学，即将佛教的灵魂不灭应用于革命，以动员志士成仁取义。他相信，宗教尤其是佛教比哲学更能成就伟业。在《论宗教家与哲学家之长短得失》一文中，他指出，日本明治维新中几位得力干将“皆得力于禅者也”。而值得一提的是，梁启超所提到的这几位人物正是日本阳明学的发扬者和集大成者，也从另一个侧面印证了中日阳明学的汇集和沟通。（梁启超提及大盐中斋、横井小楠等，尤其是大盐中斋，以“孝”作为良知的核心，提出了孝本说的阳明学理论并加以革命的践行。）

1902 年 12 月，梁启超在《新民丛报》发表《论佛教与群治之关系》

---

① 杜钢建：《中国近百年人权思想》，汕头大学出版社 2007 年版，第 102 页。

一文，提出“佛教之信仰乃平等而非差别”。“他教者，率众生以受治于一尊之下者也，惟佛不然。故曰：‘一切众生，皆有佛性。’又曰：‘一切众生，本来成佛，生死涅槃，皆如昨梦。’其立教之目的，则在使人人皆与佛平等而已。”[①] 梁启超在阳明学的背景和基础上，看到了佛教平等中所倡导的无差别的成分，实际上依然贯彻了阳明学和禅学的内在理路。阳明学和禅学之间的确存在非常深的渊源，对于阳明学内部事功与禅学这两大要素的论证，在日本阳明学和民权运动领导者中也曾有过片论。[②] 梁启超曾评价康有为称，“先生由阳明学以入佛学，而以华严为归宿焉”。然而，与康有为一样，梁启超对佛学平等观的注意仅来自其早年阳明学理论基础上的自然发展，并未上升到哲学的高度，他们偏好佛学中的众生平等和无差别的教义，仅仅是在政治理想的高度来利用和表达。

---

① 梁启超：《梁启超哲学思想论文选》，葛懋春、蒋俊编选，北京大学出版社 1984 年版，第 148 页。

② 后人多以阳明学为“禅学”，其理由主要有以下几点：第一，阳明的修行方法和格物理念都与佛家深切相关，例如他所倡导的静坐而悟心体与禅宗的坐禅修行相似，其龙场悟道的传奇经历则与佛家之渐悟而至顿悟的故事如出一辙。第二，阳明和禅宗对人性的基本看法是一致的，阳明四句教中首句“无善无恶心之体”和佛教所讲的佛性无定相通，次句“有善有恶意之动”，第三句“知善知恶是良知”，第四句“为善去恶是格物”，等于佛教所讲的善念，善知识，以及所倡的善行，二者可以相互印证。第三，阳明学与佛学一样，均强调人性中有可以被普遍化的部分，他在《传习录》中说“人人胸中各有个圣人”，“圣人之所以为圣，只是其心纯乎天理，而无人欲之杂。……所以为圣者，在纯乎天理，而不在才力也。故虽凡人，而肯为学，使此心纯乎天理，则亦可为圣人。犹一两之金，比之万镒。分两虽悬绝，而其到足色处，可以无愧。故曰‘人皆可以为尧舜’者以此”。佛教禅宗则认为人人都可以当下开悟，“见性成佛”；与之相比，朱熹说“人之禀性本无不备，而气质所赋，鲜有不偏”。可见在对人的认识能力和人性的设定上，王阳明和禅宗一样都抱持了比朱熹理学更为乐观的态度。第四，在基本理念上，阳明学和禅宗皆认为无须向外求得真知，阳明说“圣人致知之功，至诚无息，其良知之体，皦如明镜，略无纤翳，妍媸之来，随物见形，而明镜曾无留染，所谓情顺万事而无情也。无所住而生其心，佛氏曾有是言，未为非也”。阳明倡导“心外无物”，“心外无理”，和禅宗所讲的“心外无佛”实为同一理。王阳明在当时“援佛入儒”，在其承继儒家道统的思想体系同时采纳佛学的论证和修养方式，背后的深层原因是由于在当时社会，儒学已然支离破碎日趋衰退，佛老之学却迎合了天下大势而日炽，面对儒家学说“岌岌乎有不能自存之势”，他不得不假借二氏之学以为存活，在根本上是要维护和重振儒家学说的正统地位。王阳明从未承认自己的思想为“禅学”，但是阳明学本身在基本概念和修养方法上与禅学的相似性，以及阳明学后来发展过程中演出的泰州学派一系等，却直接冠以了阳明学“阳明禅”的称谓。

二、平等的落实：民族与国家理论

民族主义是近代以来当各国在世界舞台上渐次相遇以后所自然产生的一种国家的建构形式，它的功用在于对内通过民族概念的整合和唤起以加强统治和服务人民福祉，对外以整体的民族国家形象维护本国利益参与世界竞争。民族主义理论是在对专制王权国家的批判中产生的，学界一般认为，法国大革命是近代民族国家的开端，而卢梭则被当然地视为民族主义理论的奠基者。卢梭在一封给朋友的信中这样来理解"祖国"："组成祖国的不是城墙，不是人，而是法律、司法、政府、宪法和由这些事物决定的存在方式。祖国存在于国家与其民众的关系之中，当这些关系没有了，祖国也就成为子虚了。"所以卢梭所要论证的民族主义在于国家与全体公民的二元关系中，有学者认为，卢梭所创建的人民主权论使全民族的利益取代了王朝利益，人民的权力取代了王权，阶级被扫平，社会差别被消灭。[①] 因此也有人将卢梭的民族主义理论称为"民主民族主义"。

观之清末民初的中国实际，当时所要处理和面对的民族问题比之卢梭的处境更为复杂。在清末知识分子看来，清王朝象征着异族侵略和统治了中原文化，于是在对抗王权的同时还带有复归汉文化的使命，并且由于清王朝的腐朽统治和丧权辱国，使内部的矛盾被处理为面对"异族"的、专制王权的和外来侵略的等几个层面，因此整合民族便自然地从排满开始。平等的理论是个人的，更是民族的和国家的。民族平等和如何平等成为梁启超所关注的焦点和立论的起点。

1. 革命排满与大小民族主义

梁启超流亡日本后，初与孙中山等革命派过从甚密，而被革命的思想所征服，一度畅言革命和排满之事，并因此而令康有为"深不谓然"。他在给康有为的信中提道，"今日民族主义最发达之时代，非有此精神，决不能立国。弟子誓焦舌秃笔以倡之，决不能弃去者也。而所以唤起民族精神者，势不得不攻满洲。日本以讨幕为最适宜之主义，中国以讨满为最适

---

① 张宝梅：《从"人民主权"论卢梭的民族主义理论》，《世界民族》2011 年第 2 期，第 93 页。

宜之主义"[①]。革命排满的目标原本在于清除满清统治，甚至是要确立作为多数民族的汉民族主义。1894 年，孙中山成立兴中会的誓词便是"驱除鞑虏，恢复中国，建立合众政府"。后来在同盟会的纲领中，在加入平均地权的要求以后仍然保留了"驱除鞑虏"的这一口号，反映了当时革命党人所要迫切解决和面对的问题便是满汉之间的关系问题。民族主义的最重要内容，在当时而言就是反满进而排满。1905 年，孙中山在《民报》发刊词中，称"外邦逼之"和"异种残之"使民族主义的问题"殆不可须臾缓"。革命必须先倒满洲政府。他说，"民族主义这个东西，是国家图发达和种族图生存的宝贝"[②]，但是中国已经长达数百年地失去了这个宝贝，满洲统治使我们完全泯灭了民族思想，因此如果要重建民族，必须首先以推翻满洲异族统治作为目标。梁启超虽然认同革命排满的主张且有相当激烈的言辞，然而与孙中山等坚定的革命派相比，他在满汉平等的问题上又留有回旋的余地。他在 1900 年的《中国积弱溯源论》中说："今夫国也者，必其全国之人，有紧密之关系，有共同之利害，相亲相爱，通力合作，而后能立者也。故未有两种族之人，同受治于一政府之下，而国能久安者，我汉人真爱国而有特识者，则断未有仇视满人者也。何也？以日本之异国，我犹以同种同文之故，引而亲之，而何有于满洲？"[③] 梁启超认为满汉相互仇恨不可取，种族之间可以和平共处。

1903 年，在《政治学家伯伦知理之学说》一文中，梁启超论证了大小民族主义的理论以改善他先前所提出的革命排满主张，他说："伯下民族之界说曰：同地、同血统、同面貌、同语言、同文字、同宗教、同风俗、同生机，而以语言、文字、风俗为重要焉。由此言之，则吾中国言民族者，当于小民族主义外，更提倡大民族主义。小民族主义者何？汉族对于国内各族是也。大民族主义者何？合国内本部之诸族以对于国外之诸族是也。"[④] 在这篇文章中，梁启超区分了两种民族主义，认为在今时今日，满洲已经"尽同化于中国"，因此满汉可以作为一个完整的形象，连同其

---

① 丁文江、张丰田编：《梁启超年谱长编》，上海人民出版社 2009 年版，第 286 页。

② 孙中山：《孙中山全集》第 9 卷，中华书局 1986 年版，第 210 页。

③ 梁启超：《中国积弱溯源论》，见《梁启超全集》第 1 册，第 424 页。

④ 梁启超：《政治学大家伯伦知理之学说》，见《梁启超全集》第 2 册，第 1069 页。

他民族一起对外被看作是一个大民族，这就是大民族主义，与此相对，将汉族独立出来针对其他各族的民族主义则是小民族主义。

显然，梁启超在文章中预设了自己的价值取向，即倾向于大民族主义的建构，他之所以得出这样的判断，与他当时的思想转向不无关联。1903年，梁启超对于国家自由和国家主义的强调已经压倒了之前对个人自由和个人平等的主张，其思想也从激烈革命重返渐进改良，在他看来革命排满和小民族主义均有分裂中国的危险，不利于国家主义的发展和塑型，因此，在满汉关系以及汉族与国内他民族的关系问题上，梁启超否决了先前的革命论而初步提出了平等的主张。这种观念在最开始和革命派形成了极为尖锐的对峙。

1903年，梁启超提出，应当以汉族为中心，合汉、满、蒙、回、苗、藏为一大民族。随后，在1905—1907年与汪精卫的持续论战中，梁启超再次在"种族革命"的意义上澄清了自己的论点。他认为救国是中国的急务，救国必须与种族复仇区分开，复仇必然朝向暴动革命会导致不完全的共和而最终亡国；因此，种族革命可能导致国家分裂和列强瓜分；中国只有专制统治而不存在汪精卫所讲的"满洲贵族统治"，满族在很大部分程度上已经被汉族文化同化；一旦中国灭亡，便再无满汉之分，中国不应实行种族革命。[①] 观之卢梭，国内民族多样性的问题是卢梭在《社会契约论》和《论不平等》中都未曾真实观照过的处境，因此在梁启超等人关于种族革命和大小民族的阐发中民族主义便具有了中国式平等观的特殊内涵。

梁启超关于大民族主义的论述在后来影响了原本高举反满大旗的孙中山。1912年，孙中山就任中华民国临时大总统，总统府发表《中华民国大总统孙文宣言书》，在梁启超"大民族主义"的基础上，孙中山提道，"国家之本，在于人民。合汉、满、蒙、回、藏诸地为一国，即合汉、满、蒙、回、藏诸族为一人。是曰民族之统一"[②]。对于五个民族之间的关系，孙中山在《致黎元洪电》中特别强调，"满、蒙、回、藏之待遇，

---

① 孙宏云：《1905—1907年汪精卫梁启超关于种族革命的论战与伯伦知理〈国家学〉的关系》，《学术研究》2002年第6期，第109页。

② 孙中山：《孙中山全集》第2卷，中华书局1982年版，第2页。

与汉人平等"[①]。1919 年，孙中山再次阐发了民族间的关系问题，在《三民主义》中提倡汉人不应再使用自大的目光看待各个民族，而是要与五族人民相见于诚，从而成为中华民族之新主义。至此，民族主义中非但体现了国家自由与个人自由的关系，同时也贯穿了平等的精髓，即在国家内部，多民族之间应当共和、平等，在民族国家作为整体形象一致对外的时候，国家之间也应当是平等的关系。孙中山说，只有结合四万万人成为"一个坚固的民族"，才能免除亡国灭种之忧。[②]

2. 民族国家理论

在与梁启超的论战中，汪精卫和孙中山等人都认为，当时中国最大的不平等问题在于民族的不平等，既然中国是多民族的国家，那么处于统治地位的那一个民族便不可能让所有国民同享平等权。他们认为国民即族民，建国需要澄清民族边界，隐含有先族民而后国民的逻辑。回到当时的具体语境，"排满"和"反满"几乎是留日知识分子群体的共识，在湖南留日同乡所创办的《游学译编》中曾刊载诸如《满洲问题》和《民族主义之教育》等文章，宣传反满和民族民主革命的主张。1903 年，《游学译编》第 4、7 册发表《纪十八世纪末法国之乱》。其中，第 4 册写道："法国国民为此精神原动力而善攻善防善战善守，故其势力卒以披靡全欧，夫热情如彼，所以善用热情者如彼，则倡之而无不应，为之而无不成者，自然之势也。是故欲造民族之大活动者，必先造民族之道德的意识。"将法国大革命的胜利归之于民族道德意识的缔造，而在此文中对"民族"概念的描述显然是借助了卢梭对于民族国家的描述进而将其运用于中国革命的现实。于是这里便存在一个概念的转化，即卢梭的民族民主国家，被留日知识分子的主流辨认和扩大为对内排满反满，唤起民族意识，对外则要确认中国作为一个新兴的民族国家的任务。孙中山也明确指出，反满之关键在于反对满清王朝背后的专制王权，民族革命需要和政治革命结合在一起，革命并非只针对满洲贵族，"就算汉人为君主，也不能不革命"[③]。

---

① 孙中山：《孙中山全集》第 2 卷，中华书局 1982 年版，第 48 页。

② 孙中山：《孙中山全集》第 9 卷，中华书局 1986 年版，第 189 页。

③ 孙中山：《三民主义与中国前途》，见《孙中山选集》（上册），人民出版社 1956 年版，第 75 页。

"故知革命之目的，非仅仅在于颠覆满洲而已，乃在于满洲颠覆以后，得从事于改造中国。依当时之趋向，民族方面，由一民族之专横宰制过渡于诸民族之平等结合。"①

有学者将汪精卫和孙中山所代表的留日知识分子的革命群体称作民族建国主义，以有别于梁启超的民族主义，评价他们的行为是将国民置换为"种族"的概念，是"削足适履式的民族主义"。梁启超在宣传伯伦知理的国家学时也认为族民和国民是同一概念，但是和汪精卫以及孙中山不同的是，他强调的族民是在大民族主义的基础上来构建的，他的国民和族民是一个共同抵御列强的形象。他在民族主义的论题上直接回应了民族国家的核心问题，对于种族间所谓窃权和夺权的现象或成因则存而不论。勒文林（Levenson，J. R.）在《梁启超与中国近代思想》一书中指出，梁启超的民族主义，"问题不在于中国与西方文明程度如何，而在于中国同西方国家的地位如何"②。即梁启超所强调的民族主义的实质是作为一个整体的中国与西方国家如何取得平等的问题。梁启超的民族主义观念也在后来影响了孙中山。③

梁启超提出的大民族主义的概念疏通了清末民初关于保国、保教、保种的争论，同时他还利用传统中国的理论资源，将"群"和"天下"等概念转变或化约为现代意义上的"国家"。他认为传统中国并无国民的概念，因此不是现代意义上的国家，而只是一个文化共同体，只有从今起采用民族国家的建构，才能够真正唤起民众救亡图存。这一观念也成为他提出新民说，通过改造国民性而成就现代国家的理论基础。他说："窃以为

---

① 孙中山：《中国国民党第一次全国代表大会宣言》，《孙中山全集》第9卷，中华书局1986年版，第114页。

② ［美］勒文林：《梁启超与中国近代思想》，刘伟等译，四川人民出版社1986年版，第5页。

③ 孙中山对民族主义的处理是由内而外的，他最先确立了反满排满作为民族主义的先声，前提是满洲贵族统治令中国人没有民权，丧失了民族思想，反满同时具有反专制王权和反帝国主义的内涵。但是在实践当中，孙中山逐步放弃了对反满革命的论证，他先是确定，我们要反对的是恨害汉人的满洲人，从而区分了反满和仇满，然后在辛亥革命胜利之后，当满清王朝彻底覆亡后，排满本身的历史使命已经完成，无须再用它来动员群众，孙中山的民族主义便开始走向了他所强调的第三个层面上的平等，即中华民国同其他国家之间的平等诉求。他的民族主义也就接近了梁启超所提倡的"大民族主义"。

我辈自今以往，所当努力者，惟保国而已，若种与教，非所亟也。”海通以前，中国知识分子所普遍持有的观点是以文化为疆界生成大一统的“天下”。“国”“种”“教”“皇”看似有所区分，实为同一文化概念而非政治上的实体。1896年的《〈说群〉序》中，梁启超尚引用康有为“以群为体，以变为用。斯二义立，虽千万年之天下可已”。以此来构建一个和天下相关的政治理想。在经过卢梭、进化论以及伯伦知理西方思想的冲击和洗礼之后，梁启超逐渐摆脱了康有为的天下观，他在《少年中国说》中，定义现代国家为“夫国也者，何物也？有土地，有人民，以居于其土地之人民，而治其所居之土地之事，自制法律而自守之；有主权，有服从，人人皆主权者，人人皆服从者”。他对现代国家的这一定义和前文卢梭对“祖国”的定义如出一辙，将国家理解为在某一个固定疆域上的，具体的人民和抽象的人民主权之间的必然联系。在群己关系上，梁启超动用了杨墨之辨，说“举中国皆杨”，“知有小己而不知有国群”，若以墨子的兼爱思想来加以纠偏，在能够达到群己关系的真正圆融。最后，在平等问题上，就个体之间的平等而论，并非绝对的人人平等就是理想社会，人类除了必要欲望之外，还对个人在群中的身份需要有所照应，即强调个人的群体地位。[①] 就国家间的平等而言，只有“强权”的发达才能最终导致人类的平等。[②] 而这种强权决定国家间关系的观点也正是卢梭在《社会契约论》中暗自预设过的。

如果说卢梭是法国乃至近代民族主义理论的创始人，那么“中国的卢梭”梁启超则堪称近代中国民族主义的奠基者。虽然二者都有对主权和国家关系的论证，但是梁启超的民族主义理论更多地来自对中国多民族问题和列强之祸的关切，卢梭的民族主义主要依据的是人民主权说，倡导在一个现代国家内部通过人人平等的人民主权来夯实民族国家的形象，而梁启超则倾向于从国家关系和现代国民的打造等层面来介入。

在卢梭平等观的传译者和阐释者中，梁启超的思想最为多变，他对卢梭的态度之变化也反映了清末民初思想界面对卢梭时，从革命的礼赞到学

① 此处参考了黄克武《梁启超的学术思想：以墨子学为中心之分析》，《中央研究院近代史研究所集刊》，1996年第26期，第41—90页。

② 梁启超：《自由书·论强权》，见《饮冰室合集·专集》第2册，中华书局1936年版。

理分析以及最终抛弃的全部过程。梁启超对卢梭的根本误会在于对“天赋人权”和自然法概念的生疏，与卢梭始终坚持理想和现实之间的思想建构相判别，他一直从“革命”的角度来理解卢梭，他对卢梭的赞颂和放弃皆来源于他对革命本身的接近和游离，他努力从现实需要出发来构建新的平等观。梁启超的平等观念中融合了卢梭及其日本阐释者，中国阳明学以及佛学的要义，由个人主义的动员而至国家主义的宣扬，最终导向了民族和国家的平等理论。梁启超的民族平等理论是他的平等观中最为突出和原创性的贡献，在日后也影响了孙中山民族平等理论的转变与改造。1912年秋，胡适在《留学日记》中写道：“梁任公为吾国革命第一大功臣，其功在革新吾国之思想界。十五年来，吾国人士所以稍知民族思想主义及世界大势者，皆梁氏之赐，此百喙所不能诬也。去年武汉革命，所以能一举而全国响应者，民族思想政治思想入人已深，故势如破竹耳。使无梁氏之笔，虽有百十孙中山、黄克强，岂能成功如此之速耶！近人诗‘文字收功日，全球革命时’，此二语惟梁氏可以当之无愧。”此段评述恰如其分地概括了梁启超民族理论的巨大贡献和深刻影响。

第七章

《社会契约论》译者及引申者的文本诠释

卢梭思想在清末民初思想界的引入和诠释过程中，被接受的文本主要是《社会契约论》。严复、梁启超以及孙中山等思想家和革命家对卢梭社会契约和平等观的阐释主要来自他人的翻译和阅读经验，“东洋卢梭”中江兆民、日本其他自由民权运动学者以及英美德等国的思想家是影响他们的来源；与此同时，在清末民初的思想界，也有中国知识分子试图从文本翻译的角度来理解卢梭的平等观，他们的来源既有卢梭的日译本，也有法文原本和英译本。这些知识分子的翻译和阐释也是一个非常重要的维度，原因在于他们对卢梭文本的把握真正来自著作本身，从而开启了思想界对卢梭平等观的学理分析。在《社会契约论》译者和阐释者的诠释过程中，集中体现了中国传统儒学、阳明学和进化论的观点，同时，以新文化运动为界限，文本的诠释也呈现出如下内在逻辑：从儒学的、激进的、反专制的宣传再进驻到学理分析和理性思考，从反“君”的一再强调再到对“君”的民主性解释直至对“公意”的现代传释。

第一节　杨廷栋本的平等阐释:反专制的檄文

一、杨廷栋本的语言和结构特征

之前已经论证过，中江兆民对平等和自由的片面化与现实化处理在很大程度上影响了清末民初的留日知识分子群体，也是平等自由观念在中国被现实化和放大化的外部原因之一。《民约译解》并非全本，而是将一个多面的卢梭浓缩为一个单面和现实的卢梭，它在中国造成的影响甚至比在本土还要深远。由于《民约译解》的广泛传播和社会影响，越来越多的中国学人和留学生意识到翻译全本以完整传达译本精神的必要。

在《民约译解》引入后不久，杨廷栋的《路索民约论》也应时诞生了，从1902年此书付梓到1918年马君武的译本出版以前，长达十数年的时间内，在中国流传的《社会契约论》全本唯有这一个，而这个时间段却正是中国由社会改良进而政治革命，由政治革命进而文化运动的蓬勃时期，它的传播符合了译者杨廷栋的期待，在当时也是不谙西文的中国学人获取卢梭思想的最为便捷的通道。和《民约译解》取自卢梭原文并以古代汉语组织译文，重在注解的形式不同，杨廷栋译本来自原田潜由英文译述而来的《民约论覆义》或《民约论复议》，在日本，原田潜译本和服部德译本都不如中江兆民的作品那么受人喜爱，它们多被认为“过于拘泥原文”。由于隔着几种文化和语言以及时空的距离，经此途径而翻译的《路索民约论》更有可能脱离卢梭的原意。此外，杨廷栋在《路索民约论》中已经开始使用和现代政治哲学语境较为接近的一些概念，语言也不再刻意追求形式的古雅工整，而是呈现出较为平实自然的风格。在目录安排上，通过与何兆武先生的《社会契约论》（以下简称何本）的比对，《路索民约论》（以下简称杨本）的目录已经完备，除了第一编第二章（何本中为第一卷第二章），杨本译作“家庭”而何本译作“原始社会”外，其他的目录翻译抛开语言的古今之分来看几乎相差无几。而杨本的第一编共九章和《民约译解》的全部九章，从标题而言，更是雷同，只有第五章和第七章标题略有差异（第五章，杨本为“论契约为立国之基”，中江本为“终不可不以约为国本”；第七章，杨本为“君主”，中江本为“君”）。

二、杨廷栋对“自由”的理解和阐释

《路索民约论》中，对“自由”的论证和《社会契约论》相比更为被动，自由来自对于某种外来束缚的解脱而非人主动的行为和追求。在卢梭的原本中，“人是生而自由的，但却无往不在枷锁之中”。人性的首要法则是“维护自身的生存”，人之自由萌发于人“可以自行判断维护自己生存的适当方法时，他就从此起成为自己的主人”[①]。在杨廷栋的译本中，则被先后改写为“人生天地之间，于事物之轻重，行为之取舍，皆不必假手他人。一唯我之所欲为。此所谓自由权也”。“要之人之盛业，以能自知生存之道为第一要义”[②]，对于自由的追寻从主动的维护变为被动的认识，而且人的自由在于“事物之轻重，行为之取舍，胥不仰给于人，一听己之所欲为”，自由体现为不仰仗别人的赐予，而且可以从心所欲地行为。

在面对卢梭由启蒙运动而来的富有积极抗争色彩的学说时，显然作为留日中国学人的杨廷栋在西方政治理论的研究上尚未有所准备，他对“自由”这样一个基本的政治哲学概念的理解仍然停留在中国古典文献对于心灵和行为的传统认识中，即自由是对外来的尤其是限制心神之枷锁的反抗，自由更多地在于对峙而非主动维护和干预，这种中国古典的自由阐释看似范围更为狭窄，但是一旦被开放，又比卢梭的自由理念拥有更广阔的边际，它甚至能够成为一种“己所欲为”的没有任何外源的对抗性力量的东西，这种阐释无疑就是随意甚至是危险的。

此外，《路索民约论》将“自由”作为民约论本身的全部理想，这一理解和中江兆民的《民约译解》相同。杨廷栋在初刻杂记中指出，此书“天下万世，自由不可没之公论在此也”。在第二章的论证中已经表明，卢梭的《社会契约论》实际上是由平等和自由观念交叠而成的一部著作，《民约译解》根据第一卷译出，在第一卷中其重点的确在于自由的诠释，但是若归结到《路索民约论》，我们却发现，即使杨廷栋译出了全本，却仍然仅以自由为主旨。原因可能在于两点，一是他所利用的原田潜的译本来自日本，当时日本自由民权运动的余波可能波及和影响到了原田潜，导致原田的译述中对于自由特别强调和重视；二是在杨廷栋的再翻译中，要照顾到清末民初社会的现实需要，在杨廷栋翻译此书时，清室新政尚在推行，革命并未彰显，独立的“平等”理念仍处于酝酿阶段，于是它便依

---

① ［法］卢梭：《社会契约论》，第5页。

② 杨廷栋：《路索民约论》，文明书局，清光绪二十八年（1902年），第一编第二章，第1页，以下同。

然在照顾和回应着和“平等”相比更为温和的“自由”的口号。

三、杨廷栋对“平等”的理解和阐释

卢梭在《社会契约论》中第一次提到“平等”是在第一卷第二章，他称，“每个人都生而自由、平等”，卢梭虽然在第一卷中暂时隐匿了平等的主旨，但也留下了论证的线索。但是在杨廷栋的相应译文中，丢失了“平等”，只剩下“所谓自主自由之权，皆我固有者也”。

杨廷栋第一次提到“平等”，是在第一编（卷）第四章开篇：

> 人皆平等，无贵贱上下之别，无从属他人之责，又无制驭他人之权利，然芸芸之众，不能无一人以统治之，而统治之者，既无借乎强力，则不外由于治人者，与治于人者之契约而已。①

与此形成对照的是，卢梭的原文中却是如此描述：“既然任何人对于自己的同类都没有任何天然的权威，既然强力并不能产生任何权利，于是便只剩下来约定才可以成为人间一切合法权威的基础。”②

无论是在“民贵君轻”，还是在“等贵贱，均贫富”等古代经典文献或起义目标的描述中，我们都能清晰地发现“贵”和“贱”标识着社会等级的端点，这是我们在等级社会中所难以避免的社会认同。卢梭所谈论的平等包括了经济、政治社会与道德等层面，贵贱只能切中其中之一。而且很显然，卢梭是在天然和天赋的基础上来形容人生而自由平等的理念，而杨廷栋的人皆平等则由于缺乏系统的自然法说明而显得牵强。

和卢梭一样，杨廷栋对自由和平等的关系描述集中体现在第二编（卷）第十一章：

> 国之所以立，人之所以生，必有至贵至重之物，以维其后。所谓至贵至重之物者，自由权与平等权是也。使一人身体，无自由之权，则一国身体，亦必无自由之权。可知，天下宁有是理欤？而自由权之

① 杨廷栋：《路索民约论》，第一编第四章，第5页。

② ［法］卢梭：《社会契约论》，第10页。

常保勿失，与道体不可须臾离者，又无可求平等之权以外。故自由权不可不重，而平等权又不可不贵。[①]

在上述文段中，杨廷栋将卢梭原文中的一切立法体系最终目的的全体最大幸福之“两大主要目标”翻译为至贵至重之物。卢梭原文中对自由和平等的处理是并行不悖，而杨廷栋的行文则显然偏向于自由，自由是与“道体”不可分离的力量，平等的作用在于保证自由处于可以被求得的状态，仿佛一切平等皆只因为自由而已，平等本身作为政治体系的终极目标意义无从得见。

在详细论述和定义平等的时候，杨本译文如下：

自由权之说，前言已详，今当更尽平等之权之说。所谓平等之权者，非富贵威望相同之谓也。虽有威望昭著、富贵兼隆之流，而威望不足以胜法律，富贵亦不足以贫贱他人。是故威望富贵之流，慎其所发，不得妄以盛气凌人；无力贫贱之徒，尤必戒其贪欲，不得自贬以仰他人鼻息。各适于道，皆可俛仰无怍，心神俱泰者矣，顾不康哉？

世人或曰，平等之权之说，不过纸上空谭，名虽甚美，而验诸实事，则廓然无当，岂其说又有未尽，而不足坚人信乎？余曰，否否，不然。平等权之不得验诸实事者，蠹国之害深焉已也。凡一事有弊，则避之唯恐不速，此为天下至庸之理。三尺童子，莫不知之也。而独于蠹国之害，则能多留一日，即为如天之福。呜呼，岂不谬哉？且夫千里之行，起于跬步，涓涓不止，终为江湖。今日有一弊，漠然置之，明日有一弊，漠然置之。于是他日弊窦丛生，通国之中，无复梦见公益之期，势必所趋，无可曲解者也。然则平等之权，既为天经地义，而犹欲以一国政治之力维其后者，盖有阻我之力在也。去此阻我之力，则非法律不可。夫平等与自由之说，道弥天地，咫闻孔见之夫，骇为奇谭，亦其素所习者然也，吾何责焉？

立国之道，自由平等之权以外无闻也。天下万国，失自由而无平等者，即不足以为善国。然而是说也，亦非可执一以论万也。国土不

① 杨廷栋：《路索民约论》，第二编第十一章，第20页。

同，所感斯殊。[①]

杨廷栋的这个阐释所使用的篇幅明显超出了原文中卢梭对于平等的勾勒。首先他对平等的定义仍未跳出自由的框架，以一种不得自贬仰人鼻息的风骨和心神安泰的思想状态来描绘卢梭那种具体的和有力量的政治平等精神。这种处理手段已经预示着在下文中杨廷栋很可能要脱离卢梭言说的西方现代政治理念的模型了，而实际上，自杨廷栋从“平等权之不得验诸实事者，蠹国之害深焉已也”一语开始便完全抛弃了卢梭的文本，他在接下来的论证中不惜引经据典地用“千里之行起于跬步”“涓涓细流成江湖”“天经地义”等来描述平等理念贯彻之难和其内在的合理性，他所使用的各种论证、习语和说理方式都让人感到我们不是在阅读卢梭，而是在阅读杨廷栋自己的政见。

与中江本以“众意”代称“公意”且始终不提“主权”不同，在杨本中，“公意”“私意”与“主权”等和何本完全一致的概念比比皆是。虽然杨本对于“公意”的使用不是在原来的语境下进行的，[②] 但是概念群的构建为当时的卢梭解读者们提供了对话的可能。

杨廷栋在《路索民约论》中多次以传统的“群”“己”来解说卢梭所提到的公共与个人的概念。其中“群”字意义较为多变，如“人之相聚而成群也，无如家族之群为最古”[③]，“驭群以术，而不可以惑至公至正之民”[④]。“至一国之人，不得其价于君，而群一国之人，为君之奴隶，则一国皆妄人也。”[⑤] “虽有高论奇说，亦与群涣无补者矣。”[⑥] 几个“群”字在何本中对应的译文分别是，“社会”“全国或全体”“国家”和“社会”。在杨本中已有专门的“国家”一词出现，“夫国家也者，集众人而为之，相守相望，各人权利，不相轻侮，而后国家之基于以成立，该国家

---

① 杨廷栋：《路索民约论》，第二编第十一章，第20—21页。

② 在何本和英文本中，公意（general will）的第一次出现是在第一卷第六章，但是在杨本中的对应段落，却与中江本类似，解说为“是故民约之旨，在各人举其身家权利合而为一，务取决于公理，以定治国之法”。见杨廷栋《路索民约论》，第一编第六章，第10页。

③ 杨廷栋：《路索民约论》，第一编第二章，第1页。

④ 同上书，第四编第一章，第1页。

⑤ 同上书，第一编第四章，第5页。

⑥ 同上书，第四编第一章，第1页。

之基，非由天然，而系人为之契约也”[1]。对应卢梭原本，“国家”在这个段落中并未出现，杨廷栋所说的国家极有可能是“社会秩序”。在杨廷栋看来，国家和社会是完全一致的，这两个概念没有经历过卢梭所描述的历史阶段上的差异。究其原因，杨本取材原田潜的意译本，几经转译，难免有相当的意译之处，在文字的处理上则是融合了翻译者的个人理解并以此为主。杨廷栋不加分辨地多次使用“群”一词来指代“社会”和“国家”，甚至是“全体”等多个概念，这在当时中国知识界来讲并非特例，而是一种惯常的做法。

对“君”的批判。在卢梭的《社会契约论》中，理想的构建是其主要目的，至少在行文中，他的刀锋从未指向任何具体的君王或现实的政治。但是在杨廷栋的翻译中，由于他在日本所接受的积极有为的革命理想，他将卢梭对从个人走向集体，从自然权利走向政治体制的这篇政治论文改写为对现存君主制度的批判。杨廷栋在《路索民约论》第一编（卷）第六章写道：

> 繄古以来，天灾人祸，流行不息。群天下之人，厄与暴君污吏者，数千百辈。夫天地生物，固无高卑之可别。历古既久，遂大悖其初心，并一人固有之权力，亦屈而不伸，是必有阻我之物在也。于此阻我之物，去之不竭其源，拔之不绝其本，则不特不能复我固有之权利，人类亦几于绝灭。为今之计，世人所孜孜不可少缓之。急务唯在变革事势，复我曩昔所失之权利，为世界之完人而已。
>
> 人欲复我固有之权利，不得不尽去阻我之物。然一人之力有限，以有限之力而当无穷之阻我之物，是犹蚍蜉而撼大树，事之不济，无待蓍龟矣。必也人人竭其能尽之力，集合一气，分而不散，誓尽去之而后已。前者方仆，后者踵至。所谓众志成城，必有偿我所欲之一日。语曰：“匹夫不可夺志也”，况芸芸者如此其众乎。舍是道也，有甘世为奴隶，用供人驱策而已。其谓犹他说，可去阻我之物者，非余所敢知矣。[2]

---

① 杨廷栋：《路索民约论》，第一编第一章，第1页。

② 同上书，第一编第六章，第3页。

由此，综合杨廷栋对自由与平等观念的理解和阐释，可以看到在《路索民约论》中，自由更重于平等。杨廷栋希望借助西学东来以慰国人，但他的思维和阐释方式在很大程度上仍是典型的中国儒家式思维。在很多段落中，他的翻译比中江兆民的译解更加不忠实于卢梭原文。卢梭极富有张力的政治哲学被杨廷栋有意导向为具有强大的针对性和指向性的政治宣言。有人认为，杨廷栋的《路索民约论》中对卢梭名字的译法是刻意为之，在此之前中国社会的常用译法是“卢骚”，杨廷栋却抛弃了这种常用译法，以“路索”代之，路索意味着对救国之路的探索，是杨廷栋眼中的精神符号和向导。由于杨译与卢梭有很大出入，有鉴于杨廷栋本人再翻译的目的，这本译作在某种程度上更像一篇反对清政府专制与暴政的政治檄文。①

第二节 刘师培的平等阐释:以儒解卢

一、《中国民约精义》中的平等观

1904年，刘师培与林獬合著《中国民约精义》，在序言中提到了当时国内所盛行的卢梭思想的载体，一为卢梭本人的《民约论》，一为杨廷栋的译本。

> 吾国学子知有“民约”二字者三年耳，大率据杨氏廷栋所译和本卢骚《民约论》以为言。顾卢氏《民约论》，于前世纪欧洲政界为有力之著作，吾国得此，乃仅仅于学界增一新名词，他者无有。②

刘师培道明了他对卢梭民约的理解来自杨廷栋的译本，杨廷栋的译本中充斥着大量对于传统儒家经义的援引和论证手法，因此杨廷栋所构建的卢梭和中江兆民笔下的卢梭没有本质性的区别，杨氏的卢梭是东洋卢梭的

① 韩伟华：《卢梭的中国面孔》，《中国社会科学报》2012年12月7日。

② 刘师培、林獬：《中国民约精义》，见《刘申叔先生遗书》，宁武南氏1936年校印本，序。

进一步激进阐释。刘师培继而从其中得到灵感，并在更加纯粹的中国传统思维中发展了“民约”一说，并提出了对自由和平等的新的见解。

> 而竺旧顽老，且以邪说目之，若以为吾国圣贤，从未有倡斯义者。暑天多暇，因搜国籍，得前圣曩哲言民约者若干篇，篇加后案，证以卢说，考其得失，阅月书成，都三卷，起上古讫近世，凡五万余言。癸卯十月，以稿付镜今主人，主人以今月付梓来索序。仲尼有言：“述而不作。”兹编之意，盖窃取焉叙中国民约精义。①

正如中江兆民曾言，所谓民权至理并非欧美专利，实际上早在中国的孟子和柳宗元便已经有类似的论述。中江兆民几乎全部根据《孟子》的语言和概念来译解卢梭，而刘师培则在《中国民约精义》中以“证以卢说”为目的，利用丰富的历史资料罗列出传统观念中与“民约”契合的章句，冠之以“中国民约”之名。刘师培此举在于证明我们的传统思想中其实不乏卢梭的民约理念，因此能够合理地导向理念的实践化。而在刘师培所走的这条路上，实际上潜藏着一个逻辑，即他所援引的民约精义中大多数是传统儒家学者的论述，他于是仍然在竭力地构建传统儒家观念与卢梭思想的桥接处，这就为卢梭戴上了儒家精神形象的面具。这种构建方式和中江兆民以及杨廷栋一样，都是殊途同归，这几位阐释者均意识到在当时所处的社会状态中，“革命”已经成为必然的趋势，而且他们也都支持、鼓吹甚至引领着思想上的革命，革命本身在他们看来与传统的儒家学说或者日本阳明学等是可以融合的。这种阐释方式是带着卢梭一起回归儒家传统，他们与严复和梁启超的回归是不一致的，他们的回归是强行织就其间的联系，根本目的在于用儒家经义来论证革命的合理性生长，严复、梁启超的回归则仍然强调传统具备更强的说明能力，可以降解卢梭思想所造成的影响。但无论如何，新文化运动发轫以前的中国学人至少能够在以下两点达成共识，其一是对儒家思想观念的尊重与再发掘，其二是倾向于从激进的一面来理解卢梭，使卢梭的平等观被认为是朝向现实的说明。

与当时许多不甚了解自然状态学说的晚清知识分子一样，刘师培对卢

① 刘师培、林獬：《中国民约精义》，序。

梭的思想有一个基本的误会：他认为卢梭对于自然状态和政治起源的分析是曾经真实存在的历史场景，卢梭所描述的自然状态与我们的远古初民时代并无区别。刘师培不仅模糊了卢梭学说中现实和理想的边界，而且他还有意在“民约精义”中将历史之境与现实之域相融合，使中国儒家传说中的黄金时代呈现一种仿佛实际的政治图景。他在《书》篇中说道：“三代之时为君民共主之时代，故《尚书》所载以民为国家之主体、以君为国家之客体，盖国家之建立，由国民凝结而成。”[①] 三代之说本来就是儒家一贯将理想寄托于过去社会的一种虚无设置，刘师培不仅接纳了卢梭的假说，还将这种假定性置换为真实性，甚至替换为我们的既有历史。他这种应然和实然相含混的做法当然不能确保他能够正确地获知卢梭的平等观，却在另一个维度开出了重新理解中国传统国家学说的可能。[②] 刘师培也正是在这样一种关系基础上来论证君民关系，他认为在应然状态下，君民关系是三代场景中的理想范型，但是在实然状态下，君却成为一切罪恶的渊薮，他的平等自由观即由此而发，即明确针对古代“君”的观念发论，他虽有意保存中国传统的精粹，但是他也旗帜鲜明地批判传统文化的缺陷，申斥君为臣纲的政治秩序，力图还原或说创造出一个新世界。在《中国民约精义》中，刘师培的平等观和自由观几乎处处由君民关系而发，具有极强烈的现实关怀，他在各篇中自由张弛，每每以民约论对比中国传统“民约”说，而且这种对比绝非完全以卢梭的民约为正确的范本，而是与中国传统相互参照，注重“民约”之于现实生活的宣传和利用。

1. 刘师培论平等

刘师培在《礼记·礼运》篇中尝试探讨了“平等”的实现形式，认为“近儒”声称大同世界即民主国，有一定的根据。然而就其实际运用而言，大道为公的说法与民约其实是不同的；就人性善恶而言，民约承认人心偏于“私爱”，人与己的界限不能骤然泯灭。相比而言，还是孟子的推恩而为仁更有实践性的意义，所谓大同说，仅仅是“孔门之理想”。

既然卢梭和孟子都在一定程度上承认了人性偏私的可能，因此卢梭的

---

① 刘师培、林獬：《中国民约精义》，卷一，第 2 页。

② 杨贞德：《从“完全之人”到“完全之平等”——刘师培的革命思想及其意涵》，《台大历史学报》2009 年第 44 期，第 93—152 页。

平等观也就不是倡导人性的“辐射”距离完全一致的墨子所讲的“兼爱”。虽然墨子的学说可能与西方的神权说最为接近，其“著书之旨则在于称天制君。《法仪篇》谓：‘爱人利人者天必福之，恶人贼人者天必祸之。’又谓：‘人无幼长贵贱皆天之臣。’”[①] 当然，就整个中国传统学说而论，墨子的平等可能是最为彻底的平等，“人君承天命以治国，则亦当爱民。其爱民也，亦当无所不用其爱。无所不用其爱即平等也，故大小平等、强弱平等、智愚平等、贵贱平等，无复压制与受压制之等差，然后可以为法”[②]。墨子对“君”的约束和对客观的“天”的寄托，正是西汉以前的儒者“保存”原始民约的努力，其中隐然含有宗教的精神和倾向，而且这种处理在卢梭的民约中也有相似的留痕，例如公民宗教的设置。并且，与孟子相比，墨子则是彻底拒绝了“君”的必要性，这和卢梭视君位为无足轻重的观点也是一致的，而这也正是“孟子之说所以不能尽美也”的深层原因。

此后，刘师培承接这一逻辑路线，随即讨论了中国“民约”史上几种具有代表性的平等观。

首先，刘师培厘清卢梭所讲的平等并非个人主义和利己主义的视角，而是以国家主义为宏旨和前提，例如“杨子此说（即‘君臣兼安，物我两利，古之道也。’——作者注）近于卢氏之平等，而其实不同。杨子之所持者，个人主义也，非国家主义也。……则杨朱利己之宗旨，其不合民约可知矣。宜孟子有以斥之也！”[③] 此外，在对杨子的批驳中，刘师培在卢梭的《民约》中还附加了一种献身天下的孟子式的正义观。他说：“杨子知不以天下奉一身，而不知当以一身利天下也。”[④] 显然，这种个人英雄主义的理念与卢梭的平等观念是不一致的，刘师培在解释卢梭的同时依然是精英的立场，于是他便不自觉地带入了传统士人的角色，而这种倾向在他的《中国民约精义》中也表露无遗。

其次，和阳明提倡的新四民说一样，刘师培对平等的理解也涉及了社

---

① 刘师培、林獬：《中国民约精义》，见《刘申叔先生遗书》，卷一，第18页。

② 同上。

③ 同上书，卷一，第16页。

④ 同上。

会分工，可能原因在于社会分工的再说明也是中国传统知识分子在面临社会变动的时候最容易诉诸的思想方案。但是和阳明学不自觉地免除了“君”的角色和身份，而仅在“民”的内部构成中强调重列位次的做法不同，刘师培将“君”也看作社会分工中的一个当然部分，并提出了对政治权力进行再分配的观点，这无疑是思想观念上的一次大变动。刘师培在《许行》篇中援引了孟子与许行的一段交锋。“贤者与民并耕而食，饔飧而治。今也滕有仓廪府库，则是厉民而得自养也，恶得贤?”（《孟子》引）[①] 战国时期的农学家许行倡导国君和百姓都应当一起躬身耕作，而孟子则持有不同的观点，孟子认为应当在治人者与治于人者之间作区分，有劳心者便有劳力者，这是“天下通义”。刘师培称：“许行之说近于民权，亦近于平等。彼孟子者，固亦以平等、民权为宗旨者也，何于许行之说竟斥之不遗余力乎？盖许行之说不独背于孟子，亦且大背乎卢氏者也。”[②] 和中江兆民及严复等人一致，在刘师培看来，孟子是典型的平等民权说的代言人，他和卢梭的观点和立场是相似的。许行对君民关系的阐述虽然看似平等，但是其核心却与孟子乃至与卢梭是相悖的。刘师培援引杨廷栋的《路索民约论》，说社会分工的实质在于，“使通国人民分任各事，而后以分任各事之人合为一国，亦不过如脔割童孩之说而已”（卷二第二章）。[③] 治理国家的根本在于“任事”，他紧接着借助严复翻译的《原富》说，分工中理财最为重要。许行的说法在分工兴起以前可能是适用的，但是并不适用于社会分工带来的文明制度确立之后的时期。此外，“《民约论》之言曰：‘若国中最下等之人民与国中最上等执政者之间无丝毫贵贱之殊，仅有人民，不立政府，不足以为国。’（卷三第十四章）则政府为立国之枢纽矣”[④]。根据《民约论》的初始观点，君民之间本无贵贱之分，政治权力来自政府而非君主。但许行学说中的君民同等说却在于防范君主逞一己之私，这和国家兴起与确立的过程是相反的，因为仓廪府库本来就是国家公共物品，不是君主的私人物品。再即，“《民约论》之言曰：‘所谓平

---

① 刘师培、林獬：《中国民约精义》，见《刘申叔先生遗书》，卷一，第23页。

② 同上书，第23—24页。

③ 同上书，第24页。

④ 同上。

等之权者，非富贵威望相同之谓也。’（卷二第十一章）”[①]，按照卢梭的定义来观察平等的实质，虽然统治者和被统治者之间其实并无截然的界限，但是从政治的现实来看，世界范围内的几乎所有政体都存在着“区分执事”的现象，然而许行的学说却接近无政府党人的论调，无政府党人的起源在于近世社会主义，“盖嫉贫富之不均而思所以革其弊，与许行嫉滕君厉民以自养者同一目的”[②]。彼时刘师培尚未因克鲁泡特金和托尔斯泰成为无政府主义的信奉者，他在《民约精义》中还特别指出无政府主义者的任意和虚妄的自由与真正自由的有限性之间的区分。因此无政府主义那种无视社会现实的虚幻和绝对的平等在他看来不能成为可被传播的理想。刘师培认为合理的君臣关系在于卢梭所讲的“君主为国家之一肢”，或者“君主者仅践立法者所定之范围”，或者更确切地说，“君主、人民云者，不过国人分合之释语而已”。[③] 因此，“君主、人民俱在法律之中，分属平等，本无所谓尊卑高下也。明乎君民平等之理，则爱民如子、事君如父之谬论可以破矣”[④]。

最后，平等之根源和实质在于性善。刘师培在孟子和阳明的性善论和良知说当中发掘了卢梭平等观的基础。“良知之说，出于孟子之性善。阳明言良知，而卢氏亦言性善。《民约论》不云乎‘人之好善出于天性，虽未结民约之前已然矣’？（卷二第六章）”[⑤] 刘师培将“天”这一客观存在推列为中西两种性善论的根据，指出既然人都出自“天”，那么人之中便不应该再分等级。民约当中称，人虽有强弱智愚的自然的不平等，但是一旦民约成立之后，法律便会忽略这种自然的不平等，这种说法和阳明的言论如出一辙：“阳明云：‘惟天下至圣为能聪明睿智，旧看何等元妙，今看来原是人人旧有的耳。’又云：‘惟天明其明德以亲民，故能以一身为天下。’又云：‘明德者，天命之性，灵昭不昧，而万理之所从出也。即《中庸》天命之谓性，《孟子》性善之旨。’盖阳明以善自为本性，故欲人

① 刘师培、林獬：《中国民约精义》，见《刘申叔先生遗书》，卷一，第 24 页。

② 同上书，卷一，第 25 页。

③ 同上书，卷三，第 14 页。

④ 同上。

⑤ 同上书，第 2 页。

人真得意欲之公，与宋儒陆子静相似。”① 按照杨贞德的说法，刘师培不仅为卢梭的平等观找到了中国的人性论根据，还进行了更加伦理化的处理。

此外，刘师培对平等的理解还集中于“平均”这一传统使命。虽然他也在《民约精义》中谈到了权利和义务等政治方面的新潮概念，但是从他对龚自珍的分析，我们也能洞见传统中国学人对“平均”思想的惯性依赖。他说：“龚氏既知上古之时君、民平等，又知君、民不平等由于各遂无利之谋，则其所谓平均者即定权利、义务之界限，使不相侵犯已耳。无如三代以后，平均之说无闻，利归一姓而害及万民，君、民之间竞争日作。龚氏因欲谋贵贱之均平，更筹贫富之划一（即有如‘贫相轧’一段是），其识卓哉！”② 贵贱均平的背后，始终是贫富的划一，他参考《平均篇》指出，“其始不过贫富不相齐之为之尔；小不相齐渐至大不相齐，大不相齐即至丧天下”③。贫富不均是一切社会问题的根源，而贫富的平等则是问题背后的全部理想。因此刘师培在卢梭民约中所看到的平等便缺少了其中一项最为重要的内容，即人们在社会契约的达成过程中，是以平等的政治地位和身份来订立契约，制定法律。刘师培所看到的“君民上下同受治于法律”，只观察到了民约全部过程中的一个表面现象，由于他对自然状态虚构性设定的不甚了解，他无法想象民约构成的这个重要的平等前提，这是他在平等观上的至大缺憾。

2. 刘师培的自由观

首先，自由以平等为目的，且人造自由胜于天然自由，它们的区别在于前者是有限的，后者则是无限的，它们分别代表着两种社会形态，即文明和野蛮。刘师培认为《庄子》一书以“贱视君主为主”，这种以君主为人民仆役的观点和民约论中君主代天下人而御的观点是一致的。然而从《胠箧篇》和《大宗师篇》中可以得知，庄子是以自然为宗，因此其根本目的在于废除人造自由而复归天然自由。刘师培引用了民约中天然自由和人造自由的对应段落，称“人造之世有因民约而有所失者，有因民约而

---

① 刘师培、林獬：《中国民约精义》，见《刘申叔先生遗书》，卷三，第 2 页。

② 同上书，第 23—24 页。

③ 同上书，第 23 页。

有所得者。所失者何？天然之自由，及吾心之所欲力得之者也；所谓无限之权力也。所得者何？则人造之自由，及吾人之所应有而他人不得侵之者也；所谓有限之权利也。据天然之自由，则强者益强、弱者益弱，而不能归于一。有人造之自由，则通国人民不分强弱而一心从公，保平等之利益"①。我们在社会契约缔结之后丧失的是随心所欲的无限的天然自由，得到的则是别人不能侵夺的有限的人造自由。刘师培在《中国民约精义》中数次强调，要明确自由的边界和空间，无限的自由和有限的自由分别对应野蛮世界与文明社会，这也正是许行和孟子所倡自由的分歧点；所以卢梭的自由应当是以人造自由为主，而且所有的自由都朝向一个目的，即公众的平等利益，为此自由最终导向平等。刘师培虽然忽略了自由达成也需要平等作为基本前提条件，但是他仍然坚持了传统理想社会的平等特质。

其次，自由之中的个人化意义被取消，自由仅仅是围绕"国"而立论。刘师培认为在杨子之自由观中"'存我为贵'即保存一己之自由也……而不知合群之即由利己而生"②。这种观点与卢梭的民约是相悖的，民约以"保生存为非"，其理据在于"卷一第六章云：'或谓人之生也，以能自保生存为第一要义，今举有限之力为国而竭，则无论以谋一己之生、抑人逆天行而酿他变也。'卢氏斥之不遗余力"③。但是当我们返回到卢梭的原文，卷一第六章以"社会公约"为题旨，卢梭从来没有不遗余力地否认过人的自我保存需要。相反，卢梭援引自然状态的目的在于赋予人的天然自由的独立存在以一种合理性，人的本性就是自我保存。只是在自然状态之下，个人的一己之力可能对自我保存构成一定困难，由此我们呼唤公共权威的诞生以确保自我保存的最终实现。为此，自我保存非但不能构成对公意或社会契约的批评，而且它在根本上是我们理解公意的起点和终点。刘师培从杨廷栋的译本中出发，走向了更深的歧路，在刘师培和杨廷栋二人看来，民约的实现托付于国家而不是人民，自我保存的基本需要成为能够被拒绝的建构要素，他们理解的自由和平等归结到最后皆缺乏了人民的丰满血肉，而这也是其精英主义立场的自然发展。

---

① 刘师培、林獬：《中国民约精义》，见《刘申叔先生遗书》，卷一，第38页。

② 同上书，第16页。

③ 同上。

最后，如果要尊重自由的个人特质，那么这种个人特质在于自由的自我体察和认识，而刘师培很清晰地表达了这一重意思，并首创性地将自由和“良知”等同，他说：“卢氏以弃其自由权即弃其所以为人之具，故保持自由权，斯乃人生之一大责任，（《民约论》卷一第四章云：‘人之暴弃自由权者，即弃其天与之明德，而自外生成也。夫是之谓自暴自弃。’）皆以自由为秉于生初。盖自由权秉于天，良知亦秉于天；自由无所凭借，良知亦无所凭借。则谓良知即自由权可也。阳明著书虽未发明民权之理，然即良知之说推之，可得平等、自由之精理。今欲振中国之学风，其惟发明良知之说乎！”① 良知同自由一样，皆来自“天”，无所凭借，而且最重要的是，如同自由是人的自我责任，人认识和保存自由的过程就是人之为人的过程，良知也具备学习、认识和实现的多重功能。刘师培从各种中国传统自由概念中拣选出“良知”与卢梭所讲的“自由”相参照，并得出结论称，阳明因为良知论而开出了平等自由的精理，因此良知论可以作为振作学风，导向民权的一条通道。刘师培的这个发现正印证了卢梭的平等自由观和民权论在深受阳明学熏陶的日本得到发扬的历史现实。

就刘师培的个人立场而论，他在《中国民约精义》中虽然对孟子的“不彻底性”有一定的反思，但实际上孟子的君民关系说和民约说却是他借以评判中国其他民约传统的一把标尺。他突出了孟子思想中“成仁”的一面，一直尝试以现实的中国境况来理解和表达卢梭的平等观念，并有意识地将矛头完全瞄准了专制主义的代表——“君”，似乎只要革除“君”的角色，中国的平等问题和其他问题就能够立即得到一个完美的解决，这也是当时社会思潮的一种显著的倾向，刘师培的努力在于将其更加地集中和激化。在刘师培作《中国民约精义》的时候，他的无政府主义立场尚未成型，这使他能够以国家、民族和政府等政治絮语来进行破坏专制政体的宣传。他的《中国民约精义》本身就充满了平等和自由的中国式理解，而其中很多理解来自根深蒂固的儒家文化，以儒解卢是东洋卢梭和晚清中国学人特别擅长使用的视角，然而其中隐藏了许多难以逾越的障碍和交错的矛盾，例如，卢梭的理想主义态度被利用为极其现实化的政治手段，卢梭的政治与道德皆有的国家和社会观念被阐释为完全伦理意义上

---

① 刘师培、林獬：《中国民约精义》，见《刘申叔先生遗书》，卷三，第2—3页。

的国度，卢梭对个人自我保存的古典式尊重被整体的国家所覆盖，如此等等，不一而足。这些障碍和矛盾在辛亥革命和新文化运动以前被革命的单一热情所压制，并集中约束为对“君”和其所代表的整个专制社会的申斥。

二、“完全之平等”

但实际上，刘师培可能比这种表面的社会思潮走得更远。在辛亥革命之前，刘师培已经从西欧文化的强兵武功中嗅到了所谓模范政治革命的腐朽气息，他从非议“君”逐步走向了否定一切有阶级的政府的存在，这就是他在1907年的《无政府主义之平等观》一文中所提出的，建立“完全之平等”的破除了一切阶级社会及分业社会的幸福的人类社会。这篇文章不仅回应了卢梭的平等与自由之间的二重关系，而且还提出了另一个可以与之并驾齐驱的概念：“独立”。他说：“独立权者，所以维持平等之权者也。惟过用其自由之权，则与他人使自由生冲突，与人类平等之旨，或相背驰，故欲维持人类平等之权，宁限制个人之自由权。此吾人立说之本旨也。”[①] 独立可以和自由共同保证个人本位的考量，同时也可以和平等放在一起，使平等得以实现。一言以蔽之，独立确保我们可以在平等与自由之间寻求中道与平衡。从独立延伸出去，可以想见刘师培的苦心，个人独立和国家的独立视为同然，在学习西欧的同时，独立的思考和路径可能会帮助当时的中国人找到更加适合的改造方式。从这个角度来说，《无政府主义之平等观》便比《中国民约精义》稍进，它汲取了卢梭平等观“平等”之天然合法性的论证，将平等推向了彻底的权利与义务对等。高瑞泉认为，无政府主义者刘师培对平等的渲染和追求盖过了其他以平等主义为理念的社会理论，例如自由主义和社会主义。在刘师培最后得到的平等观念中，平等成为一切权利的核心和根本，自由与独立都必须臣服于这个原则，为了平等，我们甚至可以牺牲独立和自由。而这显然是孟子和卢梭都不会同意的。换言之，刘师培之前的悉心论证和之后的剧烈转变正是卢梭平等观在中国现实化的一大理据，从儒化的卢梭到独立的卢梭，甚至

---

① 刘师培：《无政府主义之平等观》，见钱锺书主编《刘师培辛亥前文选》，生活·读书·新知三联书店1998年版，第116页。

再到抛弃卢梭，寻找中国和世界的平等实现形式，这是刘师培的平等观进路。

第三节 马君武本的平等阐释：进化主义视角下的帝民说

一、马君武本的特征

第一章业已说明，马君武的译本是第一个从西方文本翻译而来的社会契约论，他不仅还原到法文原著，而且借鉴了英译本，马本中已经很难再看到中江兆民《民约译解》的痕迹。译本发表于1918年，其时辛亥革命已经推翻了清王朝，框架模式上的民主共和国已然建立。作为工学博士的马君武所完成的这个“足本”民约，就其所担负的使命而言可谓是清末民初社会出现的几个译本中最为“轻松”的，它不必特别将卢梭的整个学说扭向革命的一面。同时，它所要面对处理的是新文化运动中的社会思潮，因此这个译本一方面符合新文化运动的时代特质，其语言风格更加晓畅简明，其中凡有人名出现，皆引原文作辅证，行文几近现代汉语；另一方面，该译本中的个人自由的理念终于浮现出来，在既有译本中曾被隐匿的卢梭对于个人自由和平等的论证也在马君武本中有所体现。

二、马君武论自由与平等

与中江兆民和杨廷栋相比，马君武在译本中对自由的类型划分更贴近当代政治术语，他改中江的“天命之自由”为“天然自由”，“人义之自由”为“人治之自由”，“心之自由”为“道德自由”。

> 人类因民约失其天然及其无限制之权利，而所得者为人治之自由及确定之财产。天然自由，惟以个人之权力为制限，人治自由，则以公众意思为制限，又天然之夺有权，为强力及其最初占据之结果。人治界之财产，则以确定之文件为根据。
>
> 人治之世所得者，除上所述之外，尚有道德之自由。人类得此，乃实为一己之主，人因形气驱使，为奴隶之事，服从自己所定之法

律，乃为自由。[1]

从语义上来说，马君武的自由分类与现代文本和语境更融洽一致，他的翻译和卢梭的原文几乎如出一辙，只有在某些细节的处理上仍然能看到作为民国学人的清醒与自觉，例如卢梭的“个人的力量”被他阐述为“个人之权力”，卢梭的“公意”被他理解为“公众意思”，卢梭的“嗜欲的冲动”被他翻译为“形气驱使”，所以对于卢梭的描述，马君武在文本中便体现出一种较为偏向政治的和现实的，以及更加生活化的和晚明阳明学形气观念的倾向。但是总的来说，马君武理解的卢梭是将人之自由看作人之本质，他们都认为自由实际上是理性人的道德自由。例如马君武的《自由原理译序》便以密尔（穆勒）的“《自由原理》为元本”，依据密尔对自由作了详细的分类和论述，其中所提到的“主治者与人民同一”“不能用强力压制”和“童子无自由”等说，与卢梭的思想可以相互参照和印证。

在翻译第一卷第二章“最初社会”时，马君武革除了中江兆民、杨廷栋以及刘师培等人对于君的抗争，准确地还原了卢梭思想中原本就仅仅是理论设计的说法，例如“家族为政治社会之最初模型，主政者即父也，人民即诸儿也。人民生于自由平等，为自己利益之故，乃放弃其自由”。

在第一卷第四章，马君武把握了卢梭以自由来定义人之本质的原意，他说“剥夺一人之自由，无异剥夺其人之本质，即剥夺人类之权利及义务，此外更无物可以补偿之。是不与人之本性相合。盖失去意思之自由，即失去行为之一切道德也”。若有所不足，那仅在于他将卢梭所讲的意志（will）阐释为“意思”，从词源和词汇本身的定义而言，在现代语境下意志是比意思更为强烈和更具有针对性的伦理学概念，“意思”的边界则较为含糊。但是在马君武所处的社会背景下，就“意思”而解“意志”很可能已经是比较适合当时文化环境的选择。这一点在马君武对公意的理解中还将得到进一步的考察。

至于对“平等”的解释，杨本和马本都已经不再用“均”来诠释“平等”，但是杨本对平等和自由几乎不做学理性阐述，偏离卢梭本书，

---

① 马君武：《足本卢骚民约论》，中华书局1918年版，第19页。

且用意相差甚远，马本的翻译则远胜另外两个文本。马君武本人便是平等观念的提倡者和践行者，他曾在《斯宾塞女权篇》中倡导男女平权，说“人莫不有平等之自由（Equal freedom）”；“与以生命，即与以幸福及自由”；“以平等之自由原理，可断一切事理之是非。欲决命令之合理否，以平等之自由决之已可矣。盖一人出令使多人从之，则一人得自由，众人失其自由，于是自由不平等矣。由此推验，吾可断定命令之背公理也”。①

在第二卷第十一章的翻译中，马君武概述了自由和平等的关系，以其为最良的立法各系之目的，“自由非平等不能维持，故须平等”。

总而言之，在1919年以前所出现的各个译本中，马君武的翻译最为贴近卢梭的原文。虽然他在某些思想观念的把握上侧重于从非常事功的角度来阐释卢梭，但是正是自马君武起，阐释卢梭从原本出发成为与日本道路分道扬镳的标杆，他围绕着卢梭的自由平等理念，构建了客观和学理分析的道路，即使他对于自由与人的本质，对于自然法原理所勾连的自由平等理念，对于社会契约的具体原理只做到了尽量忠实地翻译而不是进入法国以及西方政治的大环境中去加以理解，然而他的理解却在另一个方面启迪了中国平等观念的塑型，即学理上的现实主义模型。这与马君武本人的观念转变也是共生的，他自儒学青年而为维新志士，然后进至革命的马前卒和民众的教育家，民族的苦难和希望皆被他融入笔端，付诸实践：只有推翻君主专制，实行民主共和，才能挽救中国。为了宣传革命思想，他借甘必大之口说：“杀爱国者，非国之福。谁则不知杀爱国之人乃危国，乃国之罪人。”“我敢信我国家终有人道复明之一日，终有人人平等之一日，终有人人自由之一日！”平等和自由也是国家“人道复明”之后的理想写照。在新文化运动的洗礼中，他和一般意义上那些绝对否定传统儒家和打倒孔家店的思想者不同，但是他也不完全认同新儒家在新文化运动中固守孔门思想的做法，马君武所秉持的是一种“自宜中西并重，取其菁华，弃其糟粕，而融化之”的认识态度。换言之，他对卢梭平等自由理念的阐释并未在儒家的概念和语境下进行，从他的译作、思想和行动判断，他在大体上是一名进化论者，信奉达尔文的进化主义和斯宾塞的“社会有

① 马君武：《帝民说》，见莫世祥编《马君武集》，华中师范大学出版社2011年版，第20页。

机体说”，因此他对卢梭的解释隐含有导向进步的目的，他的平等和自由距离“革命”稍远，和传统儒家的思想中也存在某种紧张，即平等和自由属于某种新颖的解释手段，和当时的思想潮流具有内在联系，它们有别于也不应该在传统儒家的理论背景下来被理解和传递。

保皇与新民均为君主立宪的方案之选，但新民说更尚自由平等和博爱的所谓“国民精神”，马君武与梁启超交往甚笃，发言“欲改革中国，则必自改革中国之道德始”，与梁说并驰。

在马君武的视野中，民主与共和是完全同一和不相区分的，它们共同构成了和君主制度的对抗。但是卢梭则一直对民主和共和有着不同的理解。卢梭认为“凡实行法治的国家——无论它的行政形式如何——我就称之为共和国；因为唯有在这里才是公共利益在统治着……一切合法的政府都是共和制的”[①]。因此共和在卢梭看来不是政体而是精神实质。民主则应归属于政体一类，卢梭更偏爱直接民主，并指出直接民主更适用于小国家，民主绝非永恒地正义，如果政府滥用职权，它照样会蜕化为群氓制。尽管对群氓制有所防备，在卢梭的理论体系中还是潜藏着无法规避的风险，即如何防止“多数人的暴政”。公意虽然完美，但是由于其抽象性和不可操作性，在实践中往往堕落为多数人的意见，共和代表着法律制度，当法律体系无法抗衡多数人意见的时候，共和就与民主产生了巨大的冲突。马君武反对卢梭所倡导的直接民主，但是他反对的理由仅仅出于政体的不合时宜，[②] 并未意识到其中隐含的民主和共和之间的危机。其次，在卢梭对公意的设计中，公意就是基于理性人的有道德含义的自然法，自然与约定是启蒙时代的卢梭所面临的真实问题。在马君武的译本中，由于对以上两点情况的晦暗不明，公意的理解便于卢梭的本意有了很大的不同。马君武在《足本卢骚民约论》中多处用“个别意思”和“公众意思”分别代表“个别意志”与“公意”，如第一卷第七章，第二卷第三、四章，第三卷第一、二章。“意思”和“意志”一为文字表述，一为人类本质，其意义绝不能混淆，马君武的处理过于简单。如果说这只是遣词上面的问题，那么用“公益”直接来代替“公意”便更是曲解了元本，在

---

① ［法］卢梭：《社会契约论》，第48页。

② 此处参考了张晓溪《启蒙与醒世——马君武足本卢骚民约论研究》，第90页。

第二卷第四章，关于“主权之界限”，何本是：“正是这种权力，当其受公意所指导时，如上所述，就获得了主权这个名称。”[①] 而马本为“此权当受公益指导之时，名主权”[②]。虽然卢梭也提到过，公意永远以公共利益为依归，但是作为抽象精神体的公意和具体而微的公益却是无法混用的。马君武无法体察卢梭原著中对公意的形上本质的表述，对于具体政治实践层面中公意形成和执行的条件则传达精准（例如，公意的缔结需要各个平等主体的自由表达等），这也和马君武本人激进的诠释角度及强调西方学的实用性的时代背景有着密不可分的联系。

三、帝民说

主权在民这一名词“发源极远，而卢骚最详阐之”。虽在西方已为陈腐之学理，但是“今东方诸国，沟犹瞀儒……将信将疑，舌咋目眩”[③]。Sovereign - People 这个概念无人能够详述阐明，却恰恰是卢梭学说的精华，马君武创“帝民”一词对译之，“帝权为个人之总体，个人为帝权之分子，故人民即帝王，帝王即人民，不可离也”[④]。“卢梭著《民约论》，倡帝民之说，以为国家之活力，当以人民之公意直接运动之，而图普社会之公益。帝权者，由人民而后有，人民所不可自放弃者也。帝权即主权也。”[⑤]“公意”被马君武解析为“公益”，帝权实为主权。帝民说的渊源实际上来自希腊柏拉图、亚里士多德遗说和希腊古制的影响。希腊罗马制度中，国家为重，个人为轻。帝民说发轫自柏拉图，但柏拉图的共产制度高远不可实行，亚里士多德的政治学则根基于纯正科学归诸实际，政治和道德相分离，注意到了人性结构中私欲和理性，私利和合群的矛盾，政治集合虽然是天然之势，也有一个最初的开始。立国和“结公司”不同，后者可以随意分散，后者则不然。柏拉图以身体之说比拟理想国度，亚里士多德则划分了三种政体。“民主建国之基，在使人人平等，而重各个人之自由。人人可被选举为国之主治者，主治者管制被治者，被治者亦管制

① ［法］卢梭：《社会契约论》，第 37 页。

② 马君武：《足本卢骚民约论》，第 28 页。

③ 马君武：《帝民说》，见《马君武集》，第 207 页。

④ 同上。

⑤ 同上书，第 208 页。

主治者，而人民永宁矣。”[①] 亚里士多德的学说其实和帝民说是一致的，但是他以中等贵族为主治者，意义褊狭。马君武认为公民中的多数才是国家主治的合法主体。在今天看来，马君武的译法也并未精确地传达 sovereign - people 的意涵，但却适用于有两千多年专制历史的当时中国，普罗大众不能理解何为主权，对于最高的权威“帝”的概念却能很好地消化，中间需要的只是将作为个体的“帝”和作为整体的“民”做一个语词的转换即可。

第四节 张奚若的平等阐释:自然法和公意

一、以卢梭解释卢梭

张奚若在《社约论考》中详细辨明了天然自由和社会自由的区别，前者多而不稳，后者少而可靠；前者受情欲驱使，后者受道德指挥，一为假自由，一为真自由。在张奚若的判断中，道德的自由隐匿在社会自由之中，未构成与另外两种自由相独立而成的概念。张奚若认为卢梭的《社会契约论》及其全部政治哲学的最重要的纲领就是自由、平等和人民主权。

与以往的民约译者和阐释者相比，张奚若更注重自然法在卢梭思想中的特殊地位。他指出提出严复的《民约平议》和章士钊的辩驳都只是“以当时国中实在政象为目标，非欲穷探哲理作学术上有统系之讨论也”[②]，清醒地意识到了严章论战的实质是立宪与共和之争。而他本人则试图从社约的历史源流入手来探明卢梭的学术思想是否真确。《社约论考》从自然法、社会契约论的发生和发展史出发，对公意和众意的概念进行了解读：“卢梭曰：主权者公意也。何为公意？曰：以社会功利为目的之意也，其仅以私利为目的者，虽多不为公意。前者是以公利公益为怀，为人人同有之意；后者以私利私益为怀，为彼此不同之意。”[③] 公意

---

① 马君武：《帝民说》，见《马君武集》，第209页。

② 张奚若：《庄约论考（节选）》，见袁贺、谈火生主编《百年卢梭——卢梭在中国》，第91页。

③ 同上书，第110页。

可以用公利公益来阐释，却不能用后者来置换，这种阐释接近了卢梭的原意，比之中江、马君武等人的混为一体有了极大的改善。

此外，张奚若在时间上提出了希腊和“中世纪”（张所谓中世纪是17世纪和18世纪，从行文上来看大概所指我们今天所谓的启蒙时代——笔者注）的社约有所不同，希腊的社约是个人与个人缔结而为政府，“中世纪”则是人民与政府相约，前者可称为社约，后者其实应该是政约，皆因社约的说法比较常见，因此以社约作为统称。他在注中提到，中国旧译的民约，照此看来仅能指涉政约，而不能涵盖社约，“以民字代社字，有失原文人与人相约共同生活于社会之上之意，约之目的为创造社会，非仅为民也”[①]。社约、民约与政约的界定，道明了卢梭社会契约论的实质和目的。已经有学者指出，卢梭本人实际上并未详细区分国家与社会的界限，社会契约论也可以被称作国家契约论，它所描述的是如何建立一个人民同意的理想国度，由于公意概念的提出，这个国家便得以实现和可能，也由于公意概念的单一和纯粹，这个国家也就是具有道德内涵的社会。

张奚若主要以卢梭解卢梭，就卢梭文本分析其中的个人和国家的关系。他认为，自小处和特殊条文看，法国的《人权宣言》与卢梭是不合或冲突的，但是自大处和整个精神来看是完全一致的。他赞成伏汉所提的，卢梭对法国革命的影响在于“自由平等之宣传，不在宪法条文之提倡”。但就具体条文来说，二者则颇多冲突，例如卢梭认为个人在国家面前不能保留任何权利而应该是毫无保留地将自己交托给集体，而《人权宣言》却是要限制国家，卢梭的国家不受任何一种根本大法的制约，这是人民的国家，人民即主权者，即国家，国家不能伤害人民，同个人不能伤害自己是一样的道理。[②] 张奚若引用第一卷第七章中某段：“主权者既然只能由组成主权者的各个人所组成，所以主权者就没有、而且也不能有与他们的理由相反的任何利益；因此，主权权力就无需对于臣民提供任何保证，因为共同体不可能想要损害它的全体成员；而且我们以后还可以看

① 张奚若：《社约论考（节选）》，见袁贺、谈火生主编《百年卢梭——卢梭在中国》，第93页。

② 张奚若：《法国人权宣言的来源问题（节选）》，见袁贺、谈火生主编《百年卢梭——卢梭在中国》，第120—123页。

到，共同体也不可能损害任何个别的人。"[①] 张奚若认为这就是《社会契约论》的根本注脚。

二、对卢梭的学理分析

张奚若第一次以算术的方式表明，公意蕴含于每个私意之中，而众意仅仅是所有私意的算术和。他在《社约论考》中说："公意是以公利公益为怀，乃人人同共之意。如甲之意 = a + b + c，乙之意 = a + d + e，丙之意 = a + x + y。所以公意 = a。而众意则是以私利私益为怀，为彼此不同之意。因此众意 = a + b + c + d + e + x + y。所以公意是私意之差，而众意是私意之合。" 对于第一卷第六章的部分内容，张奚若根据法文译作"联合之举，于多数个人人格之处，造一单一的道德集合体。此道德集合体所含组合分子之数，恰与集合者之人数相等。且此道德集合体，由此同一联合举动而得其单体，得其公我，得其生命，得其意志"[②]。并以"公人"（personnel publique）指称何本的"公共人格"。"公我""公人""生命""意志"等阐释均与何本别无二致。

以往的民约研读者们虽已察知在卢梭与霍布斯和洛克之间存在着理论的承递关系，但除严复曾在《民约平议》中有过片论，其他学者多限于泛论，未曾深入展开。张奚若则专章详细论明了霍布斯和洛克与卢梭学说的共通与相异之处，对卢梭的社约进行了学理的证明。张奚若回到三者立论的原点，即自然境和自然法至于社约和主权，卢梭的自然境与前二者均不相同，霍布斯失之太野，洛克失之太文，原人社会既不是道德的，又不是不道德的，而是非道德的。社约论的题旨就是要解决人生而自由又不得自由的谜题。在卢梭而言，自然法被称作理性法更为适当，因为自然境中的人浑浑噩噩，没有善恶观念，自然法是理性的判断或道德的观念，并随着时代而变化，自然法是人类道德进化的"反照"。在社约的缔结过程中，霍布斯只需多数同意即可，卢梭却要求全部人的同意。在主权论上，卢梭所持的政府介于主权与人民之间的论调，以及公意与众意的区别，极

---

① 张奚若在此处引用的是法文原著，中文由笔者引自何兆武译《社会契约论》，第 23 页。

② 张奚若：《社约论考（节选）》，见袁贺、谈火生主编《百年卢梭——卢梭在中国》，第 108 页。

有可能导致私意潜窃公意的隐患，但是卢梭亦有相应的设防之道，即主权仅限于立法和定期的自由集会与投票解决。

作为五四时期的知识分子，张奚若通过对公意的科学描述，以对自然法的深入探析在学理上详细阐明了卢梭社会契约论的思想。同时，他对社会契约论的阐发仍在最后聚焦于中国的实际问题，并将其简单化为道德的问题，他认定，卢梭的社会契约论“一言道德，则个人尊严之人格与权利，不应自暴自弃，任操政权者剥夺以去也。吾尝谓中国今日政府横恶不法，实一道德问题，其意以此”①。仿佛只要解决了道德的困境，重塑了个人，便能够使政府清明守法。就他的观点而论，如果追溯至道德的背后，则是个人的自由。张奚若显然从未放弃使用儒学传统来理解自由的资源，他提出，个人便是宇宙的中心、基础和归宿。“一个人的良心为判断政治上是非之最终标准却毫无疑义是它的最大优点，是它的最高价值。个人的良心固然不见得一定是对的，但是经验告诉我们比它更对更可靠的标准是没有的。”② 个人的良知因而得以成为判断政治正确的最可靠的标准。这种说法同时容纳了卢梭的良心和阳明的良知传统，使他曾经进行的学理分析仍然滞纳于儒学理论的背景下。

“东洋卢梭”、严复、梁启超、卢梭译本的中译者和阐释者们都采纳与儒家、阳明学相似的语境或借用儒家经义的概念来解释卢梭，试图令卢梭“儒学化”，以取得较强的解释力，而这种努力被证明是有效的。原因在于中国传统儒家思想在认识论和人性论上与作为西方启蒙思想之别成一系的卢梭都有共通之处。其中还蕴含了另一种题中之意，即在某种新观念被合法化地介绍和介入以前，它首先是赢得了精英们的首肯和认同，而在精英们对它试图进行传播的过程中，又离不开精英的思想观念所被锻造的熔炉，他们希望将这种新观念也投入到熔炉中去，使它至少在外表上看起来是合法和合理的，这种努力体现在卢梭平等观的传播中，就是卢梭在新文化运动以前的种种被纳入“儒家”场域的说明。但是其中必然蕴含着极大的紧张关系，即精英们一方面试图将它阐释为与旧有秩序相容的合法

---

① 张奚若：《社约论考》，商务印书馆民国二十二年（1933 年）版，第 56 页。

② 张奚若：《国民人格之培养》，见孙敦恒等选编《张奚若文集》，清华大学出版社 1989 年版，第 356—357 页。

观念，另一方面精英们又试图将这种观念理解为社会改造或社会革命的动力甚或是本质。在新文化运动以后，这种紧张关系终于破裂，激进的社会改造掉头对准儒家文化，以其为靶心，儒家文化迅速成为了妨碍“进步”的对立面。实际上，与社会改造相比，文化观念的改造是更彻底的革命，“变教”的呼声挣脱其母体，呼啸奔腾着朝向完全的西化路线进发。卢梭的平等观也不再如同甫入中国之际那样微弱和需要更为根深蒂固的观念从旁协助，它开始生长为具有自身逻辑的平等观念，以一种中国平等精神的新形象崭露头角。儒学化的卢梭平等观曾因为其儒学化的背景受到了激进主义的刺激，倾向于将自由阐释为平等之一翼，以公的道德优先性来宣扬公意的可靠，用古代民主的观念来通诠人民主权，诸种努力的结果便是卢梭的平等观成为与现实接轨的倾向于政治权利的革命和改造，当它一旦被现实所激化和发酵，便形成了更具有包容性的集国家、社会、民族乃至世界于一体的更泛化的中国的平等观，五四之后孙中山通过“三民主义”搭建的“争平等”的论述正体现了这一特质。

第八章

平等的所以然之根据

平等观念的差异、外在东洋路径的接引、卢梭在清末民初思想界的引入和诠释从社会思想史的层面分析了卢梭平等观的中国进路之可能性，论证了阳明学、传统儒学、其他社会思潮和历史现实在其中所起的催化或决定性作用。然而这种分析的视角仅以社会变革和思想流变作为根据，依然停留在外部的诠释，如果深入卢梭思想与阳明学和传统儒学的内核，将看到其身后更为深厚和宏大的儒学精神与卢梭在本体论、认识论、人性论和国家观、历史观上的契合与差异。它们的契合将更进一步地说明在西方启蒙思想和现代性的转接上，为什么卢梭的平等观能够迅速进入清末民初的等级社会，为什么能够在当时发挥如此巨大的作用，并产生了绵延不绝的余波，而它们的差异也说明了为什么卢梭的平等观会在清末民初思想界被误解、加工和改造。

第一节 “自然”与“天”：元概念的误用

观念的差值体现在具体的诠释和翻译中即是对若干重要概念的有意或无意曲解。其中，卢梭的“自然”和儒家的“天”就是认识论运用中必须遭遇的“元概念”，它们本应在各自的本体论体系中领有独立的位置，不能实现互译，却在《社会契约论》和《论不平等》等著作中屡屡被作者通用，由这两个可以生发概念的元概念出发，便有可能造成“平等”在清末民初的变题。

事实上，卢梭对于“自然”的论证和依赖与十七八世纪古典自由主义对于社会契约的推导几乎源于同样的理论背景：古典自由主义自霍布斯始，从自然出发，以自然状态的假设为突破口，假设人性的发展路径，推演社会契约的雏形，用来解答从个别的人走向国家的进程中所凸显出来的诸多问题，如人的自由的界限，国家和社会的强制力和约束力的来源，个人权利和普遍权利的分离和界限等。霍布斯曾公开宣称，欧几里得的几何学启发了他，几何学的公理可以从不证自明的前提出发，获得远非不证自明的知识，这种方法也理应成为哲学的基础。对于国家和社会的现状，对于人性的形成和原因，既然没有确定的历史记载能够对其加以阐述和分析，那么假定就是必然和正确的了。虽然在某种意义上说，卢梭对近代自然科学的机械论思想持有相当怀疑的态度，但是他还是不自觉地采纳了这种机械论的意见，认为遵循了严格逻辑的推理过程便能产生出正确的知识。自然（自然状态与自然法）—人性论—人与国家，是卢梭和古典自由主义的契约派打造政治哲学的必经之路。再观之中国传统社会，同样也能看到相似的路线，天（天理与天下）—人性论—人与群、天下，是中国知识分子所格的治国和为人之理。要比较卢梭和清末民初的政治话语，则必须厘清“自然”和“天”的关联与殊异。

一、卢梭的“自然”概念

在卢梭的立论中，“自然”需要被特别说明。首先，他在很多时候混用了自然，自然状态和大自然，因此他的“自然”既是具体可感的真正自然，也是延续了古典自然法学派的抽象的自然设定，他的赞美同时献给这两种自然，指向一种未经雕琢的原始的情状；其次，卢梭的“自然”（la nature）在翻译为英文的时候，常用“nature”“natural”和“born”来指代，因此他的自然就蕴含了本质的、天然的和天生的丰富内涵；再次，他的自然与上帝无涉。卢梭不曾将人性和人的设定交托给上帝，在他的理论体系中，上帝虽在却是缺位和无用的，他几乎否定了人格神甚至客观精神的一切可能。德国诗人席勒曾在诗中说“卢梭——他要把基督徒改化为人”[1]。“自然”享受着天然的“好”，并且“善”与美德在卢梭看

---

[1] 转引自［德］恩斯特·卡西勒《卢梭问题》，第3页。

来远不是同义的，而是相互矛盾的。善直接来自自然；美德或道德则是与自然相对立的。美德只是与责任相关；美德要求选择，因此要求“道德的意志自由”。而善则直接源于“简单的天性冲动”；它不服从于责任或强制。① 在卢梭的全部话语中，“自然”是理论的原点和生产性的概念。凯利以《忏悔录》为文本依据，认为它正是卢梭体系的认识论基础。“不同于绝大多数伟大思想家，卢梭把自己的生活描述为最广泛人类经验和困境的肉身化或戏剧化。”② 卢梭从肉身化的实际情境出发，始终坚持人的天性是良善的，却因社会而败坏。“《忏悔录》部分讲述了一个人如何了解到自然与习俗之间的分裂。”③ 普拉特纳认为，卢梭在二论中发言的主要身份是哲学家或科学家的，关键词就是“自然”。二论与一论不同的地方在于自然揭示了卢梭思想中个人主义的一面。

卢梭本人的思想一直因为其看似矛盾的特质而被人从两个极端来加以评价，这也是清末民初学人在理解卢梭的时候经常产生误解的原因。然而，对于自己的思想是否具有系统连贯性，卢梭有一个明确的总结，“（它们）有一个大的原则”④。卢梭的研究者们都在纷纷追求这个“大的原则”究竟是什么，按照袁贺的考察，古斯塔夫兰森、E. H. 赖特和 E. 卡西勒都找到了自由与自然作为大原则的可能性。兰森认为这个原则就是卢梭在《爱弥尔》开篇提道的，“出自造物主之手的东西，都是好的”。赖特认为这个原则就是“自然”，或称“本质”。卡西勒提出关键在于理性主义的自由概念。⑤ 彼得·盖伊在评论卡西勒时说，“卢梭的‘一大原则’——人类是善的，是社会让他变坏，但也只有使他遭此浩劫的社会才能拯救他——是一种批判的工具”⑥。“自然”作为大原则贯穿在卢梭的思想体系中，它可以是建构性的，根据它可以建构出自由与平等，以及卢梭的政治和教育理论，也可以是批判性的，通过对自然的反思与比照，运

---

① ［美］普拉特纳等：《卢梭的自然状态——论不平等的起源释义》，第 67 页。

② ［美］凯利：《卢梭的榜样人生：作为政治哲学的〈忏悔录〉》，黄群等译，华夏出版社 2009 年版，简介页。

③ 同上书，第 287 页。

④ 袁贺：《一个人的卢梭——评朱学勤的卢梭研究》，见袁贺、谈火生编《百年卢梭——卢梭在中国》，第 222 页。

⑤ 同上书，第 223 页。

⑥ ［德］恩斯特·卡西勒：《卢梭问题》，第 23 页。

用到对现实社会的改良意见中去。和18世纪狄德罗等启蒙学者所高唱的机械“自然”相比，卢梭的“自然”至少具备以下几种独特的观点：

第一，自然主要面向情感而不是主理性的。卢梭二论的基本观点是，理性不是人类与生俱来的品性，它是人类脱离了自然状态以后才获取的。自然法“必须由自然的声音直接表达出来”，自然的自然法先于理性而存在，以人的内在情感冲动为依据。① 与霍布斯将自然法视作“理性的诫命”相反，卢梭认为我们所受到的是自然情操或者情感的驱策。② 先于理性而存在的“自爱”与“怜悯”同古典自然法学家们，尤其是霍布斯所设想的自然人大不相同，他们尚未沾染贪婪、自私和争斗，而是秉持着天然的良善。《爱弥尔》第四卷中有一段题名为《一个萨瓦牧师的信仰自白》的插话，卢梭在其中声称，是“自然”用不可抹除的文字写下了内心深处的为人之道，没有哲学工具我们也能做人，是自然感情指引人类去满足公共利益，是理性激励着自私心。我们只要顺从自然感情的指引而不是理性的向导便能获得道德的人生。这种对自然的情感性说明也是卢梭创立自然宗教的基础，罗素总结道，在卢梭之前，自柏拉图以来的每一个信仰神的哲学家，“都提出支持其信仰的理智论据”，而卢梭则改变了这种上帝存在的证明，“把自己的信仰基础放在人性的某一面——敬畏情绪或神秘情绪、是非心、渴念之情等上面”③。于是就有了萨瓦牧师的自然宗教的教义，它可以直接启示给个人而无须经过他人之手。但是在罗素看来，这种“关于客观事实的信念依据放在内心情感上”不能设想这种信念会是真实的，而且所产生的也只是私人信念。由“自然”出发而产生的排除了理性之光的情感，本来是朝向每个人的理解和通约，结果却是极为个人化和个别化的体验。但是卢梭也不是完全在自然中取消了理性秩序的位置，在《新爱洛伊丝》中，他借助主人翁之口，向上帝祷告说：“我

---

① 事实上，卢梭对于自然法的探讨直接来自第戎科学院的征文题目。《论人类不平等的起源和基础》用更大的不平等基础是什么的问题，取代了“平等是否为自然法证明为合理”的问题，他认为不平等的基础就是政治社会的基础，并非来自自然法的学说。参见普拉特纳《卢梭的自然状态——论不平等的起源释义》，第85页。

② ［美］施特劳斯：《自然权利与历史》，第275页。

③ ［英］罗素：《西方哲学史》（下），何兆武、［英］李约瑟译，商务印书馆1996年版，第223页。

想要与你所确立的自然秩序相吻合，以及与我从你那里所获得的理性准则相吻合的一切。”[①] 卡西勒说在这里，卢梭的自然被等同于天意和理性秩序，这种标准不必要因为流变不居的感情而牺牲，我们可以用坚定的意志来抵抗激情的力量，正是在这样的坚持与内在的完满中，成全了德性，抵挡了感情。因此卢梭的自然在面对人性结构的时候是一个极其复杂的概念，其核心的思路是来自自然的感情是天然的善，理性及其确立的秩序被看作判断标准，在这个标准下，人们是否能够利用意志抵抗激情便造就了德性。

第二，自然是人的本性，“返回自然”（return to nature）是理想而不是现实。卢梭倡议说回到自然，是要剥除人身上来自社会的束缚天真本性的教条，按照事物自身的法则行动。但是自从人类进入社会以后，返回就是一个不可逆转的过程，人只能继续在社会中尽量按照自然来生活，因此返回本身就只是一种理想，只能尽量使现实趋于自然。卢梭理想中的自然人不是要倒退回自然状态中的原初人类，而是生活在社会中的自然人，他们不因任何权威、偏见和欲望所左右。施特劳斯意识到卢梭不是要单纯地返回自然，而是一直在处理“返于城邦”和“返于自然”之间的紧张关系，“卢梭以自然的名义，不仅对哲学提出了质疑，而且也对城邦和德性提出了质疑”[②]。此外，“自然”同时为这种返回留有空间，即自然本身并不是完美的，但是它指向了人的可完善性（perfectibility），在赋予人感觉和情感特质的同时，赋予人原始的向善的能力。自然人作为次人（subhuman），具有无穷的可塑性。[③] 卢梭将自然理解为“活生生的自然”，席勒称为“有生命的自然”，是人类参与其间或为人所渴望的道德力量，因此卢梭的自然即包含了潜能，即人类的可完善性。由于返回自然的现实和理想的冲突，以及人性中可完善性概念的引入，对于自然人的人性究竟处于哪个层面，与社会中的人性呈现何种关系，卢梭的态度从两个方面来加以解读：一方面，有人认为卢梭对人类本性的设定甚至低于霍布斯，自然状态的和平表象是因为自然人过于愚昧而意识不到更高级的欲望存在，人类

---

① 转引自恩斯特·卡西勒《卢梭问题》，第 79 页。

② ［美］施特劳斯：《自然权利与历史》，第 270 页。

③ 同上书，第 277 页。

并非来自神创，人类进入社会和高于动物都是一系列偶然事件的结果。关于这种偶然性的探讨，卢梭在《忏悔录》中曾以自己的个人经验为范本进行了更深入的分析，而偶然性的出现贬低了事件本身所蕴含的价值。普拉特纳指出："卢梭关于自然人的看法与他对于更完善的政治秩序的看法之间的联系，并不在于人的自然倾向（如同情心）指向人类社会，而在于人的天性的最原始本性，这种最深层的东西才会为人类技术所选择。"[①]另一方面，卢梭的自然人却"不是我们最早的野蛮远祖，而是最后的人，我们正走在成为这最后的人的旅途之中"[②]。赖特告诉我们，卢梭说自然是对的，并不意味着我们必须成为野兽或野蛮人，在我们的天性（或说自然，Nature）中，理性和良心是其中较好的部分。

第三，自然与自由具有天然的联系，如果是"自然"是一个生产性概念的话，那么它所衍生出来的第一个概念就是"自由"。普拉特纳认为，至少在二论中，"自由"或许像"自然"一样重要，二者合为一体。《社会契约论》第一章第一句话就是"人是生而自由的"，卢梭将个人的自由分成三种形态，即自然自由、社会自由和道德自由。社会自由和道德自由以自然自由的丧失为前提，同时又以自然自由的合理性为其形式要件，即卢梭的自由观完全建立在自然自由的根基上，无论是历史的还是逻辑的。而自然自由则是由假定中的自然状态的特性所决定的：生活在自然状态中的个人，具有自由的天性，他的存在是孤立的、自主的，因为不与他人交往，于是他的自由就是体现在可以支配他周遭的所有事物，安排他内心的情感，享受他自己对世界的直觉和观照。他将自由作为"自然的基本禀赋"，因此最原始的人类就是值得颂扬的，他们不懂得责任，完全没有道德或德行。[③] 施特劳斯则说，意志的自由和人的可完善性构成了自然人和动物区分开的两个重要特征。人甚至可以借助意志的自由蔑视自然，他的灵魂的精神性使他也意识到了自己的力量。在几乎没有属性的一切以潜能存在的自然人身上，他们完全是自由的动物。[④]

---

① ［美］普拉特纳：《卢梭的自然状态——论不平等的起源释义》，第 104—105 页。

② 赖特《卢梭的意义》，转引自恩斯特·卡西勒《卢梭问题》，第 17 页。

③ ［美］普拉特纳：《卢梭的自然状态——论不平等的起源释义》，第 13 页。

④ ［美］施特劳斯、克罗波西：《政治哲学史》下，李天然译，河北人民出版社 1993 年版，第 651 页。

据此，卢梭的“自然”所蕴含的是对人的本性的描摹，在其中人是自由的，具备自然情感和能够趋向完善的。实际上在对卢梭的“自然”进行阐释的时候，清末民初思想界可能拥有与此基本相似的词汇和语境，即老子的“自然”说。在《老子》第二十五章中有云，“人法地，地法天，天法道，道法自然”。老子强调要顺应万事万物自然的欲求，尊重其本身的天性和本质。虽然老子的自然说中不独以人为中心和出发点，但是对于顺应事物本性的赞美却和卢梭的自然观有更多的共同点。并且从自然主义的角度出发，在认识论的构造上，相对于极端的理性主义，老子对于感性经验和直观的重视与卢梭如出一辙，他认为知有定见之偏，智有“掩帘”之蔽，理有不常之“妄”，故不可“尚”，因此他尚“知不知”而不尚“不知知”，尚“明”而不尚“智”，主知“常”而不主理性，提出“涤除玄览”，以直观而上达“道”；在对于现实社会的批判和对政治社会的畅想上，老子的“小国寡民”和卢梭在《论不平等》和《社会契约论》中期望的能够实行直接民主制的政治蓝图基本上是重合的。但是在卢梭进入中国的时候，卢梭的“自然”并没有和老子的自然实现对话，而是和“天”实现了勾连，这种传译上的不敏感应该被更深地还原为政治理念的差异：老子的政治理念是真正的返回自然，因此最后是远离人群和消极避世的，卢梭的认识论则是在返回自然的倡议下，始终面向积极有为的思考和改造。在转达卢梭话语的时候，无论是中江兆民还是其后的杨廷栋和马君武，均营造出了卢梭积极的一面，他们用更能代表传统中国思维的“天”来解说了卢梭的“自然”。

二、清末民初中国语境下的“天”

“天”在中国哲学传统中主要涵育了三层意蕴：

第一，“天”指代天帝和上天，即万物的主宰，属于神格。这是“天”的最初和最高的含义，来自西周以降甚至更远的初民对于上天的敬畏，带有宗教式的意味，但又不全然是宗教的，因为它关于神的描述其实是相当模糊的，与西方基督教体系中拥有一套完整创世说和原罪论的“上帝”截然不同。“天”在西周是非常重要的信仰根基，周王被奉为“天子”以彰显其合法性。周人普遍认为，夏商的灭亡是“惟不敬厥德乃早坠厥命”，而“天命”有独立的意志和选择，《尚书·商书》云“有夏多罪，天命殛之”。自周公始，天命不再是恒常不变的，天命开始转向为有条件的存在，即唯有敬德保民的周天子才能永受天命，周公在《康诰》中告诫康叔“敬哉！天威棐忱，民情大可见”，“用康保民，宏于天，若德裕乃身，不废在王命”。

第二，“天”指道德和义理。这是思孟一派和其后学在宇宙观和认识论上的创见，在他们的世界里，道德构成了人之为人的全部生活，“天”的伸张和阐释到最后是归于人的，这就是“天”从神格蜕化为“人格”，并成为儒家重民思想的重要来源。实际上，周公的敬天保民思想已经在“天”降为“人”中作了转化，在《尚书·泰誓中》亦有“天视自我民视，天听自我民听”的明确表示。自子思起，称“天命之谓性”。东汉郑玄有注：“天命，谓天所命生人者也，是谓性命。”子思《中庸》第二十章谓“诚者，天之道也，诚之者，人之道也”。天道就是“天命”，而天命就是“性”，道就是遵循“性”。孟子继承了子思的这一说法，《孟子·离娄上》曰：“诚者，天之道也；思诚者，人之道也”，将子思的“诚之者”转化为“思诚者”，更强调个人反求诸身为诚身之要，赋予天道以道德的色彩和人对于天道的道德实践的必要。至此天道与人道合一，人能够主动证得天道，人可以成为“天民”。宋代陈普有诗《孟子天民》云：“皇天赋予各成形，万理兼该备自身。所谓天民非有别，能全所赋以为人。”在天命观上，孟子的态度则比较模糊，一方面他保留了天命的自然主义倾向，认为人力无法改变天命的必然性，《孟子·万章上》曰：“莫之为而为者，天也；莫之至而至者，命也”；另一方面，他则认为天仍然是具有独立意志的神学品格，《孟子·滕文公上》：“天之生物也，使之一本”，《孟子·告子下》：“天将降大任于斯人也。”在天命的可知性上，孟子将孔子以来“五十而知天命”的断言进一步推向了“尽其心者，知其性也，知其性则知天矣”。如果说孔子对于知天命是单纯的对于个人知识能力的肯定，那么在孟子这里，知天命则已经通过“性”的了解和实践被冠以道德修养的过程，天被内化为人本身的认识对象和实践对象，这就彻底驱除了可能有似西方的神学传统，“天人合一”的理念便确立了以“人”为基准的思路。汉儒董仲舒的天人感应论中也承接了这一传统，虽然亦称说“受命之君，天之所大显也”（《春秋繁露·楚庄王》），但是其重点则在“屈君而伸天”（《春秋繁露·玉杯》），以“天”兹证孟子以来的民本思想，“且天之生民，非为王也；而天立王，以为民也。故其德足以安乐民者，天予之；其恶足以贼害民者，天夺之”（《春秋繁露·尧舜不擅移汤武不专杀》）。徐复观评价说：“他的起心动念，都是为人民着想。”① 宋代理学中，张载提出天地之性与气质之性，前者为至高无上，为纯善之性，后者则有善有恶。② 他启发了宋儒从天人合一，以人为本的天人观走向了天人对立。此后二程改写了《礼记》中“人化物也者，灭天理而穷人欲者也”的贬损含义，提出“人心私欲，故危殆。道心天理，故精微。灭私欲则天理明矣”。朱熹则遍察典籍，总结说“圣贤千言万语，只是教人明天理，灭人欲”。以天理为至高的社会规范和独立与人的外在实体。至王阳明，天人的区分和对立又返回到人自身，他认为人性始来自天命之性，善恶只是一物的两面不能截然分开，“心外无物”“心外无理”。显然，中江兆民在《民约译解》中主要采纳了这一重含义，将卢梭的自然自由翻译为“天命自由”，先行为自由附加了伦理和义理的说明。而卢梭的自然自由状态却是孤立的，个别的个人化情境，道德尚未出现，一个外在于自然人的“天”则从未进入过主客二分的西方语境。

第三，“天”指天生和天然的或客观的自然规律。《庄子》中庖丁解牛的典故说道，“依乎天理，批大却，导大窾，因其固然”。天理即为自然物本身的生理结构。荀子对孔孟以来作为主流思想的“天”的道德主体性作了辨析，作《天论》竭力主张天不过是自然界，没有自己的意志，有内在的运动规律而与人事并不相关。他说“天行有常，不为尧存，不为桀亡”，“明于天人之分”，“皆知其所以成，莫知其无形，夫是之谓天。唯圣人为不求知天”。“从天而颂之，孰与制天命而用之?”与其相信虚无缥缈的天命和颂扬天命，不如掌握自然规律来为人自身所利用。严复和梁启超多在此种语境下说“天”。严复的《天演论》由赫胥黎原作“Evolution and Ethics”意译而来，他有意识地选择了书中部分导言和前半部分，着重向国人宣讲进化论思想，创造性地使用了“天演”“物竞”“天择”“适者生存”等新词，意在唤醒甲午海战后的国人，传达保国保种的呼

---

① 徐复观：《两汉思想史》第二卷，台湾学生书局 1989 年版，第 184 页。

② 参见张岱年《中国哲学大纲》，中国社会科学出版社 1982 年版，第 211 页。

声。“天演”即为自然界的不断进化和选择，天道是客观的自然规律，天人互不干预。《天演论》于1896年译成，至1898年出版，物竞天择的思想一时奋起，成为中国人探寻富强之路的先声。严复的天演与天道观为只在伦理道德方面疏解“天命”的传统思想开了新路，而自然的、天生的等卢梭“自然”的本来面目与这种“天”的阐释也能够在一定程度上进行置换。梁启超则有“美哉我少年中国，与天不老”的感叹（《饮冰室合集·文集》），以“天”为客观自然界。

综上，在清末民初语境下，“天”的含义已经摆脱了西周以降关于天帝和上帝等神格的内涵，在道德和义理的基础上接纳了部分关于进化论的思想，清末民初的知识分子已经能够意识到“天”不仅是人内心深处的道德认识和实践对象，而且还是外在于人的客观自然界和事物天然的面貌。这是关于“天”的形而上的理解。此外，在当时语境下，“天”还有介乎形而上和形而下的双重含义，即“除了超越性的天命、天道和天理之外，还有一个介乎于超越与世俗之间的概念，叫作‘天下’”①。“天下”既指君主统治疆域的地理空间，也指儒家的礼教秩序。许纪霖认为儒家论理就是以天下为公的目的合理性来设计的制度，在意的是实质正义而忽视了程序正义。天为皇帝正名，而士大夫们既然把握了天命的解释权，也就能够在一定程度上对皇权作出解释，这就在中国传统中士大夫的话语权不可剥夺，他们有时甚至能够假天之口对政治进行约束和整肃。“天下”在清末民初也被社约论的阐释者和传播者们所继续沿用着：杨廷栋说“民约东来……则天下万世，自由不可没之公论在此也”②。1896年的《说群序》中梁启超尚引用康有为“以群为体，以变为用。斯二义立，虽千万年之天下可已”。以此来构建一个和天下相关的政治理想。这是海通以前的中国知识分子所普遍持有的观点，即以文化为疆界生成大一统的“天下”，“国”“种”“教”“皇”实为同一概念。史华兹在评价严复的时候也说道：“在儒家传统中，个人是从属于‘社会的’。不过在这儿，这个‘社会的’是一张把个人卷裹在内的社会关系之网。这张网涉及的是社会结构，而不是在某些意义上被想象成有机体的整个社会。在中文里，

---

① 许纪霖：《儒家宪政的现实与历史》，《开放时代》2012年第1期，第50页。

② 同上。

'天下'一词的全部含义肯定不是指一个封闭的有机体，从'天下'一词，看不出有什么生物学的直接类比。"① 因此从这样的"天下"出发，严复就不可能真正理解斯宾塞所提到的生物学比喻。

三、"天"与"自然"在《社会契约论》和清末民初社会语境中的差异

何兆武在《社会契约论》修订第三版的前言中曾提及，"人是生而自由平等的。按，'天赋人权'的'天赋'一词，原文为'自然的（naturel）'，'天赋人权'原文是'自然的权利'，中国翻译把它翻译回去时，却改作'by Heaven（由天所赋）'，意思恰好弄反了"②。他又说，"'天赋''自然'和'人性'，在原文中只是一个字（nature，naturel）。自然是绝对的，是故人性就是绝对的，是故人的一切权利就是绝对的"③。20世纪初，中国人将自然权利翻译为天赋人权的用意还是可以理解的，天赋人权针对神授王权而言，"历来王权论者的论据都是'奉天承运'，'天子受命于天'，于是人权论者便提出人民受命于自然的旗帜来与之相对抗"；实际上在中国甚至没有天赋人权，而一直是天赋王权，从天赋王权到自然权利的转化中，天赋人权虽然不够充分，但是已经足以承担大部分自然权利的内容。天赋代替自然，在理论的推导上不如原来流畅，很明显是受到了传统语境中对"天"的释义的影响，清末民初的知识界虽然接受了一定的进化论思想，但是这种接受仍以"天演"为依据，因此"天"就更为贴近他们的思想结构。例如，中江兆民本中，译作"顾自由权，天之所以予我俾得自立者也"④。并且在对自由进行类型划分的时候，中江最先将"自然的自由"译作"天命自由"，很明显他将自然权利表达为具有人格意义或客观精神的某个存在所赋予。杨廷栋的译本对此稍有改进，对自然权利的解释是"人生天地之间，于事物之轻重，行为之取舍，皆不必假手他人。一唯我之所欲为。此所谓自由权也"。"该国家之基，非由

① ［美］史华兹：《寻求富强——严复与西方》，第38页。

② ［法］卢梭《社会契约论》修订第三版前言，第5页。

③ 何兆武：《天赋人权与人赋人权》，《读书》1994年8月，第82页。

④ ［日］中江兆民：《民约译解卷之一》，见《中江兆民全集》第一卷，东京：岩波书店1983年版，第74页。

天然，而系人为之契约也。”杨廷栋的阐释中，强者和弱者的辩证关系较为突出，带有进化论的论证风格，将自然理解为“天然”。至马君武的翻译，已经明确将自由和平等与“自然”联系在一起，但于其中之自然与约定之间的矛盾关系，马君武依然未得其要核。这种关于平等和自由权利的“天赋”和“自然”之间的偏差成为一个被当时中国知识分子大多忽略了的问题，并一直影响着平等传播过程中的革命理论。例如，辛亥革命后，孙中山曾在一道法令中提及：“天赋人权，胥属平等。自专制者设为种种无理之法制，以凌轹斯民，而自张其毒焰，于是人民之阶级以生。”①

孙中山对卢梭的主要认识和误会均源于天赋权利的概念。英国的洛克曾经首次在其关于自然状态的描述中提出人生而自由的观点，洛克加以强调的是人类在自然状态下所拥有的生命、自由和财产。洛克所设想的自然状态中的个人不是蛮荒中的个人，他的自然状态贯彻着理性的原则，因此他对自然权利的论证是先于政治社会的权利，人与人之间关于生命、自由和财产的支配权是完全平等的。卢梭将自然状态描述为人与人之间彼此孤立的状态，而正由于此，人与人之间是平等的，在这种平等之间实际上不存在洛克所描述的那样丰富的权利状态，而毋宁说是一个接近于“空”的集合。在卢梭的自然状态中贯彻的是情感的原则，自爱和怜悯心在其中起着调节的作用。虽然二者关于自然状态的界定不太一致，对于自然状态和公民社会与社会契约的论证也大相径庭，但是在自然权利的来源上却是共同的。他们都强调，自然权利是理论的一种设定，旨在对抗君权神授的专制教条。孙中山没有采纳洛克等关于自然权利的界定，而是更倾向于从对卢梭的批判和继承中来阐发权利的根据，这是由于与洛克过于完美和相对静止的自然状态相比，卢梭的自然状态更具有生长性和反抗性的力量，也更贴近现实，因此也就导致了在国家学说上，卢梭的自然状态直至社会契约的论证更加具有革命性，从而更加契合了孙中山在当时发起和领导革命的需要。虽然孙中山对于平等和民权的论证中多次借用了卢梭的概念，然而他却认为自己在根本上放弃了卢梭所谓的“天赋人权”，也正是基于

① 孙中山：《孙中山全集》第2卷，第244页。

此，导致了卢梭平等观在五四以后的继续被误会和误读。[①]

实际上，如果能够深入卢梭的《社会契约论》和《论不平等》中去

---

① 在革命发起之际，孙中山曾说："吾人鉴于天赋人权之万难放弃，神圣义务之不容不尽，是用诉之武力，冀脱吾人及世世子孙万重羁轭"，"革命者乃神圣之事业，天赋之人权，而最美之名辞也"。彼时他还完全赞同天赋人权，甚至以其为动员政治革命的口号。然而在民国从形式上建立以后，孙中山逐渐将其三民主义的思想系统化，并在这个过程中背离了所谓的天赋人权理论，甚至将它归结为假的平等理论。对于以上行为的成因，从当时孙中山所处的具体境遇而言，虽然辛亥革命之后中国不再有帝制，但是孙中山认为，和欧美类似，人们的平等和自由的问题依然没有解决，其关键在于人们所追求的方向出现了偏差，平等和自由必须附着在民权之上，才能得到固定和延续。人们的自然差别不可能因为革命的成功而被泯灭和消除，因此还必须动员平等的精义来打造一个道德型的社会。

孙中山认为，首先，卢梭主张人生而自由平等的天赋人权，缺乏事实的证据，他说："卢梭……民约论中立论的根据，是说人民的权利是生而自由平等的，各人都有天赋的权利，不过人民后来把天赋的权利放弃罢了。所以这种言论，可以说民权是天生出来的。但就历史上进化的道理说，民权不是天生出来的，是时势和潮流所造就出来的。故推到进化的历史上，并没有卢梭所说的那种民权事实，这就是卢梭的言论没有根据。"孙中山对卢梭的误会主要有两点，一是认为人权生而自由平等没有理据；二是认为天赋的权利不是历史事实，甚至和历史进化的道理相冲突。但是如果我们回到卢梭对于自然状态的论证，则会发现，卢梭对于人是否生而平等有一个详细的规划。卢梭对于平等的预期和绝对肯定相当强烈地存在于政治和道德平等中间，正如梁启超所产生的类似误会，孙中山将卢梭的平等观整个地不加分辨和析取地定义为完全的平等，而无视卢梭所提到过的，在一定程度上承认人们由于自然才能的不同可以在经济上获得与其能力配比的平等。此外，和梁启超一样，孙中山也认为如果站在进化论的角度来看待权利问题的话，那么天赋人权是不存在的，并且孙中山提出卢梭之所以受到欢迎，在于他首先看到了民权的潮流而主张民权迎合了大众心理，而非真实的历史事实。孙中山在《民权主义》第三讲中，特别提到了平等的来源问题，认为美国革命和法国革命中大书特书的天赋到人类的平等和自由权是不可能存在的。他追究了相当具体的自然界的事实，举证说既然自然界都没有平等，那么人类又怎么可能有平等？天生人类就是不平等的，而"到了人类专制发达以后，专制帝王尤其变本加厉，弄到结果，比较天生的更是不平等了。这种由帝王造成的不平等，是人为的不平等"。于是，从天生到人为的全过程中，不平等一直是现实的存在。事实上，孙中山的这一判断和卢梭相比并没有本质上的区别，之前我们考察过卢梭关于平等的阶段和状态的学说，卢梭认为"平等"仅仅是曾经非常短暂地存在于自然状态中人们还彼此孤立而缺乏社会联系的阶段。相反，不平等则一直贯穿了人类社会生活的现实，自然的和身体的不平等被比较和发现，经济的、道德的和政治的不平等在"文明社会"中比比皆是。如果要再次得到平等，则只能诉诸于社会契约，缔造出一个根据"公意"确立的基本公约，而且即便是在那时，人们在自然天赋上的不平等依然是事实。

因此，在对于现实的批判方面，孙中山和卢梭其实都看到了人为所造成的不平等。卢梭的关于平等的论述或者是自然状态中的假定，或者是社会契约的理想，与卢梭相比，孙中山则是要求从事实出发并回到事实，我们为什么要被强迫面对不平等的现实，对于这个问题，孙中山认为不需要一个关于天赋的权利说法便能从历史中找到根据，而对于我们为什么必须追求平等，孙中山也拒绝了卢梭从理想设计中得出的答案，他不相信平等和自由能够单一地作为终极价值而存在，而是为平等和自由找到了一个坚实的托付和依靠，即民权的利用和维护。

寻求答案的话，自然状态是否是历史事实便不应该成为质疑卢梭的根据。孙中山在否定卢梭的天赋权利时采纳的是在当时盛行的另一种路径，即进化论的思想。清末民初持进化论立场之影响力较大的当属严复和否定卢梭时期的梁启超，进化论不承认天赋权利的虚拟性而是强调从现实主义和经验主义的角度探寻人类社会生活的本质，因此严复和后来的梁启超都不可避免地走向了相对保守和改良的立场。在孙中山这里则出现了一种特别有趣甚至是吊诡的现象，一方面他高谈进化论，强调卢梭的天赋人权和历史事实有出入；另一方面他在实践层面却又将卢梭的平等理论推向了极致，将民族、民权和民生的内容附着其上，领导了一场翻天覆地的革命。究其原因，在于孙中山本人从中国国情出发，因此要利用当时盛行的对于适者生存、弱肉强食的那一套强有力的进化论说辞，必须顾及中国的现状和现实，然而同时作为一名革命者和践行者，当时中国的实际使他的判断比严复和梁启超以及其他的阐释者们更为激进，于是他使用进化论的竞争观念，并辅之以被革命形象化的卢梭理论，对平等理论进行了较为新颖的阐发，这种阐发在平等的应然和不平等的实然的层面上实际上又和卢梭的平等观密不可分。

由此观之，从内部而论，清末民初社会对于卢梭自由平等观的热情拥抱实际上是对于民族内部儒学精神的再次回顾。诚如墨子刻和黄克武所言，中国知识分子在现当代以来一直采纳儒教观念来处理西方的两大民主传统：卢梭—黑格尔—马克思传统和洛克—联邦党人—J. S. 密尔传统，而在中国的政治实践中最常被采纳的是前一种。严复和梁启超作为中国自由平等思想的先驱者也不能跳出固有的乐观认识论的窠臼，他们往往忽略密尔在认识论上的悲观主义，忽视了对于知识和进步的追求要以个人的自由作为前提，因为“唯有如此，才能遏制人类不可避免的易错性”（fallibility），这是自由与平等的深层矛盾。另外，卢梭的平等思想包含了丰满的乐观主义的观念，现代中国主流知识分子非常乐于接受卢梭所秉持的民主的设计，即由理性的、道德上已经开化的、能够自主表达普遍意志的公民来控制和管理政府，它在很大程度上与儒家的自上而下和乌托邦式的政治理想是可以相容的。因此，尽管在“天”与“自然”的元概念阐释乃至宗教观念的根源上，卢梭与中国学人和中国实际存在些许分歧，甚至因此而成为鸿沟，但是在乐观主义的基调上，卢梭的自由平等观念暗自扣紧了中国传统儒家的基本观念和政治理念。

第二节　乐观主义认识论的契合

一、中西认识论的分歧和差异

认识论（epistemology），亦作知识论，[①] 是典型的西方哲学语境下的概念。认识论主要研究认识的起源、本质和结构，以及认识活动与客观实在之间的关系，乃至判定认识的真理性标准等问题。[②]

认识论作为哲学被单独提出是从近代开始的，但这并不意味着认识论的存在始于近代。事实上，每一种哲学和思想观念都必须和认识论实现某种形式的结合，而且这种结合往往是本质和决定性的：它们要么涵盖了认识论，要么是认识论的应用，甚至根本上就是认识论，这是由认识论的定义所内在规定的。在西方，认识论自古希腊始，发生了几次转向，每一次转向都是一场深刻的哲学革命，改变了人们认识世界的方法和视角。古希腊时代的认识论分歧主要集中在认识对象的问题上，当时的哲学家探讨世界的本原和存在，并因此而衍生出认识渠道上的差异，探讨认识是直接来自感性材料还是对理念世界的仿制和描摹，是人的后天行为还是先天的直观。经院哲学时代，认识论从古希腊的物理世界转向了神学世界。在神学高于哲学的立场下，认识论作为工具的目的在于探讨人类如何认识上帝，为此，有限的人面对无限的上帝必须正视理性和信仰的区别。[③] 哲学与神

---

① 关于认识论和知识论的关系也有不同的看法，有学者认为两者间存在区别，知识论关于思维活动之内容，而认识论关于知识何以可能。在大多数时候，我们把二者作为同一个概念来使用。

② 在西方哲学史上，康德（Immanuel Kant）曾用“gonselogy”来指称认识论，并在认识论领域发起了“哥白尼式的革命”，其《纯粹理性批判》（1781）从认识论出发，指出人类理性不能认识超验的宇宙，人作为理性存在者（rational beings）之一只有在人的世界里进行实践理性的革命。后来康德主义者 K. L. 莱因霍尔德在他的《人类想象力新论》（1789）和《哲学认识的基础》（1791）中使用“Erkenntnis Theorie”来表述认识论；英文的“知识论”（theory of knowledge）一词实际上就是“Erkenntnis Theorie”的翻译；苏格兰的 J. F. 费利尔在《形而上学原理》（1854）中提出了“epistemology”，作为与本体论相对应的另一个部分。1862 年，E. 泽勒在《论认识论的任务和意义》中正式采用了这个术语，“认识论”便正式成为通用的概念。

③ 赵敦华：《西方哲学简史》，北京大学出版社 2001 年版，第 151 页。

学之区分在于哲学以理性认识世界，而神学则依靠天启。[①] 文艺复兴运动唤醒了人的自由，将人的目光从上帝重新拉回到人间。17世纪和18世纪的理性时代则实现了真正意义上的方向性变化，“与古代和中世纪哲学相比，近代哲学发生了‘认识论的转向’。”这一转变来自自然科学的刺激，又施诸自然科学之上，促进其发展。这个伟大的转向从笛卡尔的“我思故我在”开始，分化出理性主义徽章下的经验论和唯理论这两大阵营。卢梭则在这个形而上学的机械论传统中另辟蹊径，他宣称他的知识论原则是良心论原则，把抽象的人还原为具体的人，他说：“‘我存在’和‘外物存在’并不是理性推理的发现，而是感觉展示在良心的真理。”[②] 卢梭对普通人主体性的热情关切也深深影响了康德，而后者后来在认识论领域进行的摧毁形上学的“哥白尼革命”与此有着不可分割的关联。

认识论作为哲学理论的一种独立呈现，在西方哲学体系中发育非常完备，如果仅仅严格按照近代理性主义发端之后对自然科学的认识来定义认识论的话，那么我们当然可以说中国哲学传统中没有为认识论的框架和结构留下位置。实际上，在中国哲学中认识论并未采取和西方哲学相似的概念构建和推理，而是贯穿和内在于中国传统哲学的每一个环节，它不仅体现为对经验世界和物理世界的认识，还体现为对幸福人生和道德人格的审视，形成一种天道与人道并峙，知识与行为相统一，形而上与形而下相融贯的认识形式。这种形式的模糊性和统一性很容易招致一种较为流行的看法，认为中国哲学就是人生哲学，与认识论无涉。冯友兰就曾经在《中国哲学史》中说：“中国哲学家多未有以知识之自身为自有其好，故不为知识而求知识。不但不为知识而求知识也，即直接能为人增进幸福之知识，中国哲学家亦只愿实行之以增进人之幸福，而不愿空言讨论之。……中国哲学家多注重于人是什么，而不注重于人之有什么。如人是圣人，即毫无知识亦是圣人；如人是恶人，即有无限之知识，亦是恶人。”[③] 至此冯友兰非但否定了所有中国哲学对于知识的纯粹追求和认识之目的，而且特地以王阳明为例，指出其对于人的本质的描绘根本否定了知识的必要

① 赵敦华：《西方哲学简史》，第136页。

② 同上书，第246页。

③ 冯友兰：《中国哲学史》，香港：中国图书公司1959年版，第8—10页。

性。陈启云则通过上溯至西周的认识论研究，认为冯友兰得到的是“很鲁莽的判断”。因为中国人思想中的“自我”不一定就不像冯氏所讲的那样未曾被觉察过。“‘知识论’所注重的认识的主体（人·心）、认识的对象（理、事、物、心）、认识的性质（德性之知、理念之知、见闻实证之知）与极限（可道之道、天人之分）等，正是先秦诸子（以集大成的荀子为例）和宋明理学（以朱子《大学格知补篇》及王阳明对此之质疑为例）思想的基点。”[①] 梁启超则在阳明学和康德哲学中找到了认识论上的某种契合，说：“故以良知为本体，以慎独为致知之功。此在泰东之姚江（王阳明），泰西之康德，前后百余年间桴鼓相应，若合符节，斯所谓东海西海有圣人，此心同，此理同。”论述虽较为“浮泛”[②]，却反映了二者返回人心、强调人作为认识主体的共通点。

以为中国哲学完全只讲同一性而没有看到主客差异的看法是不公允的，正因为中国哲学意识到了主体与对象、性质与极限之间的差异性，才有可能提出“知行合一”和“天地万物为一体”这样的观点，盖因“和而不同，同则不继”。既然已经具备了认识的诸种要件，那么就不能说认识论或知识论在中国哲学中是缺位的。认识论直接面向“知”，而哲学和思想观念则是围绕“知”的具象化要素展开。在描述一种哲学观点和立场的时候，实际上也是在进入它的认识论体系。从认识论的角度来讨论卢梭思想与清末民初中国社会的相容性，可以在根本上建立起相容性的框架，它包括卢梭思想与传统中国社会思想的认识基调，认识的对象和旨趣，认识的基本理念等，并能从这种认识出发，找到二者相洽的人性论，乃至伦理和政治哲学上趋于一致的理想。这样来自法国的卢梭便真正被融入清末民初的中国，成为当时的卢梭和以后的卢梭。

---

① 陈启云《中国古代思想发展的认识论基础》，《学丛：新加坡国立大学中文系学报》第四卷，1996年。收入陈启云《中国古代思想文化的历史论析》，北京大学出版社2001年版。

② 黄克武：《梁启超与康德》，见台北《中央研究院近代史研究所集刊》1998年第30期，第101—145页。黄指出：“许多人或许会同意任公将康德的真我与王阳明的良知等中国思想中的观念等同为一的想法忽略了两者的基础并不‘全同’，例如对康德来说道德的基础是先验的范畴，这一范畴是不可知的；但是对王阳明来说道德的基础是从宇宙而来的天理，亦即是良知，是属于可知的，这样一来，任公对康德有所误会。”

二、认识论的倾向和基调

卡尔·波普尔（Karl Raimund Popper）以一个西方哲学家的立场最先归纳了认识论上的两种代表性倾向——悲观主义和乐观主义。在波普尔看来，培根和笛卡尔代表了乐观主义的主要观点，他们都相信理性可以发现真理，笛卡尔主义的源头在于苏格拉底的“回忆”教学，柏拉图在《美诺篇》中意识到了这种乐观理论，但是自《理想国》和《斐德罗篇》之后，悲观主义的认识论开始露头，经验世界仅仅是实在世界的阴影和反映。从柏拉图开始，我们得见乐观主义认识论到悲观主义认识论的最早转变。“这两种认识论各为两种关于国家和社会的截然对立的哲学奠定了基础：一方面是反传统主义、反极权主义、革命的和乌托邦的笛卡尔式理性主义，另一方面是极权主义的传统主义。”①

此后，墨子刻（Thomas A. Metzger）借用了波普尔的这一观点，用来分析人在知识上的局限，而且墨子刻将乐观的和悲观的立场分别赋予了中国和西方。② 墨子刻认为，中西对于市民社会的理解分别是自上而下和自下而上的两种框架。在自上而下的框架中，人们秉持乐观的认识论，认为可以充分认识到客观的公共利益，道德、知识、政治权力以及对个人自由的关怀可以通过精英之手融为一体。在中国，作为社会普通成员的词“民”，根本不是一个道德中立的个体，而仅指那些首先掌握了“道”的

---

① ［英］卡尔·波普尔：《猜想与反驳——科学知识的增长》，傅季重等译，上海译文出版社 1986 年版，第 15 页。

② 在另一个参照系中，墨子刻在为黄克武《自由的所以然》所作序言中评价，黄克武的丰富证据表明，密尔“和许多欧美知识分子一样，对于人心能获取知识的能力采取比较悲观的态度，他认为人们常常会掉入误会与幻想的陷阱，所以只有在最自由与最开放的辩论环境之下，能获取知识与促成进步。然而严复对认识论的看法是很乐观的，所以他不易了解，更遑论欣赏弥尔思路之精髓”。（黄克武：《自由的所以然——严复对约翰弥尔自由思想的认识与批判》，序第 5 页。）在墨子刻和黄克武看来，认识论上，严复和弥尔的乐观主义和悲观主义的矛盾是造成严复不能精准传译弥尔的重要原因。黄克武在书中，通过对弥尔的“opinion”“knowledge”“doctrine”“heretic”等“fallibility”等词义的分析，指出严复未能完全意识到人在本质上具有易错性，并且搁置判断等谨慎的悲观主义认识论的做法，屡屡将中立性的字眼与价值判混为一谈。而同样是对西方译作的引介，这样的关键性错误却很少发生在《民约译解》等几乎是完全用孟子或儒家经典句式来翻译的书中，因此便带来一个问题，既然如此，那么是否在认识论上，卢梭与清末民初社会的基调基本上是类似的，都是面向乐观主义的。

精英，他们扮演着天（Heaven）之“眼”“耳”的“天之民”（the people of Heaven），或者在另一个极端上，指那些追求名利拒绝精英立场的，在道德上不能令人满意的人。在自下而上的框架中，对于人性存在悲观的认识，道德—知识的启蒙之本质值得怀疑，没有任何一个特定群体享有特权来指定什么是最好的道德和生活。正当的社会秩序不需要精英来保障，认识依靠自由的表达，不受任何自诩为精英的人的干扰。同时，儒家的基本预设是以人的德性和智能上的双重无限性，因此这对于他们化解有限与无限之间的矛盾持有乐观的态度。

张灏受墨子刻的影响，认为西方强大的怀疑论传统与中国有极大差别，但是张灏并不以悲观主义和乐观主义来作为西方和中国认识论的标签。他认为中国人重直觉体认，相信人具有内在的超越的认知能力，人可以凭借自身的修养洞悉世界的本质。而西方的则无论是悲观主义还是乐观主义都指向了人有限的认识能力。中国知识分子之所以在20世纪初倡导一种激进革命的理想，就是忽略了西方知识论上的“幽暗意识”。这种风气一直弥漫到五四以后，使中国知识分子在西方启蒙主义和儒家的人性乐观主义之中深陷，形成了极端的“理想主义”。张灏以“幽暗意识”和直觉认识主义的对峙来建构一种新的认识和知识层面的观点，这种建构形式当然摆脱了纯粹理性思辨的西方视角来对待认识的嫌疑，但是无论是幽暗意识还是悲观主义，是直觉体认还是乐观主义，中西在知识论体系上的巨大差异显然一直以来是存在着的。

关于中西认识论中的巨大差异，实际上可以追溯到更深远的政治文化甚至地缘因素去详加考察，但是差异并不是线性和一贯的，“悲观主义”“乐观主义”“幽暗意识”“直觉体认”等特征可以同时见容于两个“人类实践区域”① 的思想状况。根据波普尔、墨子刻和张灏等人对于认识论基调的看法，我们可以做一个简单的表格以示区分（见表8—1）。

① 史华兹语，见《寻求富强——严复与西方》第2页，以描述西方与非西方的社会及其文化的冲突。

表 8—1　　　　认识论基调的分类和代表人物

代表人物	乐观主义	悲观主义	区别的原因
波普尔	培根和笛卡尔为代表的理性主义	自柏拉图开启的传统主义	乐观主义和悲观主义的区别在于理性是否可以真正洞见真理
墨子刻	中国自上而下的框架	西方自下而上的框架	乐观主义和悲观主义的区别在于知识（人的认识能力）是否具有无限性
张灏	启蒙主义和人性的乐观主义导致的理想主义	幽暗意识	中西认识论之差异在于直觉体认和“幽暗意识”两种传统；乐观主义与悲观主义都指向有限的认识能力

根据表 8—1，认识论上的乐观主义和悲观主义不必然和中国与西方的传统相对等，而是和人的认识能力的限度和是否能够洞见真理相关。回到波普尔的阐释更能有助于我们揭示出其中的奥义，他声称“对知识可能性所抱的新的乐观主义态度的本质在于主张真理是显现的”①。而且更为重要的在于，“人能够认识，因而他就能是自由的。这就是解释认识论乐观主义和自由主义观念之间的联系的公式”②。认识论上的悲观主义总是指向人类的堕落，它不相信人的理性力量和察明真理的力量，因此就内在地要求一种强有力的传统来对人类进行拯救。虽然通过波普尔对真理显现的辩难，发现乐观主义的认识论不可能是真的，但是它的正面性在于鼓励人们思考，给人类带来希望，借助知识争得自由，使现代科学成为可能。因此在认识论的基调上便达成了这样一种逻辑：乐观主义的认识论认为人的认识能力是无限的，而且因为这种无限性使得人在本质上是自由的，有理性的，可以察明真理的，在这个认识论指导下的关于个人、国家与社会的关系，首先是反极权的，但是由于需要对真理的权威性进行反复

① ［英］卡尔·波普尔：《猜想与反驳——科学知识的增长》，第 6 页。

② 同上书，第 7 页。

宣示，于是又有可能走向另一种极权；悲观主义的认识论则与之相反，而在个人、国家与社会的关系上是直接建立起“辉煌的极权主义理论”。

三、卢梭和传统中国认识论的基调——乐观主义

如果按照这个定义来甄别卢梭的认识论基调，那么我们将看到，在对人的认识能力加以评价和肯定人的自由的时候，卢梭显然是一名乐观主义者，而且他的认识论所产生的影响也印证了波普尔的推论——从反极权的一端不可避免地走向了极权的一端，法国大革命就是最直接的证明。身为乐观主义者，卢梭甚至“比笛卡尔走得更远，进一步表明，正是人的自由，而不是他的理智，构成人的‘独特之处’，表现其灵魂的灵性”[①]。根据普拉特纳的分析，卢梭不但接受了笛卡尔对人类思想的机械论解释，而且还迈出了关键性的一步，他认为原始人在本质上不同于其他动物：“禽兽根据本能决定取舍，而人则通地自由行为决定取舍。”“在一切动物之中，区别人的主要特点的，与其说是人的悟性，不如说是人的自由主动者的资格……而人特别是因为他所意识到这种自由，因而才显示出他的精神的灵性。”[②] 在《论人类不平等的起源和基础》一文中，卢梭着重说明的是自然状态中的“原始人”所具备的能力，他们最开始所有的是自然所赋予的纯动物性的能力，视觉和感觉是最基本的，人类智力的发展应该归功于欲望。原始人之所以在自然状态中感觉不到不平等的存在，是因为他们对自然的不平等没有知识，相互孤立。如果说卢梭认识论中的情感主义特质在此已经通过自然状态中的原始人初现端倪的话，那么其认识论的全部精髓则在《爱弥尔》的教育思想中表露无遗。

在《爱弥尔》中，卢梭依然指出生活在现实社会中的人的认识对于感觉的依赖，“在我的肉体活着的时候，由于我只是通过我的感官去认识事物，因此，所有一切不触及感官的东西都逃脱了我的注意”。灵魂和肉体的生活应当区分对待，作为个体的人不知道灵魂的性质，也无法描述灵魂的生活，因为“我有限的智力想象不出无限的东西；一切无限的东西，

---

① ［美］普拉特纳等：《卢梭的自然状态——〈论不平等的起源〉释义》，尚新建、余灵灵译，华夏出版社2008年版，第39页。

② ［法］卢梭：《论人类不平等的起源》，商务印书馆1962年版，第82—83页。

我是无法想象的"[①]。在这里似乎卢梭指向了一种悲观的论调，认为有限的人无法去想象和追随无限，但是他随即又肯定了个体的人能够通过感觉和思想去认识到灵魂从而意识到灵魂的存在，人可以接受合理的假定，并且所谓灵魂和上帝的存在根本就与人类生活缺乏必然联系，这样他就仍然还原了他对人的认识能力的乐观预期。卢梭一直试图区分出人和神的两个世界，在人的世界里，唯有感觉是唯一可靠的，比理性更能给予人鲜活的思考。人在人的世界里是无限自由的，虽然神的世界不完全可知，但是自由意志也能促使人们至少作出假定。"我知道，世界的结构是人的心灵所不能理解的；但是，只要一个人想把它解释一番，那就需要讲出一些人们能理解的东西。"[②] 外在于人类的某种意志或力量（卢梭将它称为"上帝"，而前缀的状语是"不管它是谁"），既扰乱人心又无助于为人，这样的知识对人没有意义，而且超出了人的理解能力，所以就没有必要去努力追寻。卢梭的认识只针对具体可感的经验现实，对于超验的存在他的态度是加以肯定但维持适当的距离。他借用笛卡尔的"我思故我在"，提出了自己校验真理的法则，"我存在着，我有感官，我通过我的感官而有所感受。这就是打动我的心弦使我不能不接受的第一个真理"[③]。因此与理性的推断形式相比，卢梭格外信任感性经验。"我之所以采取多凭感觉而少凭理智这个准则，正是因为理智本身告诉过我这个准则是正确的。"[④] 个人的体验远胜于神灵感应，而"自我体验最深沉的，实际上也是唯一形式的，乃是良心的体验"[⑤]。为知识赋予形式和提供基础的，只在于个人。就认知的对象而言，每个人都是出于自己才追求真正的洞见。因此，卡西勒评价说，"《爱弥尔》第一部分想要灌输这样一个原理：即便是所谓的外在经验，也仅仅看似'从外部'到达人类的。即便是感官世界的周界，也只有亲身步测的人才能真正知晓"[⑥]。

在卢梭的认识论体系中，上帝在场却无言，卢梭始终凸显着人的主体

---

① ［法］卢梭：《爱弥尔》，李平沤译，商务印书馆 1996 年版，第 405 页。

② 同上书，第 391 页。

③ 同上书，第 383 页。

④ 同上书，第 386 页。

⑤ ［德］恩斯特·卡西勒：《卢梭问题》，第 99 页。

⑥ 同上。

地位和自由意志，人的感觉、情感和感性经验超越了理性判断成为最直接可靠的认识来源。对于西方强大的怀疑论传统而言，卢梭是一个不折不扣的反叛者。他与整个充满束缚与反省的幽暗意识形成了对立，通过自然人走向社会人的堕落过程试图化解人生而负罪的基督教思想。这种对人性的乐观期待和相信人之为人的主体性思想虽然在感性和理性之间的界限上过于分明和武断，但是却能够很好地嵌入中国传统认识论的框架。

认识论的关键在于人作为认识的主体如何去面对与整合外在于人的客观世界，尽管卢梭的认识论基调与中国传统认识论相似，但是在主客体的关系问题上，他还是典型地趋向于二者的分裂。儒家对于个人生活的角色和定位抱有整全式的理解，在己、人、物三者之间不需要填充深邃的沟壑，这是其有别于西方主客体、心灵与物体二分思维模式的最重要特征。同西方哲学一样，儒家思想中的个人也具备了认识和实践的功能，但是实践首要于认识，实践中，道德实践又是首先的。孟子有云，“万物皆备于我矣。反身而诚，乐莫大焉；强恕而行，求仁莫近焉”（《孟子·尽心上》）。东汉赵岐有注：“物，事也；我，身也”，这种较为通常的理解仅将“物”与“我”作为外和内的两重关系来透视孟子的观点，但是赵岐所看到的也许不是意义的全部。孟子这段话讲的是从“我”来体认万物的态度，“我”在本质上并非是具象化的个人，而毋宁说是抽象道德本体意义上的存在，①“物”是由于“我”的观察和投射而开始具有其自身的价值意义和取向的，因此这世上的一切皆因为“我”的存在而存在。在物我问题上，没有先后次序，万物不是先于我也不是后于我而存在，物我之间不是线性的时间关系，而是因果关系，是由于有我，才有了对万物的观照，赋予万物精神。物及其“性”一直存在，它等待着“我”的出现来发掘，而“我”则通过“反身而诚”和“强恕而行”找到为仁的良方。此外，儒家对于“万物”的包罗还有更为宏大的叙事，即“万物一体”，这个命题的最终提出实际上是对“尽性”“万物皆备于我”等说法的全部总结。“仁者，以天地万物为一体，莫非己也。认得为己，何所不至？若不有诸己，自不与己相干。”程颢倡“万物一体”，根本上是进一

① 此处引用了《“孟子‘万物皆备于我’”章释义》一文的部分观点（彭高翔：《“孟子‘万物皆备于我’”章释义》，《中国哲学史》1997年第3期，第25—31、102页）。

步拓展了孔子"仁者爱人"的命题，他将儒家的"仁"等同于整个宇宙，天地间的万物都和"己"有着莫大的关联，只要收纳和安排好"己"的位置，那么就"何所不至"。王阳明继续发挥了张载和程颢的观点，岛田虔次评鉴说中国哲学万物一体的思想第一个高峰属于程明道，第二个高峰则属于王阳明。王阳明的万物一体不仅上涉世界本原，而且更将致良知的哲学贯通到了伦理政治，他强调人才是天地万物的中心和主宰，如果每个人都能推良知于天下，那么将实现一个王道社会。所以，儒家的"万物一体"主要刻画的并非仅限于人与自然共同惬意安居的图景，而更多的是一个理想化了的充满着伦理精神和人格的政治社会，这也是由儒家对己、人、物三维关系的理解所内在决定了的。

在中国传统认识论中，由于宋明理学对于天人关系的特别思考使得其经常被比附为与西方哲学相通的认识论，朱熹的"格物致知"说就是范例，冯友兰和牟宗三皆肯定"心"与"物"或"理"是对立的关系，格物的过程将被扩充为致知。[①] 然而，即便是最有似于西方的朱熹，其认识论的前提实质上是"心与理一"，依然是内在于人的，主体在格物之前已经将万理备于心中。王阳明敏锐地觉察到了朱熹理学中的这个容易导致纲常名教支离破碎的缺陷，发挥了陆九渊的"心外无理"，讲天下之理，皆在吾心，"知行合一"。认识的唯一途径就是"致良知"，而良知是"是非之心，不虑而知，不待学而能"。将孟子作为先验道德观念的"良知"转化为本体论意义上的天理。这样的认识完全诉诸于人的天性和本能，甚至否认了感性经验的作用。"良知不由见闻而有，而见闻莫非良知之用。"[②] 而且良知是判断是非决定认识是否正确的唯一标准。因为人人都有良知，自圣人以至愚人，都有这样的心之本体。而致良知之要在于行动，"知之真切笃实处就是行，行之明觉精察处就是知，知行工夫本不可离"[③]。行就是贯穿日常行为规范中的修养功夫，是服从和统一于"知"下的道德践履。这种认识论反映在具体的社会生活中，就是重伦理而轻科学，重

---

① 朱汉民：《西方认识论还是儒家工夫说——谁误读了"格物致知"?》，《光明日报》2012年3月28日。

② 王阳明：《答欧阳崇一》，见《传习录》，中州古籍出版社 2008 年版，第 237 页。

③ 王阳明：《答顾东桥书》，见《传习录》，中州古籍出版社 2008 年版，第 161 页。

“德性之知”而轻“见闻之知”，重实践理性而轻理论理性。

高瑞泉认为乐观主义是对中国现代思潮的一种精神分析，并将它作为20世纪中国文化精神的主流，与当时的忧患意识成为两种并立的社会心理，乐观主义的来源是中国古代的“易”理，根据这种宇宙观，20世纪的中国很容易地接受了进化论的思想，并演变为其时的时代精神。高瑞泉亦借助波普尔和墨子刻的说法，认为这种乐观主义表现在认识论领域就是认识观的乐观主义。[①] 比照前文归纳的关于认识论的乐观主义基调的两个原则（人的认识能力的限度和人的自由），中国传统认识论都基本上可以被纳入乐观主义的旗下，乐观主义不独是20世纪的时代标签。清末民初的中国社会在认识论上当然继承了既有的传统，在道德与政治的双重谱系下强调人如何从自身跃动为终极和至善的可能，而且由于近代西学思潮中“进化论”等理论的传递，使得在认识论基调上更能够和卢梭的乐观主义品格实现对接。

第三节　向善的人性论的相通

卢梭思想与清末民初中国社会所秉持的认识论基调都是乐观主义的，这种乐观主义以人为中心，相信人的认识能力和人的自由。鉴于认识论和人性论在逻辑上的一致性，乐观主义的认识论必然会导向一种向善的人性论，从而去往道德的乌托邦。卢梭和当时的中国社会在国家理想上的共同倾向，也使得他能够真正感召和作用于当时的政治哲学语境。

一、卢梭的人性论

卢梭在《论不平等》的序言中即提出，德尔菲神庙的箴言“认识你自己”比一切伦理学的巨著都更为重要和深奥。人如何认识自身，便成为其认识论的开始。根据认识论和自然状态的探讨，卢梭哲学的伦理基础是性善论，而且是一种“良心论”，良心是天赋的自然感情，相当于“不

① 参见高瑞泉《乐观主义及其问题——对中国现代思想思潮的一种精神分析》，《天津社会科学》1997年第3期，第34—39页。

虑而知，不学而能”的良知良能。[1] 卢梭用良心作为人与禽兽的区分，而不是理性。无良心的理性是无规范无原则的，是“倒霉的特权”[2]。朱学勤称，卢梭既不需要帕斯卡到笛卡尔的法国式先验理性，也拒斥了培根到洛克的经验理性，因为这些理性要么直接承认权力的天然合法，要么以经验事实来证明其合法，人的道德和自由以及良心被隐匿了，人的主体性也就随之而消失。在卢梭看来，良心已经足以敷用，它同时具备了功能性的完善能力和判定性的认识能力。向善和能善的人性论是卢梭乐观主义认识论的自然进路，也为其国家的道德功能铺设了道路。卡西勒强调，卢梭主要关注点之一便是寻找人类的本质，二论是其初步性的尝试，直至暮年，卢梭自称“人性的历史学家”[3]。

作为完善能力，卢梭认为“人的特征”这顶桂冠，只属于可完善性，良心在其中还处于萌芽和懵懂的状态，无善无恶。普拉特纳认为人的这种独特性却是超越了时间，而被卢梭归之于机械原因的偶然作用。卢梭实际上是在运用历史言说，人性是人的历史的产物，人则是历史的存在。可完善性因为偶然被激发出来，使人成为人，具备了理性、语言、德性等其他特有的能力。在人性的可完善性上，卢梭所寄予的期望和中国传统基本类似，相信正是这种独特的“性”区分了人与动物，并继续为人赋上伦理和政治的属性。二者最大的不同在于，卢梭笔下这一切是偶然的，需要被推动的，如果没有外在的事件，那么人将始终是次人。在中国传统中，我们却很难看到人性论中的历史性的解读，人性直接来自对客观的天道的模仿或本身就是自为自有的。

作为认识能力，良心具有判准性。人的欲望之源在于人的天性，而自私或自爱是其中第一位的根本欲念。自爱是“原始的、内在的、先于其他一切欲念的欲念”[4]。它作为一种自然情感，本身并无善恶指向。但是自爱之心绝不能由其任意发展，必须用情感加以约束，用理智去战胜偏见，否则将导向一种绝对的情感。自爱的范围应当被控制在“对自我保

---

① 赵敦华：《西方哲学简史》，第 245 页。

② 北京大学哲学系外国哲学史教研室编译：《西方哲学原著选读》下卷，商务印书馆 1982 年版，第 86 页。

③ ［德］恩斯特·卡西勒：《卢梭问题》，彼得·盖伊所写作的导言，第 19 页。

④ ［法］卢梭：《爱弥儿》，李平沤译，商务印书馆 2012 年版，第 318 页。

存的关怀”中，而且自然人也不是天然地就会自我保存，而是由于其可完善性而在不断地学习和模仿中习得了自爱。当自然人和其他动物以及其他自然人开始接触以后，出于自保，他们开始渐渐产生了把“我”转移到他者身上的能力，而这正是政治社会中人际相互认同的前提条件。[①] 此外，在《论不平等》的序言中，除了“热烈地关切我们的幸福和我们自己的保存”这一早于理智而存在于自然人身上的法则之外，还有另一种法则，即看到其他有知觉的生物，尤其是同类，在有遭遇的时候那种“天然的憎恶”[②]。这就是同情心或怜悯心，当自然人意识到别的受难的自我存在时，他就能够将自己的感受转移到别人的情境中去，设身处地地与受难者情感共鸣，从而实现对他人的同情。这种同情和孟子的见人子将入井的怵惕恻隐之心十分相似，其对于道德的推导能力亦类似于儒家所讲的推己及人的涟漪式的为仁之方。[③] 良心就是在对自我的展现中实现了对自我以及他人关系的认识，并具有一种直觉式的判准能力。

二、中国传统人性论

对人性的认识、怀疑和肯定，贯穿了整个中国传统哲学，而人性论中最为主要的便是对“性”的定性认识，它证明了人的主体能动性和向善的能力，与乐观主义认识论一起构成了完整的认识循环。

1. 对“性”的定性

甲骨文中本无“性”字，它是从“生”字演变而来的，直至金文中也还是只有“生”一字，“性”的最早和最完善的表达出现在《尚书》[④]。《尚书》中所列文献里提到的“性”既有天性（《汤诰》《西伯戡黎》），

---

① 林壮青：《卢梭自爱的政治认同能力》，《福建师大福清分校学报》2010 年第 4 期，第 86 页。

② ［法］卢梭：《论人类不平等的起源》，第 67 页。

③ 若详加分析，则能察觉，卢梭的同情和孟子的恻隐基本相似，但是卢梭对于自然人的性善也仅止步于此，与孟子所讲的四端俱全的四心说和丰富的性善论相比，卢梭对于性善的认识还没有达到如此充沛的境地。

④ 据欧阳祯人先生的《先秦儒家文献中的“性”》一文考证，《尚书》中言“性”共五处，如“惟皇上帝，降衷于下民，若有恒性，克绥厥猷惟后”（《汤诰》），“习与性成”（《太甲》），“不虞天性，不迪率典”（《西伯戡黎》），“节性，惟日其迈”（《召诰》），“犬马非其土性不畜”（《旅獒》）。其中《西伯戡黎》与《召诰》是今文，其他三篇都是古文。

也有人性（《太甲》《召诰》），还有物性（《旅獒》）。天地之性和万物之性中有人性居于主体和核心的地位，就注定了人性的两栖，也为儒家对“性”的解释留下了大片空场。就今天的成字方式来看，“性”同样是形声字，从心从生，若作字面上的理解则是人禀天地而生的自然气质，这一基本定义确无太多争议，疏解“性”最大的问题集中“性”质，即其究竟是善还是恶，具体的立场和论点见表 8—2。

表 8—2　　　　中国传统“性”质的基本观点和出处

代表人物	基本观点	出处
孔子	性之善恶未作定论	性相近也，习相远也（《论语》）
告子	性可善可恶	性无善无不善也（《孟子·告子上》）
孟子	性端为善	君子所性，仁义礼智根于心《孟子·尽心上》
荀子	性恶	人之性恶，其善者伪也《荀子·性恶篇》
董仲舒	中民之性为代表的性的理解：性有善质	米出禾中，而禾未可全为米也；善出性中，而性未可全为善也《春秋繁露·深察名号》
扬雄	性为善恶皆有	人之性也，善恶混。修其善，则为善人；修其恶，则为恶人（《法言·修身》）
王充	性有善恶	禀气有厚薄，故性有善恶也（《论衡》）
韩愈	性分三品	上者可教，而下者可制（《昌黎先生集·原性》）
程颐、朱熹	性善；性即理	性即理也，所谓理，性是也（《二程全书》卷 22 伊川语录） 性即理也，在心唤作性，在事唤作理（《朱子语类》卷 5）
王阳明	性无善无恶	无善无恶心之体，有善有恶意之动；知善知恶是良知，为善去恶是格物《传习录》

如表 8—2 可以看到，首先，除了荀子这样一个在其理论归属上仍有存疑的学者明确提出性恶之外，几乎所有的儒者都持有性可以为善的观

点，即性是有能力趋善的；其次，所有的儒者都肯认，性和人的行为有密切关系，人能够决定它的导向；最后，需要强调的是，性的源头在于自然，也就是人类的共同特点。

2. “性”专属于人并有向善的能力

“性”是人特有的根本属性，而且“性”上通天命，是天命现实化和世俗化的产物。“人之所以异于禽兽者几希，庶民丢之，君子存之”。（《孟子·离娄下》）人和禽兽之别，就在于人身上“几希”的人性。此外，这个超验的不可用经验证成的“性”又是来自“天”并与天对应的。人的“性”之所成以天作为理论背景，它自在于人，不待而有，天道和事天说的提出为“性”的自然生成找到了一个起点，“性”勾连了天与人，并区分了人与兽，仅只为人所独享。

“性”是内心的善端。“仁义礼知，非由外铄我也，我固有之，弗思耳矣。”（《孟子·告子上》）作为人的根本属性，性不是通过规范和准则来赋予人的，因为一旦如此，性就不一定属于人而且是属于每一个人，所以它必定是表现在个人的内心深处，虽然稀薄却又有着天然的善良品质，这就使得每一个人能够保有它并因为它而具有成圣的可能。“人性之善也，犹水之就下也”①，性在本质上是善，具体包括恻隐之心、羞恶之心、辞让之心和是非之心四端，如果扩而充之就能达到仁义礼智四德，从而人在道德上被定义了，人性也成为了道德的萌芽。②

虽然董仲舒和韩愈曾经试图在人性中分出品级，宋儒也曾经将人性与天道对比得出人性的不完美，但是从主流来看，儒家的人性观基本是面向所有人敞开的，从孟子的“人皆可以为尧舜”到王阳明的“满街皆是圣人”，儒家的平等思想得到了最大化的体现：人至少在道德和向善的路径上是能够实现平等的，而且在这条路上至少是能够有自由的道德或说道德的自由的。

---

① （汉）赵岐注，（宋）孙奭疏：《十三经注疏：孟子注疏》，廖名春、刘佑平整理，北京大学出版社1999年版，第295页。

② 文雅：《传统儒家德性概念试解》，《宜宾学院学报》2011年第2期。

第四节 国家、社会与个人的历史建构

一、卢梭对国家、社会和个人的道德论证

卢梭如何看待国家与个人的关系：在卢梭和洛克以前的古典自由主义者看来，国家与个人中间并没有一个明确的“社会”。所有的自由主义者需要处理的仅仅是自由在国家和个人之间的安置问题：个人在国家内享有多大的自由边界，以及国家作为政治主体所享有的自由究竟在何种程度上影响着个人？洛克则最早意识到一方面利维坦式的国家可能导致极度的专制和集权，另一方面无政府主义又可能导致公民生活的无保障，所以必须在国家与个人之间设置一个社会作为屏障，而且国家的权力应该是在社会之下，市民社会可以对最弱国家进行革命。和洛克以自由为核心价值不同，卢梭最为珍惜的是平等（蕴含了自由）的重要性。卢梭通过“主权在民”宣示了国家和社会的完整统一，而且卢梭的“国家”和“社会”是在特殊道德意义上，而不是在一般政治共同体意义上来演绎的，这就需要回溯到卢梭的国家理论原点。卢梭认为，启蒙理论只知道迎合和满足个人的自然欲求，只关心市民社会反对国家权力的斗争，国家被局限在保护个人自然权利的狭小领域，除了迁就个人与社会之外几乎没有任何实质性的作为。在这种国家中，自然平等被滥用和误判了，它被设计为最低限的自然欲求，人们以行自然权利之名倒置了生活的目的，以享乐和舒适作为人生终极目标，这些行为颠覆了国家的古典内涵——人实现道德伟大和不朽的场所。① 启蒙运动标榜理性和科学带领人们进入了所谓的文明社会，但是正是这文明的进步导致并加剧了人类的不平等。启蒙时代关于人的机械性预设，是要将一种普遍性强加在人类身上，以求将人类统摄于某个法则之中，卢梭则看到了人的尊严、自由和平等的重要性，人的本质不是简单机械的趋乐避苦，而是蕴含了生命力的自由和平等这一属灵的特性。卢梭对个人的发掘和肯认是他的自然法理论区别于既有的自然法学派的根源所在，因此也就导致了他在国家、个人关系上的重新诠释。

卢梭如何看待社会与国家的关系：在《社会契约论》中，订立契约

---

① ［美］布鲁姆：《巨人与侏儒》，秦露等译，华夏出版社 2003 年版，第 227—228 页。

之后所进入的不是单纯意义的“社会”，而是一个真正的政治共同体“国家”，所以与其说是“社会契约”不如说是“国家契约”更为贴切，但是卢梭所向往的国家又非现代生活中的国家。继《论科学与艺术》中的回到古典的论证之后，卢梭所要缔造的“国家”便是古典城邦的具有道德属性的国家，然而它在民主的设施，公民的培养等方面和古典自由主义者的设想有巨大的差别。施特劳斯认为，卢梭区分了立法机关和行政机关，主权者和政府，“政府从公意那接受指导并使用它的权威按照主权者的意图决断公民的行为。它介于主权者和公民之间，因而完全是派生性的。这个区别在卢梭那是很新颖的，它标志着他和其先驱者，尤其是古典政治学家的决裂。它预示了今天至为重要的国家和社会的区别”①。

二、传统中国的群己论证

在1895—1919年的中国，卢梭思想援入之际，儒家思想仍在深层文化结构上显现着。在中国乃至整个东亚社会结构中，血缘作为纽带缔结出一个宗法社会。人际交往和社会秩序都按照血缘亲疏次第排列。所谓“家国同构”即指国家的政治安排和管理手段无非是家族关系的延伸，天地君臣父子操持着相同和相似的伦理守则。在儒家政治中，国家与个人没有对立的紧张关系，也无须用社会来作为屏障，个人被内化和虚化为“己”，社会与国家被外化和概念化为“群”，“四书”就是以群己关系或说个人与他者集合体的关系作为重心。儒家对于人的本质不必追寻到自然状态，而是用道德上的可能向善作为其理论起点。尤其是在《中庸》，个体与群体的关系就是成己与成人的关系，而成人说到底是为了成己。而成己与成人的本体论根据在于“诚者，天之道也；诚之者，人之道也”。“诚者，非自成己而已也，所以成物也。成己，仁也；成物，知也。性之德也，合外内之道也。”据严复考证，中国最早论“群”的当属荀子，荀子曾言“民生有群”，“人之所以异于禽兽者，以其能群也”。在中国知识界接受卢梭的过程中，由于对西方哲学文化的疏离和隔膜，多采用中国传统的概念来进行对译。“群”与“己”的应用便是其中最有争议和最为突出的一对概念。荀子等人释“群”其立足点不是在于群之本身，而是在

---

① ［美］列奥·施特劳斯：《政治哲学史》下，第663页。

于君主的治国之道，多讲“能群”，这和西人所以为的个人本位的“社会”其实是南辕北辙。

三、卢梭与儒家传统在个人、社会和国家观上的关联和殊异

自古希腊以来，在西方主流的伦理学和政治哲学传统中一直存有这样一种看法，即将人性看作一个系统性的构成，在这个系统中，人被划分为动物性的基本存在和高于动物性的特殊部分。柏拉图的《理想国》中曾经将人性分为理性、欲望和激情，在他看来人本性中最为牢固和高贵的东西就是理性。欲望和激情由于易变和极具有个人性的一面，在古希腊崇尚稳定和承诺不变性的思维模式里就是低于理性的，因此难以承担寄托道德原则的说明。亚里士多德进而提出“人是理性的动物”，按照他对事物德性的理解，如果说某个事物的德性在于其功能的完成的话，那么作为人固有的理性，人之德性就在于理性及其完成。[①] 理性之所以恒常不变，是因为其根源或来自彼岸的理念世界，或来自上帝的赐予，或在于人类认识形式与功能的共通性。从柏拉图到古典自然法学派，乃至当代的罗尔斯，都相信理性可以通约，理性自然能够自行为人类找到一条普遍化的出路，创立普遍有效的法律制度或道德规范。理性既然来自复杂人性中的一个组成部分，而且怀有宏大的政治抱负，因此理性主义在处理人的自由问题时便面对着双重约束，首先是人自身的约束，理性的意志要控制非理性的冲动和激情，使人能够成为人；其次是政治共同体对于人的约束，政治共同体要管理分散的个体将其凝结为一体，使国能够成为国。古希腊的政治学家多强调前一种约束，他们更着重于人的个性发挥和个人的卓越与突出；古典自然法学派以降，当近代国家主义和民族国家的热潮兴起之后则对后一种约束格外着墨。卢梭则表现出了一种更为超越的态度，就人的本性而言，人并不是天然就具有动物性的，也不是天然就要趋向于某个内定的目的——要过政治生活的，理性在卢梭这里并不具备天然的优越性，他用两种特征取代人的理性来定义人性，人性特征之一是意志的自由，“人不是为其本性所决定的存在物，他可以选择、接受和拒绝……这种自由意识是

---

① 文雅：《斯坎伦和帕菲特论人的道德行为如何可能——基于理性、理由及个人的阐述》，《中国矿业大学学报》（社会科学版）2011 年第 4 期，第 26 页。

他的灵魂的精神性的明证”[1]。启蒙运动的领导者们相信，自由在于对于某种必然性的认识，于是将自由贬低为对绝对理性的服从，意志在其中微弱无力。卢梭拯救了意志，将自由认作意志的自发性活动；人性特征之二则是人的可完善性。[2] 人本来不必然是政治或社会的动物，人的自然本性只是由于种种偶然才迈入了与共同体有联系的理性状态。就这一点上来说，所有的人都是自由和平等的，仅仅意味着，他们在物理性上是如此。在卢梭看来，个人的自由不一定体现为理性的控制，在理性出现之前，个人已经拥有意志的自由，在理性萌发之后，个人的自由则是更多地和社会以及道德的自由联系在一起。个人在面对政治共同体时，也不需要把共同体看作强大不可冒犯的利维坦或者是松散的只因自我保存而存在的无意义的联盟。基于对人性的乐观主义预设，卢梭遣散了理性的特殊权威，与霍布斯和洛克对于国家与人之间的敏感和紧张关系的预设不同，卢梭认为国家不应当是只为着保全人的生命和财产这样一个消极的目的而存在，不应当在人的自由和国家的统治力之间设下不可逾越的藩篱，国家应该是能够成就和完善人的，只有这样的国家才能激起人内心深处的忠诚，给予人以幸福。

因此卢梭对于自由的范围和边界便不似其他欧陆哲学家那样对于国家的强制力有着如斯的敏感和警惕，国家非但不构成人的限域，反而是成就和完善人的幸福所在。在他所定义的三种自由中，自由从自然的自由出发，经过社会的自由最后落脚在道德的自由，理想国家和最后的政治共同体不再是毫无感情和道德意义的存在，它已然被定格在美德的场所。卢梭的道德乌托邦和中国古代社会对于国家肩负的教化功能有重叠之处，这是他能够在清末民初社会迅速得到理解的一个重要原因，但是这只能说明这两个平行时空所产出的观念是相似和相容的。实际上，二者的出发点和论证路线都大为殊异，卢梭一直在利用自由诉说一种和当时主流政治哲学不同的国家理论，目的在于思考和完善个人的最后幸福，将这种幸福寄托在一个纯粹的理论框架上。

但是清末民初社会所继承的对于国家的看法则直接来自中国的传统政

---

① ［美］列奥·施特劳斯：《政治哲学史》下，第651页。

② 同上。

治实践，国家首先是现实的，肩负了实际教化和道德规范功能的，其次国家的目的不在于实现作为单个个体存在的个人的幸福，个人也从来没有和国家构成紧张的对抗。在传统中国的语境中，无论是世袭社会还是选举社会，正如知识和权力永远不可能对所有个体敞开，自由也并不对所有个体开放。即便是阳明心学曾经为“满街都是圣人”的图景创造了些微的可能性，但是阳明学的最后指向也不在于实现个人的价值与尊严。此外，传统中国的“自由”疆界比“平等”更加难以捉摸，它多停留在道德、文化与精神层面，很难进驻到制度或者说政治中。在这样的一个场所中来消化卢梭作为“局外人”而设计的自由和国家的关系，虽然有一个认识论和人性论以及国家功能上的基本认知提供了乐观的开端，但是其结局可想而知，必定是生疏和歪曲的。

卢梭与儒家传统在个人、社会和国家观上的关联和殊异主要在于以下三点：

第一，从人性预设而言，卢梭和当时儒家文化传统都对此有较为乐观的看法。卢梭认为人性中本来就内涵了自爱和怜悯，而儒家文化传统则普遍对人性的向善性作出了肯定，对“四心说”有基本的认同。从国家与社会的性质来说，卢梭设计了一个理想的但又是有着明确疆界和各种细则的国家，社会在绝大多数时候是隐含在国家之中的，强有力的国家也是强有力的社会，国家与社会都肩负了相当伟大的道德目标并引领公民去实现，公民或者说个人的最终理想和价值是自由和平等，国家、社会与个人达到了最后的统一。儒家文化中，“社会”有着极为具体的组织形式，它更多地体现为费孝通所讲的“乡土中国”，也即是近处的血缘和宗法制度下的社会，在鸦片战争和甲午海战以前的中国，国家则和更为抽象的“天下”关联在一起，与个人和社会的距离较为遥远。在1895年以后，当民族存亡的命题成为极其紧迫的时代呼声之后，“国家”观念倏然间在中国知识界被唤醒了，而这个“国家”和卢梭所讲的“国家”仍然很不相同，它是民族的，是具有功利和现实感的，是一个独立的政治单位。基于这样的区分，贯穿在个人、社会与国家三重关系之间的平等也就因此而发生了转移和置换。

第二，在儒家传统文化中，群的意义压倒了个人的一切重要性。在与西方思潮相遇的近代道路上，以个人权利和自由为优先考量的洛克和密尔等人在中国难以找到培育此种思想的精神土壤。当时的理论家和革命家们在论证革命合理性的时候，往往将民权消解在民族主义和国族主义中，以国家和种族的生存与崛起来代替民权和个人。孙中山曾言，“振起民族精神，求民权、民生之解决，以与外国奋斗”①。显然，民权不是独立的革命目标，振奋民族精神才是首要的任务。因此，经由严复、梁启超一系所阐发的密尔式的自由在当时也就随之而变为国家和社会的自由而不是个人的自由，同样地，平等也就不仅仅是个人的平等而是国家在对外的时候所需要面临的困境。相形之下，卢梭对于私有制和贫富差距的鞭笞，在经济平等方面更契合了当时中国知识界长久以来所保有的“均”的化育，平均地权、均贫富对中国人来说是可以被接受也是最容易被消化的平等精神。

第三，卢梭所讲的“平等”是从个人出发并回到个人的，其中的“个人”并无特指，甚至可以用“公共的”来指代所有个人。传统儒家视野中的“平等”最初是指个人德性能力（而非德性本身）上的平等，最后要实现的也不是个人的平等，而是个人的卓越和道德上的超拔。1895—1919 年的中国知识界所追求的“平等”保留了传统儒家对于平等人格的描述，同时还有在内对抗宗法、对抗王权、肃清专制色彩这三重意义，对外则以整个中华民族的形象去争取国家和民族平等的特殊使命。卢梭的平等观在清末民初语境下只切中了其中第二重意义。

综上，平等是现象描述，也是理想追求。它在不同语境下有不同指涉的对象，其内涵与外延都极富有延展性。在卢梭思想中的平等和当时中国知识界所接收到的平等的信息也因为对平等概念的理解偏差而出现了各种变体，即在国家、社会与个人的三者关系上，对于平等主体的优先性的不同认知直接导致了平等观念的不同结构。

四、道德乌托邦的共求

人之为人正在于人不能也不应该放弃自己的自由，这是人的本性所决定的，它也指征着人的根本道德。有别于理性作为人的规定性的一般启蒙思想，在情感方面开启了另一种启蒙方式的卢梭和传统儒家都在某种程度上肯定了人之为人的基本性质是向善的，而且是自由实践的道德主体。一

① 《孙中山文选》，曹锦清编选，远东出版社 1994 年版，第 178 页。

旦要在人群中实现普遍的自由，则必须面对的问题就是如何缔造一个合理的政治制度来保障自由，这就立即展开为政治和道德的深层关系：卢梭理想中的“某种合法的而又确切的政权规则”承载了建设道德理想国的重任，它要在“正义与功利”之间寻找平衡，使人们能够在其中得到平等的自由。

卢梭的这一运思暗合了传统儒学对于政治和伦理道德的定位。马克斯·韦伯认为，儒学将人对世界的紧张感降低到了最低限度，儒家伦理精神中，伦理要求与人类缺陷之间的紧张关系式不存在的，故儒家的道德政治理想和政治现实就不是紧张的。[①] 但是若观之现实，在中国传统的政治实践中，却背离了这种德治理想。和卢梭的理论更适合于作为理论模型一样，儒家的德治主义建构也是架空的。徐复观曾经指出，儒家的设计是“天下为公”，“藏天下于天下”，但是在长达数千年的实际政治运用中却是“藏天下于筐箧”的私有天下。儒家的政治和道德不是如同他们所希望的那样合二为一，而是难以调和的，儒家“政治的理念，民才是主体；而政治的现实，则君又是主体。这种二重的主体性，便是无可调和对立”[②]。这在前文的“天”和“天命”与皇权和士大夫阶层的关系中已经得到了展开和说明。

因此，若比较卢梭的政治和道德论与中国儒家传统，则很容易找到可以对话的地方，它们都遵循了政治与伦理的合一，将政治现实拔高为道德理想，用道德理想来打造政治现实，这种应然与实然，价值与事实之间的混淆往往导致现代民主制度上的困难，“因为，从近代西方民主政治发展的经验来看，政治从道德伦理中分离、独立出来，逐渐发育出近代政治工具理性和功能理性——马克斯·韦伯称之为形式合理性，这是民主政治制度构建的理论前提”[③]。而卢梭和传统中国则显然故意忽略了这一点，他们仍然停留在一个相对古典的传统中，强调政治和道德的合一，“道德乌托邦”是他们的共同诉求。

---

① 墨子刻：《摆脱困境——新儒学与中国政治文化的演进》，江苏人民出版社 1996 年版，第 2 页。

② 徐复观：《徐复观集》，黄克剑、林少敏编，群言出版社 1993 年版，第 123 页。

③ 肖滨：《评徐复观对儒家道德政治理想的现代转进》，《学术研究》1997 年第 9 期，第 52 页。

第九章

余论：卢梭平等观的持续影响及初期实践

一、卢梭平等观与孙中山

恩格斯曾在《反杜林论》中论及，“（平等）这一观念特别是通过卢梭起了一种理论作用，在大革命的时候以及在大革命之后起了一种实际的政治作用，而今天差不多在一切国家的社会主义运动中仍然起着很大的鼓动作用”①。实际上，不只是一切国家的“社会主义运动”，如前所述，卢梭的平等观念在法国大革命之后至关重要的一脉是影响了近代民族国家的缔造，近代日本幕末明初的民权运动在政府的高压下采取了较为隐晦的形式来回应卢梭的平等理论，与此形成对照的是，在中国则通过理论的发酵、准备和动员，并和其他思想会合，最终酝酿出孙中山领导的辛亥革命，建立了中华民国，真正将卢梭的平等理论在亚洲国家加以实施和践行。辛亥革命的革命口号、革命理论以及革命目标从不同层面呼应了卢梭平等观在清末民初的诠释路径，同时，其中夹杂着的中国元素和对当时实际问题的回应，又将这一平等的实践推向了现实化和扩大化的进一步发展，从而为日后无政府主义的泛滥以及激进社会主义的宣传与实践拉开了序幕。

从辛亥革命到民国初年，孙中山所颁布的一系列宪章与法令均体现了

① ［德］恩格斯：《反杜林论》，见《马克思恩格斯选集第三卷》，中共中央马克思恩格斯列宁斯大林著作编译局编，人民出版社2012年版，第142页。

卢梭平等观中的政治理念，例如契约立国、公意统治等。[①] 孙中山在日期间曾联合梁启超一起借卢梭的《民约论》为旗帜，鼓吹革命共和之路，如果说梁启超被誉为“中国的卢梭”是在学理的意义上被定义，那么孙中山的“卢梭”之名就是在实践的意义上被肯定，在孙中山逝世后，宋哲元敬挽曰：“开中国新纪元，其事千古，其名千古；与卢梭相辉映，泰东一人，泰西一人。”孙中山在就任中华民国临时大总统时的誓词称，“颠覆满清专制政府，巩固中华民国，图谋民生幸福，此国民之公意”。他所使用的关于民族和公意的概念就是直接取材于卢梭。孙中山曾经借助卢梭言说了自己的政治理想，同时又不囿于卢梭，甚至在后期反对卢梭的天赋权利和“平头的平等”，将卢梭归之于“假平等”，他详细区分了初始地位的平等和结果的平等，人为的平等和天赋的平等；他在五四以后对于政治现实的把握告别了卢梭思想中浪漫和激进的一面。从而在很大部分程度上改造了卢梭的平等观念，也可能影响了民初社会对卢梭的一般看法。[②]

在孙中山对于平等的起源、概念、分类和实现手段等方面的论证中，可以看到他非常强烈的实践面向，如果说卢梭一直游离于现实和理想之间

---

① 王国永：《〈民约论〉与孙中山的民权主义》，《浙江万里学院学报》2008 年第 1 期，第 29 页。

② 结合历史，孙中山提出了“平等”概念的几个层次。

首先是真假平等的区分。孙中山认为所谓的真平等，就是人们在初始起点的地位是平等的，不过由于个人的聪明才力天赋不同，于是造成了结果的不同，因此自然也就不能有平等。这是真正平等的道理；所谓的假平等，就是如同天赋人权的学者们所强调的那样，不管各人天赋如何，而一律要求平等。真正的平等在于民权的平等，或者更具体地讲，在于政治地位的平等，也是人造的平等。

孙中山对于真假平等的区分：

类型	过程	内容	来源	图像描述
真平等	初始地位的平等	政治地位的平等	人为的平等	底线的平等
假平等	结果的平等	一切的平等	天赋的平等	平头的平等

其次，根据真平等的道理，既然人类天生就是不平等的，存在着极大的自然差异，而且在人类社会中，这一不平等还在被加剧和扩大着，那么人类的不平等也可以相应地分为两种：一是天生的不平等，按照聪明才力的区分，人类可以被分为如下几类：圣、贤、才、智、平、庸、愚、劣；二是人为的不平等，是由于特殊阶级的暴虐无道所造成，人类按照阶级被分为帝、王、公、侯、伯、子、男、民。前者是客观存在的事实，而后者则是我们需要通过唤起革命来打破的目标。

论证自己的平等观和自由观的话，那么很容易在对比中看到，孙中山与严复、梁启超和其他阐释者们的共同处境几乎都是一直强调如何在现实层面来贯彻、改造和宣传平等的理念。孙中山的平等精义呼吁人的道德心旨在改造人的天然差异，是其用革命来改造人类现有的阶级不平等状况的补充。他在提出这一理论的时候距离辛亥革命已经有13年，从严格意义上来讲，不属于本书要讨论的时间范围，然而我们仍然可以从中发掘出孙中山和卢梭的分歧所在，并且寻找到辛亥革命以后民初学人在“革命”命意渐次消退之际，如何重新评价和理解卢梭的语境。

孙中山对卢梭的否定和质疑主要体现在天赋人权的学说，之前亦已讨论过，基于“天”来理解卢梭所论述的自然，孙中山不可能洞察到自然法理论的奥义和平等观模式的理论范型。在孙中山否定和质疑天赋人权的背后，隐藏着他对于国家主义重于个人主义的设定。有学者指出，孙中山的民权主义思想虽然在权能分治的设计中采纳了西方民主思想，但是他“对于西方‘天赋人权’和自由平等等民主价值观，则采取了一种赞美而重视不够，甚至在某种程度上将其与争取民权的政治斗争对立起来的态度”①。即，孙中山始终以推翻专制政权作为民权主义乃至其他主义的首要任务，但是潜在的含义是，孙中山可能过于重视在政治上的破坏、斗争，而对于个人自由和平等的价值，他认为是在国家建立之后，待国家自由和平等成立之后不争的事实。国家压倒个人，这也正是平等观的理解和化育中非常典型的一个特征，平等自此被拓展为国家的旨趣和目标而成为与个人无涉的价值，平等因此得到了扩大化的表述。他明确提出，“在今天，自由这个名词究竟要怎么样应用呢？如果用到个人，就成一片散沙。万不可再用到个人上去，要用到国家上去，个人不可太过自由，国家要得完全自由。到了国家能够行动自由，中国便是强盛的国家。要这样做去，便要大家牺牲自由”②。他主张先有国家自由，然后才有个人自由的发展。③ 孙中山和严复、梁启超以及各版本的译者及阐释者都是一致的，都

① 宋德华：《孙中山民权主义思想演进的特点》，《广东社会科学》2009年第5期，第83页。

② 孙中山：《民权主义》，见《孙中山全集》，第9卷，中华书局1986年版，第282页。

③ 尤其有四种人，甚至要先牺牲个人自由和平等来争取国家自由，他们分别是革命党的党员、官吏、学生和军人。

强调国家主义的价值取向，这是由于当时中华民族所面临的具体问题所决定的，无论是立宪派还是革命派，在面对外侮内患的时候，首先所要处理的是民族的团结和国家的凝聚。但是孙中山在坚持国家主义的同时，对个人自由和平等的有意忽略和牺牲也达到了惊人的程度，他的理据在于，天赋人权不可能存在，于是便仍然在个体差异的层面规定了个体分别的权利和义务。梁启超在论述国民和民族理论的时候，朝向国民性和新民做了详细的论证，而孙中山则特意强调非个体的牺牲不能成就一个国家的自由，这是孙中山的民权理论最引人诟病之处，也预设着五四以后平等主义的锋芒下，国家主义的理论模式渐趋成型。

在这种国家主义的骄傲背后，潜伏着清末民初思想界的精英主义立场。孙中山认为，应当从我们的历史实际出发来讨论平等的践行，中国人对于平等的论证和西洋人不同。和梁启超在《政治学大家伯伦知理之学说》一文中一样，孙中山在革命的发起者、宣传者和被动员者之间预设了精英主义的立场。梁启超同意伯伦知理的观点，认为建立一个国家需要一些超出同侪的人才，孙中山的这种精英的倾向则更甚于梁启超。他们的精英主义立场一方面来自传统中国的惯性思维方式，我们看到即便是在带有极强的平等主义色彩的阳明学实践中，依然无法摆脱在人群中划分职业或等级的固有做法。清末民初思想界所接受的固有平等观念中，真正的平等仅存在于人心或人性的可能向善的一面，因此孙中山和梁启超等人也就难以和卢梭等人在全人类的抽象和完全平等上达成共识。另一方面，孙中山和梁启超关于精英动员大众的论调显然也受到了德国和日本等以国家学为其主要理论根据的思想家的影响。洛克和卢梭等人所宣扬的平等并没有在人群中比照一定尺度来区分领导者和被领导者，他们或者以不变的理性作为人的特征，或者以共通的情感和感性生活作为人的公约，他们不曾面对立刻的危难和完全活化的现实革命，因此他们的平等观归根结底是纯粹理论的建构。梁启超和孙中山则与之不同，梁启超在个人、民族和国家的意义上阐发了平等观的具体化，孙中山则看得更远，他不仅实践了平等观，还对照革命之后的中国现状进行了反思。而且在论证了精英如何依托和发动群众进行革命之后，他对于如何消除自然的不平等的论证极不符合现实和缺乏说服力，他对于人的天赋才能的划分（先知先觉，后知后觉和不知不觉）也仅仅是强调了人类之间的确可能存在着聪明才力的不同，但是对于为什么先知先觉者就一定能够保证在革命以后完全服务于后两者，单薄的服务和道德心的提升不足以成为理据，并且事实上，在辛亥革命之后，革命领导者对民众的抛弃和拒绝以及精英分子的再精英化也印证了这一点。

平等观的扩大不仅体现在对国家主义的反复强调，还体现在国家和民族在对外的时候所采取的态度。之后，孙中山进一步将民族主义拓展出去，1924 年，他在广州高等师范所做的演讲词中，首先称颂了俄国革命和列宁，赞同列宁所提出的，“世界多数的民族十二万万五千万人，为少数的民族二万万五千万人所压迫”①，因此我们要民族自决，为世界上被压迫的人打不平。在恢复了我们民族自由平等的地位之后再来讲世界主义。从而将民族主义的鹄的设定为中华振兴之日，为弱小民族摆脱列强的压迫。因此，孙中山在他关于民族主义的论证中，从驱除鞑虏的实现，到五族共和的提出，再至中华民族在世界舞台上作为正义力量的期许，将平等从民族内部推及世界之林，比之卢梭在《社会契约论》中所要阐发的那种相对局限的民族主义更多了现实并兼及宏远的意义。

孙中山曾说：“余以人群自治为政治之权利，故于政治之精神，执共和主义。”② 共和是孙中山一生为之追求的最后目标，何谓共和？胡汉民将孙中山的共和主义概括为“至平等”。孙中山真正将卢梭的平等贯彻实行，而且在形式上实现了卢梭所称的“主权在民”的政治理想。在平等和自由之间，孙中山明显偏爱平等，认为要能够自由必要得到平等，他和卢梭一样，以为如果得不到平等也就无从实现自由，但是他和卢梭不同的地方在于，他从不在理论范型上空谈平等，而是用三民主义作为载体来寄托他对于平等的设计和向往。在“争平等”到“至平等”的理路中，孙中山有别于以往知识分子的纯粹理论建构和设想，给予了平等一个厚重的载体——三民主义，使平等和自由从民权主义继而民族主义和民生主义，在现实中国社会呈现出其独特的内涵。而孙中山本人后期对于苏维埃制度和马克思主义理论在民族、民权和民生问题上的赞扬与借鉴，也证明了卢

① 孙中山：《孙中山全集》第 9 卷，中华书局 1986 年版，第 225—226 页。

② 孙中山：《孙中山全集》第 1 卷，中华书局 1981 年版，第 172 页。

梭平等观和革命理论在中国与历史唯物主义和马克思主义之间的传承和联系。①

辛亥以后，对于民族观念的特别强调，逐渐转向了“民主”观念的内涵及其论证。根据金观涛和刘青峰的研究，1915 年开始的新文化运动产生了对民主的重新定位：特别是新文化运动中，人们普遍以儒家伦理为君主复辟的基础，因此将矛头对准了儒家的伦常等级，“把平等作为一种新道德”，“这种新道德把儒家纲常名教的反面——政治和经济的平等、反规范和取消约束作为自己的内容”。新文化运动使得“民主”普及并取代了旧知识分子所倡导的“共和”。“‘民主’被重新定义……新文化运动对以旧绅士为代表的不平等旧伦常等级的批判，促使大众参政和社会主义平等观兴起，这些与精英政治相反的要素成为中国现代民主观的主要内涵。”② 金观涛和刘青峰称，“如果从思想史内部演变的机制来看，这才是中国知识分子接受马列主义的内在原因”③。五四以后，民主逐渐成为“平等”这一新道德的主题词，并被界定为经济的平等和多数在道德上的支配，而由于多数支配带有阶级性，因此“它在价值上迅速转化为社会主义”，被等同于“平民主义”，并赋予了道德教化的功能。此后的人民民主专政、无产阶级专政等纷纷依据平等的道德功能而演进出“平等”的新逻辑。

---

① 孙中山在民生问题中特别强调，马克思对于民生问题和社会问题的重要与卢梭对于民权问题的重要是一致的。“社会主义中的最大问题，就是社会经济问题。……马克思对于社会问题，好像卢骚对于民权问题一样，在一百多年以前欧美研究民权问题的人，没有哪一个不是崇拜卢骚为民权中的圣人，好像中国崇拜孔子一样；现在研究社会问题的人，也没有哪一个不是崇拜马克思主义做社会主义中的圣人。在马克思的学说没有发表以前，世界上讲社会主义的，都是一种陈义甚高的理论，离事实太远。而马克思专从事实与历史方面用功，原原本本把社会问题的经济变迁，阐发无遗。”马克思主义在五四运动以后进入了中国社会的政治话语，特别受到了左翼人士的欢迎。孙中山对其经济学说的理论和实践都有高度的评价，但是和卢梭的平等学说也需要改头换面一样，孙中山并不主张完全照搬马克思主义的教条，而是倾向于认为现代资本主义仍有自我改造和完善的能力。他提出，欧美社会的问题在于贫富悬殊，是“患不均”，但是在工业落后的中国社会，主要问题在于“患贫”。因此，在当时我们尚能利用资本主义来发展经济，改造中国的贫弱面貌，而不是急于废除资本主义和实业。他的民生主义的平等观从而再一次扣紧了现实，他对历史和现实的尊重也展示出与马克思的历史唯物主义相契合的一面。

② 金观涛、刘青峰：《观念史研究：中国现代重要政治术语的形成》，第 282 页。

③ 同上书，第 282 页。

二、平等与现代性

卢梭平等观进入中国并被诠释、接受和再造的过程，实际上也是传统中国以旧邦怀新命的关键时期，正是从对平等观念的内化和反思中，传统中国逐渐意识到现代民族国家的建构和完善。平等开启了中国从等级社会走向现代社会的历程，它衔接了两个迥然不同的时代，它预示着现代性的萌发和延续。①

托克维尔“把‘平等’作为一个中心的范畴，并描绘得这样集中和鲜明。……在‘现代’以前，世界上几乎到处都是等级社会，而自世界进入‘现代’以来，到处都在走向社会‘平等’”②。托克维尔笔下的欧洲和美国，平等的到来就是贵族政治逐步瓦解的过程，人们以完全独立的个人理性缔造新的宗教精神，“这些人无所负于人，也可以说无求于人。他们习惯于独立思考，认为自己整个命运只操在自己手里”③。“平等使人们并立，不让他们有使他们结合起来的共同联系。”④ 托克维尔式所描绘的平等经历了宗教改革、启蒙运动和推翻贵族统治等多重帷幕的过滤，这种背景的设置显然与传统中国的政治处境有所区别，但是其中却内在地隐含着平等作为普遍价值所带来的不可逆性和时代感，正如托克维尔所言，

---

① “现代性”是一个极为复杂和宽泛的领域，它是与近代启蒙运动相伴而生的概念，启蒙运动倡导理性，将人们从中世纪的宗教蒙昧中救赎出来，现代性是从“理性”这一与人相关的认识论概念生长出来，后来拓展到本体论、方法论和价值论等哲学分支领域，成为近现代思想和政治、经济、社会、科学、文化发展的基本特征。现代性的要点包括：（1）在认识论上，倡导人的地位至高无上，人性的本质是人的理性，理性是工具理性和价值理性的统一，人通过理性为世界立法；（2）在认识主客体关系上，坚持主客体二分的认识模式，人是世界的主宰，理性可以挖掘世界的本质和存在形式；（3）在认识成果的形态上，坚持对真理的追求，坚持科学主义的认识原则，认为自然规律、社会价值都具有真理的普遍性、永恒性和唯一性，坚持一种科学的形而上学的认知态度；（4）与此相关，现代性将人的地位上升到了至高无上的地位，人的理性也异化为世界的本质，自然界和社会世界的本体是以理性的方式存在的，人的理性和世界的本质是高度同一的；（5）与理性主义认识论相关，现代性在对待社会伦理和价值上，坚持普遍的、单一的、理性的价值准则，认为存在一种普遍的道德秩序和标准。

② 何怀宏：《选举社会——秦汉至晚清社会形态研究》，北京大学出版社 2011 年版，第 45 页。

③ ［法］托克维尔：《论美国的民主》（下），童果良译，商务印书馆 1988 年版，第 627 页。

④ 同上书，第 631 页。

“身份平等的逐渐发展，是事所必至，天意使然。这种发展具有的主要特征是：它是普遍的和持久的，它每时每刻都能摆脱人力的阻挠，所有的事和所有的人都在帮助它前进”①。这是卢梭与中西方在分享“平等”观念的时候都必须面对的时代命题。

有很多学者曾试图从经济入手来分析现代性观念萌芽，甚至将现代性的概念回溯至宋明清的资本主义生产关系，或者是所谓东亚价值观中的工业化和民主化进程。这种探索和尝试虽利用中国的经验为分析理据，但其所秉持的价值观和观察点则依然是西方传统的“现代性”阐释，即将现代性收束为资本主义或民主化这两种极为表浅的观念。而在现当代社会中，在众说纷纭的“现代性”中，有一点是共通的，那就是现代性的根本可能只在于“重叠共识”，即意味着一种普遍性，它遵循着理性（或卢梭所倡导的情感）—普遍性—平等的路径展示着它的逻辑关联。理性或情感是现代性在认识论层面的表达，而普遍性和平等的观念则是现代性在方法论和社会伦理领域的表征。在思考中国现代性道路的问题上，这种普遍性和平等观念的嬗变是其中无法跳脱的环节。

平等作为“现代性”的主要标志，在今时今日依然起着重要作用，乃至享有原动力和终极价值的地位。然而，如前所述，“平等”具有多个侧面和丰富内涵，在今天，不同的个人、群体、民族和国家对于平等的理解都可能有着极大的差别，甚至出现相互对立的现代平等观念。另外，对卢梭平等观本身的研究和梳理也是一个开放性的领域，它容有不同歧见和争议。本书仅试图以文本分析入手，探索平等在清末民初思想界的所以然的命题，在这个宏大而深刻的主题下，任何其他研究的深入和丰厚都将有助于我们更加多元、宽容和深入地理解平等，从而矢志不移，同时也恰如其分地追求平等。

---

① ［法］托克维尔：《论美国的民主》，第1页。

附 录 一

卢梭代表著作和文献在清末民初思想界的传播（1878—1920）

作者或译者	著作名（或著作形式）	时间	主题	备注
郭嵩焘	日记	1878	第一次提及卢梭之名（乐苏）	郭为驻英法使臣，所论皆来自欧洲的观感
沈文荧	《〈法兰西志〉序》	1878	提及卢梭（罗苏）	根据日本人的作品
谢卫楼	《万国通鉴》	1882	介绍卢梭思想和民主制度	谢为美国传教士，提出卢梭思想为“民主制”
傅兰雅	《佐治刍言》	1885	提到天赋、教化和平等等卢梭思想	主要介绍卢梭的一论思想
王韬	《重订法国志略》	1890	介绍卢梭思想传播的盛况	受到了沈文荧的影响

续表

作者或译者	著作名（或著作形式）	时间	主题	备注
李提摩太	《泰西新史揽要》	1895	对卢梭的《百姓分等之原》进行简略介绍	可推测李提摩太介绍的这本书为《论不平等》
中江笃介	《民约通义》第一卷	1898	翻译并解释《社会契约论》第一卷	第一个卢梭中文译本
深山虎太郎	《草茅危言》，又名《民权共治君权三论》	1898	依据卢梭思想讨论西方政体	由中国《清议报》转录，在中日都有影响
杨廷栋	翻译原田潜《民约论复议》的节选	1900—1901		在《译书汇编》发表
梁启超	《卢梭学案》	1901	系统介绍卢梭思想	根据日本人的翻译和哲学史
杨廷栋	《路索民约论》	1902	翻译日本人原田潜的卢梭译本	第一个卢梭的全本中译本
黄遵宪	信件	1902	向梁启超描述阅读卢梭的心境	第一个真正直接阅读卢梭的中国人
梁启超	《民约论巨子卢骚之学说》	1902	继续介绍卢梭的《社会契约论》思想	与《卢梭学案》等均发表于《新民丛报》
梁启超	《政治学大家伯伦知理之学说》	1903	批驳卢梭天赋人权标志对卢梭态度的否定和放弃	旅美归国后发表
译者不详	《注释卢梭氏非开化论》	1903	介绍卢梭的著作《论科学与艺术》	在《江苏》刊载

续表

作者或译者	著作名（或著作形式）	时间	主题	备注
作者不详	《纪十八世纪末法国之乱》	1903	讨论“自由平等”理念可能造成的危害	在《游学译编》发表
杨廷栋	《政治学大家卢梭传》	1903	系统介绍和正面评价卢梭	在《政艺通报》刊载
刘师培、林獬	《中国民约精义》	1904	结合卢梭思想介绍中国的平等观	以民约民主为纲目
马君武	《帝民说》	1906	介绍卢梭的《民约论》中的主权在民思想	在《民报》刊载
兰士	《卢梭民约论（又名政治之原理）》	1913	内容含《译叙》《目次》《引言》和第一卷前言	上海《大同周报》
田桐	《共和原理民约论》	1914	中江版《民约译解》卷1的重刊本	强调了中江兆民的“东洋卢梭”之名
严复	《民约平议》	1914	学理上批驳卢梭的民约论	与章士钊论战
章士钊	《读严几道〈民约平议〉》	1914	为卢梭民约论辩护	严章论战实质是政体理念的不同
陈独秀	《今日之教育方针》	1915	介绍卢梭作为欧洲哲学家其教育思想的理论	在《青年杂志》刊载
马君武	《足本卢骚民约论》	1916	《社会契约论》第一个从原文翻译的译本	中华书局在1918年出版

续表

作者或译者	著作名（或著作形式）	时间	主题	备注
静观	《卢梭及其学说》	1916	“还我本来”为卢梭之标铭	在《民铎》刊载
石曾	《卢梭传》	1916	对卢梭生平进行了简单介绍	在《旅欧杂志》发表
郁嶷	《政治与民意》	1917	柏林大学教授德布留克博士1913年的《政治与民意》一书的同名议论文	在《太平洋》发表
陈日睿	《卢梭无政府学说之由来及其实现》	1918	将卢梭学说与无政府主义对列	在《学艺》发表
陈独秀	《驳康有为〈共和平议〉》	1918	“公意”并非真正能够代表全体人的意志而往往只是沦为大多数人的意见	在《新青年》发表
向复庵	《卢梭政治学说之研究》	1919		在《太平洋》杂志上发表
王永祥	《卢骚民约论述旨》	1920		在《东北丛刊》上发表
张奚若	《社约论考》	1920	从学术发展史的角度系统考察卢梭思想	在北京《政治学报》发表

附录二

中江笃介:《民约论译解》全文[①]

绪　言

政果不可得正耶？义与利果不可得合耶？顾人不能尽君子，亦不能尽小人。则置官设制必有道矣。余固冀有得乎斯道。夫然后政之与民相适，而义之与利相合，其可庶几也。人或将问余曰：吾子论政，亦莅民者乎，将为一邦之制作也。余则将应之曰：吾非莅民者，亦非为一邦制作者。所以有此著也，若莅民或为一邦制作，余则为余所言耳，复何托空言之为？虽然，余亦生而得为民主国之民，以有舆与议政之权。初不能有补于国家，然既有议政之权，则著书论证，亦余本分内之事。未得以空言休之也鸣呼。余之论证，每有得于心，辄回顾诸吾邦所施设。然后益知吾邦制度之所以卓越乎他邦，而尤为可崇重也如余何福之厚也。

（解）民主国者，谓民相与为政，不别置尊者，也议政之权者，即第七章所谓君权也。卢骚本瑞西人，其称吾邦，即指瑞西，非指法兰西也，瑞西夙循民主之制有合此书所旨，故卢骚崇奖之如此。

---

① 中江笃介:《民约论译解》，选自《民报》第二十六号，1910年。标点为笔者所加。现存的《民约论译解》文本中，另有收录东京岩波书店出版的《中江兆民全集》的《民约译解卷之一》，虽然岩波书店版已经是全汉文，但其编排方式和某些字词的写法与《民报》本相比，不如后者更贴近中文语境，并且时年在国内通行的多为《民报》版，故而在本书中笔者多选取《民报》版作为引文出处。

第一章 本章旨趣

昔在人之初生也，皆取舍由己，不仰人处分，是之谓自由之权。今也天下尽不免征缠之困，王公大人之属，自托人上。详而察之，其蒙羁束，或有甚于庸人者。顾自由权天之所以予我俾得自立者也。而今如是，此其故何也，吾不得而知之也。但于弃其自由权之道，自有得正与否焉，此余之所欲论之也。

（解）是段一篇之大纲领。盖以为上古之时，邦国未建，制度未设。人人肆意为生，无受人约束，自由权最盛之侯也。及邦国既建立，制度既设，尊卑有常，贫富有别，不复如上古人之肆意为生，即帝王之贵，虽威福自由，往往外为强臣之所胁，内为嬖孽之所制，动不如意，比庸人居家得自恣，或有劣焉，亦非能有自由权也。夫所谓自由权者，天之所与，令人得肆意为生者也，则宜贵重顾惜，罔之或失也。而今尽天下之人，皆丧失之矣，此天下之一大变事也。所以致此变者，当有所从来，而吾未之能知也。盖作者于其所著《不平等论》书中，论所变之所从来极详，兹言不知者，是书之旨趣，不在于此故也。虽然，自由权亦有二焉，上古之人，肆意为生，绝无检束，纯乎天者也，故谓之天命之自由，本章所云是也。民相约，建邦国，设法度，兴自治之制，斯得各逐其生长，其利杂乎人者也，故谓之人义之自由，第六章以下所云即是也。天命之自由，本无限极，而其弊也不免交侵互夺之患，于是咸自弃其天命之自由，相约建邦国，作制度，以自治而人义之自由生焉。如此者所谓弃自由权之正道也。无他，弃其一而取其二，究竟无有所丧也，若不然，豪猾之徒见我相争不已，不能自怀其生，因逞其诈力，胁制于我，而我从而奉之君之，俯而听命焉。如此者非所谓弃自由权之正道也，无他，天命之自由，与人义之自由，并失之也。论究此二者之得失，正本卷之旨趣也。

人或曰：人之所以致失自由权者，有强者制之也，此邦国之本也，吁曷其然。夫民为强者之所制，不得已而从之，一旦自振拔蹶起，破其衡轭，则孰得而御之。何者彼其初所赖以夺我之自由权者，独有威力而已。故我今亦赖我之威力，以复之。彼有何辞于我，若此则是邦国者天下党类之最杌陧不安者也。曷其然，夫邦国者，凡党类之所取法焉宜别有所本也，不宜如此之不安也，然则邦国者，果所何本也曰此非本于天理之自然，而本于民之相共为约也。民之相共为约者，如之何曰姑舍此，余请先明邦国所以非本于天理之故焉。

（解）是段一篇驳论之纲领，自下第二章至第五章总是论邦国所以非本于天理之故，且反复究诘，著以强力为邦国之本之非，然后自第六章方入民约之本论。词义极明了，故不下解，下做此。

第二章　家族

人之相聚为党，其类也蕃矣，其最先起且最自然者，莫逾于家庭，然子之统属于父，独在婴孩不能自存之候而已，及其年长，不需复属于父，而天然羁纽解矣。于是为父者不必为子者操作，而为子者亦不必承受于父，而各得以自守，此自然之理也。世之为父子者，子既长犹与父居，每事必咨禀而后行。子固欲其如是也，非由不得已也，由是言之，家族亦因约而立矣。且夫父子之所以各自守不相羁属者，天命使尔也。盖自主之权，天之所以与人也，故为人之道，莫重于自图其生，而其当务之急，在乎为己，不在乎为人。是以人苟成长更事，凡可以便身者，皆自择而自取之。所谓自主之权也，既自主矣，虽父之尊，无得而制也。

世之欲人主专断而为政者，动引家族为说，曰有家而后有国，君犹父也，民犹子也。君之与民，本各有自主之权，无有优劣，犹相为益，而君莅乎上，民奉乎下，而邦国斯立矣，此言殊似近理。独奈父之于子，爱念罔极，其抚循顾复，出乎至情，益故可得也。至于君则不然，初非有爱民之心，而其据尊莅下，特欲作威福而已，岂能有益于民哉？

荷兰亘鲁士著书论政，以为立政非为民图利，援希腊罗马蓄奴隶为征，夫希腊之有奴隶，古昔之恶制，非不易之理也。亘鲁士之立言，每因事实以为道理，可谓助桀为虐者矣。

（解）事实之与道理，不得相混，盖事实者，所有之事也，道理者，所当有之事也。故若由事实而言之，为民父母而肆威虐者有之，为国大臣而恣贪冑者有之，为父而不慈者，为子而不孝者，行诈者，为盗者，莫不有之，若见其如此而曰是道理也，则可乎。今亘鲁士主张专断之制，引往古恶制为征，此因事实为道理者也，非助桀为虐者乎？

大块上生民，其丽不亿，而帝云王云，仅数十百，生民果为属于帝王耶？将帝王属于生民也。通览亘鲁士之书，察其旨，盖以生民属帝王者矣，其后英吉利霍布斯亦有此说，袭亘鲁士之意耳。假如此，则民庶犹群畜也，帝王犹牧人也。牧人之豢养群畜，直为椎击充食耳，爱云乎哉？

罗马帝加里互剌以为牧人之与群畜，尊卑悬绝，人主与民，亦犹此也，乃曰：人主、神也。民庶、禽兽也。以神莅禽兽，何为不可？此言佛比伦传之。

罗马帝之言，与霍布斯、亘鲁士同旨，盖希腊亚里士多德先三人者有言曰：人固不等，或为人生，或为奴隶，旨天之所命吁，此不辨本末之论也。夫生长奴隶之家者，必有奴隶至情，无足怪也。彼自少时，常在困辱之地，气习一成，无意奋励，若希腊由李士之僚然。史传，由李士之僚甲乙等数人，淫从日久，渐成昏愚，而意气扬扬甚自得故，世之有奴隶威虐造之乎，初昏惰保之于后，乌有所谓命乎，天为奴隶者哉！

（解）亚里士多德以为有生而人上者，有生而奴隶者，尊卑盖命于天，此谬见也。世之有奴隶者，由强暴弱，智欺愚而然。而一为奴隶，志气萎薾，无复能奋发图脱于轭，况为之子孙者，习屈辱之久，反至自以为乐，若由李士之僚友是已。然则强者驱人为奴隶，是本也。奴隶自安屈辱是末也。今亚里士多德见奴隶人自安屈辱，以为命与天，此不辨本末也。

由此观之，人主之虐民，民之屈人主，为胥失于道也明矣。独亚当诺噎是二帝者，余殊不愿讥议。亚当开辟始祖，诺噎造洪水之祸，生类荡尽，而诺噎得免难。其三子分处亚细亚、阿非利加、欧罗巴，实为黄黑晳三族类之祖。据希腊史，撒郏娄之三子，分居三区，为后世人类始祖，此比同事异传也。夫是数帝者，为人类之始祖，则虽余之微贱，按之谱牒，或为其宗裔，亦未可知。若然，则宇内正统之君，非别人，即余也。余安敢议之？此真不值一笑耳。且也亚当之为君，如鲁宾孙之在岛也。野史载鲁宾孙遇飓漂至孤岛，上岸四望，俱寂无一人；亚当岳降之初，无与此异。则逆谋祸乱，并非所虞，晏然得以守其位，如此者，初不须有议也。

（解）主人之虐奴非也，则人主之虐民亦非也，世或有据家世为说者曰，今之微贱，亦忝为二帝之裔，则与世之帝王奚别，世人又以宗支为轩轾，尤非也。上古悠藐，谱牒之作，特载籍以后人之事尔。则如余者，亦未必非二帝之宗室之裔也。且亚当之为帝，属开辟之初，天下无所谓民者，故不依约立政，初无虞于祸乱，今之帝王，未得一例视也，都用谐谑论驳，潜心玩味，然后作者之旨得宜。

第三章　强者之权

虽天下之至强者，不变其力为权，不可以永使其众，虽天下之至弱者，不变其屈为义，不可以久事其上，我唯强故能服人，一旦人亦强必将抗我者也，虽然，所谓变力为权，变屈为义，吾见其不易为也。凡强云者，非谓形气之力乎？权云者非谓理义之效乎？吾未知何由能变力为权也，凡屈云者，非谓志之困乎？义云者，非谓事之易乎？吾未知何由能变屈为义也。且凡屈乎人者，皆出于不得已也，非择而取之也。苟非择而取之，是亦自全之一计云尔何义之有？是故强者之权，人之所疾，莫有甚焉？然而吾观世之为君臣，莫不据此权以建基者何也？

今假为有所谓强者之权乎，吾比见义理之纷纭颠倒无所底止也。夫以为权者，初无所事义矣。苟吾所事义，何理之生？夫我有力而能制人，一旦又有人力胜我，我亦为其所制，若是，辗转不已，祸乱相继于无穷。夫借力制人而为合于义，则借力抗人亦为合于义矣。力之所在，即权之所在页。则天下之人将唯力是求。吁嗟赖乎力而仅存者，岂得谓之权哉？且凡力不赡而屈出不得已也，非由义而断也，既不由义而断矣，鸩毒桎梏何施不可？是知强者之权威力耳，非权也，权之名耳，无其实也，僧侣辈动辄云见强者从之，顾是言也，非谓力屈而后从邪。若然，其意固无不可，但力屈而后从者，出不得已也，则虽征是言，人亦将从之矣，又云凡力之类，皆天之所与也。因欲人之无抗之，何其谬也。苟言，天则疾疫之流行亦天也，若见疾呼医，曰是逆天也，可乎？行路遇贼，力不能与为敌，不得已释盘缠授之，固无不可。若虽足与为敌而徒见贼携铳，曰是力之类也，辄亦释盘缠授之，则人谁不笑我者。

（解）宗教之徒，往往引天为说，云，若为强者所加，当即听从，勿得抗，顾疾疫之为虐，亦天也。然呼医请治，谁谓不可。贼要我于涂，亦天也。然自非万不得已，必不释盘缠以授焉。夫暴君污吏，借势威以虐我者，疾疫之类耳，贼之类耳，何不可抗之有，以贼喻暴君，以盘缠喻权，读者宜细玩味焉。

由是观之，力不可以为权，屈不可以为义，而帝王云，其权苟不合于道，无须听从也。

第四章　奴隶

人咸相等，无有贵贱而又力无以为权，则世之欲建立威权，今合于道者，非相共为约，无复别法可求。

亘鲁士又云，人若欲自弃其权，从人听命，孰得而禁之，然则一国之民，自弃其权，奉君听命，亦何不可之有，是言也，辞意殊暧昧，请先就弃字论之。夫所谓弃者，与之谓耶，将耶之谓邪，顾为人奴者，非自与也，自鬻也。苦衣食不赡，就人自鬻是矣，至于民，吾不知其何故而自鬻为人臣也。夫君也者，养于臣者也，非能食臣也，剌弗列有云，人主之为生，其费极广，吁嗟，为人臣者，既举其身，奉之又举其财供之，吾未见有何所遗也。

人或云，人主专断为政，能使臣庶相辑和无争，此或然。然吾观世之为帝王者，往往好大玩戎，轻用民死，崇尚侈靡，重敛而不知厌，或大臣弄威柄，诛求无已，若此，则臣民之蒙祸，比其互相争，有加无减，其相辑和适所以贾祸也。吾未见其利也，且人之所愿，岂无急于辑和者哉？若以辑和而已，昔希腊人之在悉古鲁，比其死也，亦颇得相和不争，史载希腊人战败就虏，被投悉古鲁之壑，猛兽来搏，相继皆为所噬杀，若此者亦人之所愿乎？

观乎此，则民之就君，自鬻为臣，无有所利，亦明矣。若曰自举身与人无征直，悖理莫此为甚。世或有若人，非痴则癫。若复曰举国人自举身与君无征直，则是举国人皆病狂丧心也，岂有是理哉？且丧心之人，其言故不足置信，我焉得据以为我权哉？

纵人得自举身与人，儿子则不得举与之也明矣，何者？儿子亦人也，亦有自由权，岂复得恣与人为奴？子之方幼，父代子与人约为图利，固有之。至于代子与人约为奴，虽父之尊，无有是权。无他有背，天理也。然则专断为政者，若欲其权之少有合道，当听国人，及其成长更事，仍奉其上与否，并任意自择之。果能如是乎？已非复专断也矣。

且夫弃自由权者，弃为人之德也，弃为人之务也，自屏于人类之外也。若然有谓之自弃而靡所遗，吁嗟人自弃而靡所遗，复安所取偿哉？若然者，固天命之所不容也。夫人一弃自由权，虽有心肠不得而自用，所行非其心，所为非其情，如此则为善不可以为君子，为不善不可以为小人。既不得为君子，又不得为小人，是亦禽兽而已，不宁此而已也。凡与人约为奴者，有约之名而无其实也。凡约云者，必相分权，若彼专乎令，而我专乎从，安在其为分权哉？彼专乎令而我专乎吃年糕，则彼之于我何施不可？吁嗟彼之使我威权无所限，而我之事彼屈辱无所底即此一事，不既足以坏约之旨令不成乎？且我既自弃而靡所遗矣，则凡我之有，皆彼之有也。一旦彼挟其权以临我，我亦欲挟我权以对之，而我之权即彼之权也，吁嗟挟人之权以对人，天下宁有是理哉？余故曰：与人约为奴者，有约之名而无其实也。

亘鲁士及诸为亘鲁士家言者，以战为奴隶所出，其言曰：战胜虏敌，不杀而宥，于是就虏者，弃其自由权以求活，巧哉言也！果若是也，主人之与奴隶，皆有以自利矣。虽然，所谓战胜不杀敌而宥者，见其大有违于战之道也。请推战之本而论之。

昔者邦国之未立也，人人肆意为生，离合聚散，无有定形，既无由与，战又无由与保和。要之相与仇视者，非人之本性也明矣。且战也者，两国交伐之谓，非两人交斗之谓也。上古之时，土地非私有，国有人民，战又有法，不得恣虏人为奴也。

又凡私斗之类，皆一时忿悁之所发，要无可准，又若法兰西王路易第九，听诸侯私相伐以决争及僧人假托神敕，立期令相与媾和，则要封建为政之弊，悖理莫甚焉。安足置齿牙间也。

故曰，战也者，国与国交伐之谓也，非人与人交斗之谓也，两国人之相为敌，要一时之事耳，非以其为是国之人，故特以其为是国之军人故耳，是知国者必以国为敌，不得以人为敌，何则？国之与人，初不同伦，其不可相与有为也明矣。夫是道也，古今苟知礼义之国，莫不以此为战之要，何以明其然，曰，不见请战期一法乎？凡出师伐人国，必先遣使请战期，是虽为使其国得为备，抑亦使其众得避祸，是以除军人外，往往荷担以逃也，故若伐人国，无情战期，潜师掩其不备以有虏获，无论其为帝为王，为将相，为庶民，直贼耳，不得以敌目之也。

是故古今苟知行兵之道者，伐人国，入其境，诸属公府者，或卤掠充军需，至于诸人之身与财贿，必严禁勿得犯。彼故知敬敌国民，即所以庇己国民也。且也，战之所旨，在伐敌国，不在戕敌人。故敌人执兵拒斗者，杀之固可。苟舍兵请降，不得复杀之。彼既舍兵还初服，是亦一庶人耳。我乌得而杀之，又战或有得平行入国都，是时也。出师之志既得，不得复有虏获也。

凡兹所言，皆原于事物自然之理，确乎不可易，固非如亘鲁士辈，据古昔诗人言，妄断为说也。

夫战胜，专人国，奴人民，自以为当然者，皆不过据向所谓强者权为说焉耳。夫战胜举敌国，固不得肆杀其民，既不得杀民，亦不得奴之也明矣，何也？人之得杀其敌，特为其抗已，而不得已之自由而已。若得以为奴，则不得复以为戮。苟不得以为戮，不得复以为奴矣。夫人已舍兵请服，我不得复杀之，我不得杀之而使其弃自由权以求活，如此者，岂道也哉？彼亘鲁士辈，既自奴役之权，而出生杀之权，又自生杀之权，而出奴役之权，孰为本，孰为末？若循环无端，其悖于理，岂不昭然明白也哉？

且纵战胜，而使其敌人若敌国民为之奴者，其奴不须永守臣节。苟得机便，骤蹶起，复与为敌，以图脱于阨耳，何也？自由权者，我之贵重之，与生命无异，而彼必夺诸我，则其活我也，非有德于我，其心必曰，徒杀之无益，不如夺其自由之为愈也，则彼之活我以自利耳，何有德于我？嗟乎，彼既活我以为奴，而我则伺便以图自脱，则彼之与我相与为敌，略无异于初叶。则名虽曰权，曷尝有补于力，彼或曰，汝向弃自由权以求活，是亦约也，汝今乃负约，我骤答曰，是约也，汝固与我约相为敌而已，我今者非负约，正践约耳，则彼复有何辞于我？

由此观之，奴隶之权，非独违于道，而亦违于理，初不成意义也。言奴者不言权，言权者不言奴，此二语义不相容，有人于此，与人约曰，由是约吾专享其利，汝专当其害，又曰：吾便是约，我固当守之，汝虽有不便，亦当守之，斯约也，毋论为两人相与，或君民相与，皆违道违理，不成意义也。

第五章　终不可不以约为国本

凡余前所论驳，其言皆缪戾无成理，今姑舍此，特就事实而征焉。世之主张专断之制者，亦不得持其说，何以言之？夫据法以治国，与借威以御众，其迹相去如何也？必不曰是一君与众民也。吾必曰，是种落也；必不曰，是邦国也，何者？彼借威御众，不分人以利，不分人以利者，何以为君？是人也，虽席卷宇内，包举四海，不免为独夫，其所利非众所利也，私利也。彼挟其私利以临众非独夫而何？业之柏高指乎天，大蔽于牛，一旦天火来毁，灰烬随风散落，不可收拾。独夫殒命，其众崩溃，亦与此无异。若是者，岂得谓为国哉？

亘鲁士曰，一邦之民，得自与于君。斯言也，是其未自与之前，既已有邦矣，既有邦斯有政矣。所谓自与之事，亦政也。苟政也，则不得不议而定之。果如是，与其论民之所以与君也，不若先论邦之所由以建也。建邦之事，势必在自与之前。则论政术者，当托始于是也。

假为其自与于君之前，未有邦乎，吾不知其何由得成自与之事也。众相会咸皆同意，而无一人自异则善。若不幸百人欲之而十人不欲，则百人者何由得行其议邪？众相议决事者，必较持议多寡固是矣。然此亦非豫有约不可，而未有邦之前，无有约之类也。是知民之议立君之前，更有一事咸皆同意所定者。此正余之所欲论之也，曰相约建邦是也。

（解）亘鲁士言，国民立君，托之以专断之权。卢骚则言民相约建邦，当在立君之前，所谓民约是也。民约一立，人人坚守条规，立君之事，必不为也。首章至是，专驳专断之制，自下章方入本论。

第六章　民约

人恒言昔者人之肆意为生也，不经久，天灾与人祸，交侵，其力远越我之力。至不可复御，此或然。夫人一至于此极，非大有变其生计，族类几乎灭矣。虽然，所谓变生计者，其事殆不易为焉也。盖人之智力，本命乎天，不可暴而殖。故若欲捍患御灾以自保，非相倚为党，共合其力，然后率之，令出于一，无别法可求。虽然，此有患焉。夫我之力，于我之自存，尤不可缺者也。我若与众合力，不复得而独用，则得无损于我之身乎，呜呼，是所谓变计之难者，而民约之决尽在于此。盖当时事情委曲，虽不可得而考，理则亘古一者也。兹乃推众人所当同然，而叙其言如左。

众相共言曰，吾等安得相倚成一党，赖其全力以保生，曰，吾等安得相共，系束结合，以成一团，而实绝无为人所抑制，各有自由权，曩时无异，此乃国之所以成国，民之所以成民也。而民约则论次之条目者也。所谓民约之条目，其旨极严极整，不得有少变改。苟有变改，一时坠地，无复见效矣。所谓民约之条目，未尝闻有举之口，亦未闻有笔之书，然其旨意，原乎义，本于情，确乎不可易。而凡为民者，未始不默采暗听，以为邦国之本焉。其或有背戾者于是乎网维解纽。人人肆意殉情，大坏极弊。然后人义之自由敛迹，而复归入曩日天命之自由矣。

（解）英吉利边沁曰，卢骚民约，世所未尝有，彼岂未尝读此一段，故为是言邪。卢骚固言，民约之条目，未尝闻有举之口笔之书。盖卢骚最恶世之论政术者往往徒据实迹而为说，故本书专推道理立言，论义之所当然，而事之有无。初非所问也。边沁论用，而卢骚论体；边沁论末，而卢骚论本；边沁单论利，而卢骚并论义。其有不合也固宜。

所谓民约之条目，虽多端，然合之则成一。曰，党人咸皆举其权尽纳之于党是也。党人咸皆举其权纳之于党而无一人自异，如是然后分利均矣，分利均然后自利害人之心无由生矣。党人尽纳其权而无所遗，如此然后其相扭结也周而无亏隙可求，而无有一人诉屈者矣，不尔若党人各有所保守而不肯尽纳，则无以为党也，何者？党本无共主，一旦我与党有争而我据我所保之权以抵拒，则谁复决之者，若此人人就一事得自用其权焉，则其后也将就万事自用其权矣。夫如是，则曩日肆意为生之势复生，而党之力非成暴则成空矣。由此观之，民约也者，人人相将自举身以与于众者也，非向所谓自举身以与于君者也。虽自举与众也，实无所有与，何以言之。夫人人皆自举与众，无一人自异，则是无一人无所得乎众也，无一人无所得于众者，则是无一人无所自偿者也。故曰，虽自均与众，实无有所与也，非独此而已，人人皆与众，而众借其全力以拥护之，则是人人为守比其自为守不更大固乎？是则人人之于民约无所失而有所得矣。

是故民约也者，提其要而言曰，人人自举其身与其力供之于众用，率之以众意之所同然是也。

民约已成，于是乎地变而为邦，人变而为民。民也者，众意之相结而成体者也。是体也，以议院为心腹，以律例为气血，斯以宣畅其意思者是也。是体液，不自有形；而以众身为形，不自有意，而以众意为意。是体液，昔人称之曰国。今也称之曰官，官者理群职之谓也。自其与众往复而称，亦曰官。自其出令而称曰君，他人称之曰邦。合其众而称之曰民，自其议律例而称之曰士，自其循法令而称曰臣。虽然，此等称谓或有相通用不分别，寻其本义，宜如此云尔。

第七章　君

由前所述推之，民约之为物，可知已曰是君与身交盟所成业。然所谓君者不过众人相合者，虽云君臣交盟，实人人躬自盟也。何以言之？曰众人相倚为一体，将议而发令，即君也，非别置尊者而奉之，而凡与此约者，皆有与乎为君也。自其将出乎令而言，则君与其臣盟；自其将奉乎令而言，则臣与其君盟，故曰虽云君臣交盟，实人人躬自盟也。讼律之法曰，以为凡躬自誓，不必须践言，然则民约亦不必须践言乎？曰否。兹所谓君者，合众而成，故臣之于君，犹片段之于全体，非如讼律所云躬自誓之类也。

是故众议所定，人人必不可不遵循焉。人人皆一身而两职，故其为君所定，为臣不可不循之。若为不循是一人而背于众，臣而背于君也。至于为君所定，而亦为君改之，则十易之不为病矣。何也？君也者，众相合所成。常常而一职，不可得而分别，是以今日有所与，明日或废之。盖众议一决，虽宪令最重者，改之可，废之可，虽即民约改之可，解之亦可。是正讼律所云，躬自誓之类也，夫自我与之矣。不得自我废之，则天下岂有是理哉。

若夫与他邦往复交结所约，虽由众议，不得有渝，无他，在是时非复躬自誓之类，而信义之可崇。在两国间，与在两人间，无以异也。

虽然，官云君云，赖民约所置，故苟事有乖民约大本，虽其与他邦所约，亟坏之，勿履可也。若约割与君权，约别有所奉戴为君之类，皆所以破坏民约。夫民约乃官君所由也，坏所由立，复何约之为。

民约既成，邦国既立，有侵一人而望无害于国，不可得也，况有侵国而望无害于众人乎，国犹身腹也，众人犹四肢也，伤其心腹，而无羸其四肢，有是理乎？故凡与此约者，其为君发令，与为臣承命，并不可不常相共致助，是固义之所在，而亦利之所存也，为君出令也，为君出令，能不违于义乎？为臣必享之利焉，为臣举职能不背于道乎？为君必获之福焉。君云臣云初非有两人也，夫君合众而成则君之所利必众之所利，无有相抵，而君之出令在臣无须钤制焉，众共发令以图害于众，无有是理也。即众共发令以图害一人若数人亦无有之，是则俟更论辨。

（解）更论辨者，指第二卷第六章论法令。

是故君唯无立，立则以义始终而已，公意之所在，君之所存也。若夫臣之于君，则不然，其享利于君虽大，若不豫为之防，不可以保其无背民约。何也？夫人人皆一身而两职，故其为君之所令，为君或有不悦矣。公意之所欲，私情或有不愿矣，且也，其为君也，非极独专，而必与众偕，且所谓君，无形体可见，至于臣，则心思嗜欲，耳目肺肠，皆己所专有，于是乎视其当为国服者，若专益于众，而己曾无与者乃云，我之服是务，在我极可惮，而我即不服，在众不必有害，于是乎为臣之务是逃，而为君之利是守，此习一成，民约坏堕不可救止。故曰，不豫为之防，不可以保其无背于民约也。

是故欲防民约之或坠空文，必当有一条件附从其中，曰若有人不肯循法令，众共出力，必使循而后止曰，若是则无乃害人之自由权乎，曰，不然，正强令人保自由权云尔。何也？凡民约之本，皆在令人人奉众之命令而无蒙人之抑制，故循夫法令即所以远抑制之祸也，令是人乃敢于背约，故迫令其必履之者正欲其远抑制之祸焉耳。呜呼，此一条件者，政术之枢纽，苟无此，则凡官之所令，皆不免为悖慢与暴恣。而其弊必有不可胜言者矣。虽然，此条件本人人之愿欲，而民约之所由起，故不必明载焉。

第八章　人世

民约既立，人人循法制为生，谓之出天之世而入人之世。夫人一出天世入人世，于其身也，所变更极大。盖曩也直情径行，绝无检饬，血气之所驱，唯嗜欲是狗，与禽兽无以别。今也每事商之于理，揆之于义，合则为君子，不合为小人，而善恶之名始可指焉。曩也人人唯图利己，不知有他人。今也利害祸福，必与众偕，无得自异焉。盖人之出天世如人世，所失则有矣，然若取所得较之，优足以相偿，何以言之？夫众相合为生，于是乎智虑益成广博。情性益成高远，而夫所以为万物之灵者斯立矣。视之曩者昏昏芒芒，与草木俱长，与鹿豕俱生，绝无自修，相胜不甚远乎，虽然，所虞亦有一焉。盖智窦一开，不可复得而塞，不幸一旦趣向失宜，于是乎变诈相靡，诡谲相荡，浇漓败坏之极，无能复得自振厉，而其末也，至相踵为奸雄所压服而后已。而自由之权，扫地而尽矣，若不然，人人能自戒饬，遵践约规，千年如一日，则此约之成，人生之庆幸，莫大于此，而为后世子孙者，亦将相庆言曰，戏我祖先之圣，夙运神智，相共盟以创永世之基，俾我侪得出禽兽之境，而入人类之域，呜呼，岂可谖哉。

抑因此约所失，与其所得，请得比而较之，盖其所失，则曰，天命之自由也，其所得则曰人义之自由也。天命之自由无有限极，人人唯力是视，凡其所欲得，出力求之，必不能而后止，人义之自由建之以众意所同然，而限之亦以众意所同然，是故由天命之自由所得，谓之夺有之权，谓之先有之权。夺有之权，乘人之弱不能为守而行之，先有之权，先人之未下手而行之，此二者虽名曰权，实则力而已矣。由人义之自由所得，谓之保有之权，此权文书以著之，生灭俱无涉于力。

（解）天命之自由，人人唯力是视，故论土地财贿，若见人之无为守，若人之未下手，辄进而取之。所谓夺有之权，与先有之权也，而一旦复有人力逾我，我亦为其所夺矣。故曰，此二权者，与力俱生，与力俱灭也。人义之自由，民约所置，亦民约所限，盖民约既立，法制既设，土地财贿，必有定主，所谓保有之权也。而此权者，文书为之征，故得之与失之，并无关于力。此三权者，下章论之更详。

因此约所得，更有一，何谓也，曰，心之自由是也。夫为形气之所驱，不知自克者，是亦奴隶之类耳。至于自我为法，而自我循之者，其心胸绰有余裕，虽然，论心之自由，理学之事，非是书之旨，议论之序，偶及此云尔。

（解）邦国未建之时，人人纵欲狥情，不知自修，故就貌而观，虽如极活泼自由，实不免为形气之所驱役。本心初未能为主宰，非奴隶之类乎？民约既立，凡为士者，莫不皆与议法，故曰，自我为法。而法制既设，莫不皆相率循之，故曰自我循之，夫自为法而自循之，则我之本心，曾不少有受抑制，故曰心胸绰有余裕。要之因民约所得，比其所失，相逾远甚。故第六章末段亦言，人人之于民约，无乎所失，而有乎所得矣，参观而益明白。

第九章 土地

民约之方成，人人咸举其身，及其当时所有土地，纳之于君，无所复留焉，然此特不过以为名，而实皆得自守其土地支用其利，与初无异，盖如是，庶人土地相合以成邦也。曰，人人必举其土地纳之于君者，何也？曰，君合众身而成，邦合众土而成，势力极强，故赖君之力为守，比人人自为守，更为坚固。不唯此而已，此约者，凡法律之所寄基，可崇重莫逾于是。故我推我土地纳之于君，为名尤正，不可复侵，夫既得以正乎名，有得以增乎力，此众人之所以必纳土地于君也。

民约之未立，人人只有土地，接不过据前所论先有之权，及约已立，土地皆为君有而我则从而享之矣。于是乎先有之权变为保有之权而不可复侵焉，然若自他邦而观，我之有土地，终不免为据先有之权，何者？所谓民约，在是邦虽洵为法律所寄基，极可崇重，其与他邦，初无有交涉，而众邦之间，固无有共主，何由得有变更乎权？虽然，所谓先有之权，其为力如何，曰，此权比前所论威强之权，颇为可凭。然亦必须保有之权，然后方始见效矣。盖法制之未设，苟不可欠于自保者，皆得取而用之，有主与无主，固非所问，而先有之权，未足深恃也。民约已立，人人于其所有之外，无得复肆抢夺焉。于是我若见一地无主，先人而有之，得以守之，是知，先有之权，在天世力极微，而在人世力益大。是知，在人世人之所以重我之先有权。而无敢或侵者，非为土地之为我之有，而特为其非己有也。故曰，先有之权，必须保有之权，然后见效也。

凡欲就土地行先有权者，必具三者而后可。曰，是地无主，而未有一人奠居者也，曰所据有缠足充衣食无余赢也，曰既据有即就施功，不令空在也。夫我未有书券，自非就施功，无以征我之为主页。且夫土地者，天之所以养人类，而苟享生是世者，莫不皆得寄食托居焉。所谓天无虚设者也，然而我若见一地未有主，从而尽据有之，令他人不得复来托生，则非我实夺天物而致人于穷困乎，然则非自虐之也，一间耳。昔者西班牙人纽熟斯，航至米利坚南部，欲为其主大广版图，然未几，他国王亦皆遣兵来侵，与土人俱割地，殆尽，其属西班牙者无几，故曰，欲行先有权者，必具三者而后可也。

由前所论推之，邦之为物可知也，曰，此合庶人土田所成也。盖君权既及乎庶人之身，又及乎庶人之有，并身与土地皆司之，此正君之所以令众庶效忠贞之节，无敢或违之大柄也。故古昔诸国王，专断为政者，若白尔西王，若悉笃王，若玛施土王，皆不自称曰白尔西国王，悉笃国王，玛施土国王，而特称白尔西人中之王，悉笃人中之王，玛施土人中之王，彼岂知司庶人之躬之利，而未知并司庶人土地之利耶。近世法兰西、西班牙、英吉利诸国，其王皆自称（？曰月——文雅注）国王之号，因得以并土地人民皆司之。是则可谓巧攘民主国之利以固其私权矣。

庶人既举其土地纳之于官，然后从而复受之，于是乎名虽为借地者，实据有其土地，与初无异，夫庶人皆为借地者，而土地皆为官之有，故若有人侵夺我土地，若有邻国人来寇，官则出力为我御之，必克复而后支止，是知庶人之纳其土于官，虽为益于君权，而其自益者实大也。虽然，君之于土地，与庶人之于土地，其权自有相异者，请详而论之。

凡兹所论，系本有土地而后相合为邦者，若在未有土地之前，欲相合为邦乎，当先相一地足容其众者。即据而有之，于是众相共有之，无分异，或检勘而均分之，或广狭有差，皆自君定之，若众共有土地则已，苟分土地，毋别其均而分之，与广狭有差，君之于土地，其权必在庶人之上，盖不如此则相结之心不固，而君权成空矣。

（解）前乎此所论，皆先有土地，然后相约成国，故第九章云，民约之方成，人人举其当时所有土地，纳之于君，盖当下所有，或有广者，或有狭者，官乃因而书券，以著人人保有之权，故同章又云，先有之权，必须保有之权，然后见效，第八章亦云，保有职权，文书以著之，生灭俱无涉于力，前后参考方明白，又未有土地，欲相约成果，当先相土地就而寄迹焉。是时也，或众共有土地无分异，或均而分之，或广狭有差，皆议而定之，所谓自君定之也，若众共有土地无分异，则是官专有土地，而庶人初无所得擅也。故曰，若众共有土地则已，苟有分异，则毋论其均与不均，皆庶人有所得擅矣。庶人有所得擅，而议院之公权，不胜乎庶人之私权，则君权有所不及，而法令有所不行矣。故君之于土地，其权当在庶人之上。盖众议一决，收买土地若别有所令，庶人不得而拒之也。

由此观之，邦国之所当为法，可知已。曰，均不均是也，盖天之降才，固不能均，有智者焉，有愚者焉，而其肆意为生，所谓天命之自由，无有限极，民约一立，权力成均，不得复有侵夺。此即前所云，弃自由之正道也。若智者欺愚，强者暴弱，而无所顾惮，复何邦之为，乃举此以为本卷之殿云。

按中江笃介，有东方卢梭之称，殁后，所著兆民文集，于今年十月八日，始发行，取而读之，甚服其精义，中有民约论译解凡九章，特录之以饷读者。

参考文献

（一）卢梭原著及译著

Jean Jacques Rousseau, *The Social Contract and the Discourse*. translated with an introduction by G. D. H. Cole. New York : Dutton, 1950.

Jean Jacques Rousseau, *A Discourse on Inequality*. translated with an introduction and notes by Maurice Cranston. Harmondsworth, Middlesex, England: Penguin Books, 1984.

Jean Jacques Rousseau, *Discourse on the origins of inequality* (second discourse); Polemics; and, Political economy. edited by Roger D. Masters and Christopher Kelly; translated by Judith R. Bush...[et al.]. Hanover, NH: Published for Dartmouth College by University Press of New England, c1992.

［日］中江兆民：《民约译解卷之一》，选自《中江兆民全集》第一卷，东京：岩波书店 1983 年版。

［日］中江笃介：《民约论译解》，选自《民报》第二十六号，1910 年。

杨廷栋：《路索民约论》，文明书局清光绪二十八年（1902 年）版。

马君武：《足本卢骚民约论》，中华书局 1918 年版。

徐百齐、丘瑾璋：《社约论》，商务印书馆 1936 年版。

［法］卢梭：《社会契约论》，何兆武译，商务印书馆 2010 年版。

［法］卢梭：《论政治经济学》，王运成译，商务印书馆 1962 年版。

［法］卢梭：《社会契约论或政治权利的原理》，李平沤译，商务印书馆 2011 年版。

[法] 卢梭：《论人类不平等的起源和基础》，李常山译，商务印书馆1962年版。

[法] 卢梭：《论人类不平等的起源》，高修娟译，上海三联书店2009年版。

[法] 卢梭：《爱弥尔》，李平沤译，商务印书馆1996年版。

（二）报刊类

《大同周报》，上海：大同学社编辑部，1913年第1期发刊号。

《民铎杂志》，东京：民铎杂志社，1916年第2号。

《甲寅》（1914—1915），东京：甲寅杂志社；台北东方文化书局1975年影印本。

《江苏》，东京：江苏同乡会，光绪三十九年（1903年）创刊号。

《旅欧杂志》，蔡孑民主编，旅欧杂志社，1916年第4、5期。

《民报》（1905—1910），民报发行所；科学出版社1957年影印本。

《太平洋》，太平洋编辑委员会，1917年第1卷第8号，1920年，第2卷第3号，第7号。

《新民丛报》（1902—1907），横滨：新民丛报社；台北艺文印书馆1966年影印本。

《新青年》（1915—1926），上海：上海群益书社；人民出版社1954年影印本。

《亚东时报》，东京：亚东时报馆；东京：日本乙未会所，1898—1900年。

《游学译编》（1902—1903），东京：游学译编社；台北：中国国民党中央委员会党史编纂委员会，1968年影印本。

（三）专著类

Bobbio, Norberto, *Democracy and Dictatorship.* Minneapolis: University of Minnesota Press, 1989.

Chow, Tse - tsung, *The May Fourth Movement: Intellectual Revolution in Modern China. Cambridge*, Mass.: Harvard University Press, 1960.

Cobban, Alfred, *Rousseau and the Modern State.* London: G. Allen & Unwin Ltd., 1934.

Cohen, Jean L. , and Andrew Arato, *Civil Society and Political Theory.* Cambridge, Mass. : The MIT Press, 1992.

Cohen, Joshua, Rousseau: *A Free Community of Equals*, New York: Oxford University Press, 2010.

Cranston, Maurice W. , *What Are Human Rights*? . London: The Bodley Head, 1973.

Delaney, James, *Rousseau and the Ethics of Virtue.* London: New York: Continuum, 2006.

Easton, David, *The Political System: an inquiry into the state of political science.* New York: Knopf, 1971.

Fukuyama, Francis, *The end of History and the last man.* New York: Avon Books, 1992.

Guy H. Dodge, *Jean – Jacque Rousseau: Authoritarian Libertarian?*, editied and with an introduction by D. C. Heath and Company, 1971.

Holger Ross Lauritsen, *Rousseau and Revolution.* Continuum, 2011.

Hayek, F. A. , *The Fatal Conceit: the Errors of socialism.* London: Routledge, 1988.

Immanuel Kant, *Groundwork of the Metaphysics of Morals.* Cambridge: Cambridge University Press, 2012.

John Farrell, *Paranoia and Modernity: Cervantes to Rousseau.* Cornell University Press, 2007.

Jürgen Habermas, *The Structural Transformation of the Public Sphere: An Inquiry into a Category of Bourgeois Society*, Cambridge, Mass. : The MIT Press, 1989.

Lin, Yu – sheng, *The Crisis of Chinese Consciousness: Radical Antitraditionalism in the May Fourth Era.* Madison: University of Wisconsin Press, 1979.

Lukes, Steven, *Individualism.* Oxford: Blackwell, 1973.

Ogrodnick, Margaret, *Instinct and Intimacy: Political Philosophy and Autobiography in Rousseau.* Toronto: University of Toronto Press, 1999.

Pufendorf, Samuel, Freiherr von, *On the Duty of Man and Citizen Accord-*

ing to Natural Law. New York: Cambridge University Press, 1991.

Rawls, John, *The Law of Peoples: with "The idea of public reason revisited"*, Cambridge, Mass.: Harvard University Press, 1999.

Reardon - Anderson, James, *The study of Change: Chemistry in China*, 1840 - 1949. Cambridge; N. Y.: Cambridge University Press, 1991.

Robin G. Collingwood, *The New Leviathan, or, Man, Society, Civilization, and Barbarism*, London: Clarendon Press, 1944.

Sandel, Michael J., *Liberalism and the Limits of Justice*. Cambridge: Cambridge University Press, 1982.

Schwartz, Benjamin I., Chinese Communism and the Rise of Mao. Cambridge, Mass.: Harvard University Press, 1952.

Walter Ullmann, *The Individual and Society in the Middle Ages*, London: Methuen & Co Ltd., 1967.

William T. Rowe, Hankow, *Commerce and Society in a Chinese City*, 1796 - 1889, Stanford, Calif.: Stanford University Press, 1984.

Zaretsky, Robert, *The Philosophers' Quarrel: Rousseau, Hume and the Limits of Human Understanding*. New Haven: Yale University Press, 2009.

林茂：《近代日本の思想家たち 中江兆民・幸德秋水・吉野作造》，东京：岩波书店 1958 年版。

柳父章：《翻譯語成立事情》，东京：岩波书店 1982 年版。

［美］阿兰・布鲁姆：《巨人与侏儒》，秦露等译，华夏出版社 2003 年版。

［英］安东尼・阿伯拉斯特：《民主》，孙荣飞等译，吉林人民出版社 2005 年版。

［古罗马］奥古斯丁：《忏悔录》，周士良译，商务印书馆 1963 年版。

北京大学哲学系外国哲学史教研室编译：《西方哲学原著选读》，商务印书馆 1982 年版。

［美］本杰明・史华兹：《寻求富强：严复与西方》，叶凤美译，江苏人民出版社 2010 年版。

［古希腊］柏拉图：《理想国》，王扬译注，华夏出版社 2012 年版。

［英］柏克：《法国革命论》，何兆武等译，商务印书馆 1998 年版。

蔡少卿:《中国秘密社会》，浙江人民出版社 1989 年版。

蔡元培:《伦理学原理》，商务印书馆 1909 年版。

陈建华:《“革命”的现代性：中国革命话语考论》，上海古籍出版社 2000 年版。

陈启云:《中国古代思想文化的历史论析》，北京大学出版社 2001 年版。

陈少峰:《中国伦理学名著导读》，北京大学出版社 2004 年版。

[英] 大卫·休谟:《人性论》，关文运，商务印书馆 1980 年版。

[德] 恩斯特·卡西勒:《卢梭问题》，王春华译，译林出版社 2009 年版。

丁韪良译:《公法会通》，北洋书局 1898 年版。

丁文江、张丰田编:《梁启超年谱长编》，上海人民出版社 2009 年版。

杜钢建:《中国近百年人权思想》，汕头大学出版社 2007 年版。

费孝通:《乡土中国　生育制度》，北京大学出版社 1998 年版。

冯友兰:《中国哲学史》，香港中国图书公司 1959 年版。

傅兰雅口译，应祖锡笔述:《佐治刍言》，原著者不明，江南制造局 1885 年版。

[日] 沟口雄三:《中国的公与私》，郑静译，三联书店 2011 年版。

[法] 邦雅曼·贡斯当:《古代人的自由与现代人的自由》，阎克文、刘满贵译，上海人民出版社 2005 年版。

郭嵩焘:《郭嵩焘日记》第 3 卷，湖南人民出版社 1982 年版。

郭廷以:《近代中国史纲》，香港中文大学出版社 1989 年版。

[德] 康德:《实践理性批判》，韩水法译，商务印书馆 1999 年版。

[美] 凯利:《卢梭的榜样人生：作为政治哲学的〈忏悔录〉》，黄群等译，华夏出版社 2009 年版。

[德] 哈贝马斯:《公共领域的结构转型》，曹卫东等译，学林出版社 1999 年版。

[德] 哈贝马斯:《在事实与规范之间——关于法律和民主法治国的商谈理论》，童世骏译，生活·读书·新知三联书店 2003 年版。

[美] 汉娜·阿伦特:《人的条件》，竺乾威等译，上海人民出版社 1999 年版。

[美] 汉娜·阿伦特:《论革命》，陈周旺译，译林出版社 2011 年版。

何怀宏:《世袭社会——西周至春秋社会形态研究》，北京大学出版社

2011 年版。
何怀宏：《选举社会——秦汉至晚清社会形态研究》，北京大学出版社 2011 年版。
[法] 亨利·古耶：《卢梭与伏尔泰　两面镜子里的肖像》，裴程译，华东师范大学出版社 2010 年版。
胡适：《胡适留学日记》，台北远流出版事业股份有限公司 1986 年版。
花之安：《自西徂东》，上海书店出版社 2002 年版。
黄俊杰：《东亚文化交流中的儒家经典与理念：互动、转化与融合》，台湾大学出版中心 2011 年版。
黄克武：《自由的所以然：严复对约翰弥尔自由思想的认识与批判》，上海书店出版社 2000 年版。
[美] 勒文林：《梁启超与中国近代思想》，刘伟等译，四川人民出版社 1986 年版。
[德] 李博：《汉语中的马克思主义术语的起源于作用：从词汇—概念角度看日本和中国对马克思主义的接受》，赵倩等译，中国社会科学出版社 2003 年版。
刘光汉、林獬：《中国民约精义》，见《刘申叔先生遗书》，宁武南氏 1936 年校印本。
刘师培：《刘师培辛亥前文选》，钱锺书主编，生活·读书·新知三联书店 1998 年版。
刘小枫：《设计共和——施特劳斯〈论卢梭的意图〉译读》，华夏出版社 2013 年版。
梁启超：《梁启超全集》，北京出版社 1999 年版。
梁启超：《梁启超选集》，李华兴、吴高勋编，上海人民出版社 1984 年版。
梁启超：《梁启超文集》，陈书良选编，燕山出版社 2009 年版。
梁启超：《饮冰室合集·专集》，中华书局 1989 年版。
梁启超：《梁启超哲学思想论文选》，葛懋春、蒋俊编选，北京大学出版社 1984 年版。
鲁迅：《鲁迅全集》，人民文学出版社 2005 年版。
[法] 罗曼·罗兰：《卢梭传》，陆琪译，华岳文艺出版社 1988 年版。
[英] 洛克：《政府论》，瞿菊农、叶启芳译，商务印书馆 2009 年版。

马君武：《马君武集》，莫世祥编，华中师范大学出版社 2011 年版。

［美］麦金太尔：《德性之后》，龚群、戴扬毅等译，中国社会科学出版社 1995 年版。

［英］麦肯齐：《泰西新史揽要》，李提摩太、蔡尔康译，上海书店 2002 年版。

［法］孟德斯鸠：《孟德斯鸠法意》，严复译，商务印书馆 1981 年版。

墨子刻：《摆脱困境——新儒学与中国政治文化的演进》，江苏人民出版社 1996 年版。

［英］穆勒：《群已权界论》，严复译，商务印书馆 1981 年版。

［美］诺齐克：《无政府、国家与乌托邦》，何怀宏译，中国社会科学出版社 1991 年版。

金观涛、刘青峰：《观念史研究：中国现代重要政治术语的形成》，法律出版社 2009 年版。

金观涛、刘青峰：《开放中的变迁：再论中国社会超稳定结构》，法律出版社 2011 年版。

金观涛、刘青峰：《中国现代思想的起源：超稳定结构与中国政治文化的演变》，法律出版社 2011 年版。

［英］卡尔·波普尔：《猜想与反驳——科学知识的增长》，傅季重等译，上海译文出版社 1986 年版。

康有为：《康有为大同论二种》，生活·读书·新知三联书店 1998 年版。

康有为：《康有为政论集》，汤志钧编，中华书局 1981 年版。

黎仁凯、钟康模：《张之洞与近代中国》，河北大学出版社 1999 年版。

刘小枫：《卢梭的苏格拉底主义》，华夏出版社 2005 年版。

彭明辉：《晚清的经世史学》，台北麦田出版社 2002 年版。

［美］普拉特纳：《卢梭的自然状态——〈论不平等的起源〉释义》，尚新建、余灵灵译，华夏出版社 2008 年版。

［法］皮埃尔·勒鲁：《论平等》，王允道译，商务印书馆 2009 年版。

［美］施特劳斯：《自然权利与历史》，彭刚译，生活·读书·新知三联书店 2006 年版。

［美］列奥·斯特劳斯、［美］约瑟夫·克罗波西：《政治哲学史》，李天然译，河北人民出版社 1993 年版。

[英] 罗素：《西方哲学史》，马元德译，商务印书馆1976年版。
孙中山：《孙中山全集》，中国社会科学院近代史所等编，中华书局1981年、1986年版。
尚杰：《〈社会契约论〉导读》，四川教育出版社2002年版。
上海市文物保管委员会编：《戊戌变法前后万身公法书籍目录提要及实理公法全书》，上海人民出版社1986年版。
唐永亮：《中江兆民的国际政治思想 日本近代小国外交思想的源流》，社会科学文献出版社2010年版。
唐永亮：《大家精要：中江兆民》，云南教育出版社2012年版。
[美] 托马斯·斯坎伦：《我们彼此负有什么义务》，陈代东等译，人民出版社2008年版。
王韬：《重订法国志略》第5卷，光绪庚寅（1890）仲春淞隐庐刊本。
王韬：《漫游随录》，岳麓书社1985年版。
魏源：《海国图志》，岳麓书社1998年版。
肖峰：《卢梭传》，河北人民出版社1997年版。
熊月之：《西学东渐与晚清社会》，上海人民出版社1994年版。
徐复观：《徐复观集》，黄克剑、林少敏编，群言出版社1993年版。
徐复观：《两汉思想史》，台湾学生书局1989年版。
徐向东：《自由主义、社会契约与政治辩护》，北京大学出版社2005年版。
[古希腊] 亚里士多德：《政治学》，见苗力田主编《亚里士多德全集》卷九，中国人民大学出版社1994年版。
严复：《严复集》，王栻主编，中华书局1986年版。
袁贺、谈火生：《百年卢梭——卢梭在中国》，吉林人民出版社2009年版。
[日] 野村浩一：《近代中国政治思想》，东京：筑摩书房1964年版。
（汉）赵歧注，（宋）孙奭疏：《十三经注疏：孟子注疏》，廖名春、刘佑平整理，北京大学出版社1999年版。
赵敦华：《西方哲学简史》，北京大学出版社2001年版。
张岱年：《中国哲学大纲》，中国社会科学出版社1982年版。
章士钊：《章士钊全集》，王均熙、杨建英编，文汇出版社2000年版。

章太炎：《章太炎全集》，上海人民出版社 1985 年版。

张灏：《幽暗意识与民主传统》，新星出版社 2006 年版。

张灏：《危机中的中国知识分子——寻求秩序与意义》，高力克等译，山西人民出版社 1988 年版。

张昆将：《阳明学在东亚：诠释、交流与行动》，台湾大学出版中心 2011 年版。

张奚若：《社约论考》，商务印书馆民国二十二年（1933 年）版。

张奚若：《张奚若文集》，清华大学出版社 1989 年版。

张之洞：《张之洞全集》，苑书义等编，河北人民出版社 1998 年版。

甄克思：《社会通诠》，严复译，商务印书馆 1981 年版。

［日］中江兆民：《一年有半・续一年有半》，杨扬译，译林出版社 2011 年版。

［日］中江兆民：《三醉人经纶问答》，桑原武夫，岛田虔次识・校注，东京：岩波书店 1966 年版。

（四）论文类

Erelyn S. Rawski. "Presidential Address: Reenvisioning The Qing: The Significance of the Qing Period in Chinese History". *The Journal of Asian Studies*, 1996. 11.

Rodger D. Master. "Rousseau and Rediscovery of Human Nature", in Clifford Orwin and Nathan Tarcov ed., *The Legacy of Rousseau*, Chicago, 1997.

Sarah Marshall. "Scanlon and Reasons", Matt Matravers (ed.). *Scanlon and Contractualism*. London: Frank Cass, 2003.

［美］艾尔曼：《中国文化史的新方向：一些有待讨论的意见》，赵刚译，载《台湾社会研究》1992 年总第 12 期。

［法］巴斯蒂：《中国近代国家观念溯源——关于伯伦知理〈国家论〉的翻译》，载《近代史研究》1997 年第 4 期。

［法］巴斯蒂：《辛亥革命前卢梭对中国政治思想的影响》，见刘宗绪主编《法国大革命二百周年纪念论文集》，生活・读书・新知三联书店 1990 年版。

曹卫东：《卢梭是个保守主义者》，载《读书》2002 年第 1 期。

陈独秀：《吾人最后之觉悟》，载《新青年》第一卷第六号，1916 年 2 月 15 日。

陈独秀：《驳康有为共和平议》，载《新青年》第四卷第三号，1918 年 3 月 15 日。

陈独秀：《二十七年以来国民运动中所得教训》，载《新青年》，季刊第四期（1924 年 12 月 20 日）。

陈启天：《新国家主义与中国前途》（原名"何谓新国家主义"），载《少年中国》第四卷第 9 期，1924 年 1 月。

陈启云：《中国古代思想发展的认识论基础》，载《学丛：新加坡国立大学中文系学报》第 4 卷，1996。

［日］川尻文彦：《梁启超的政治学——以明治日本的国家学和伯伦知理的受容为中心》，载《洛阳师范学院学报》2011 年第 30 卷第 1 期。

崔之元：《卢梭新论——彻底的自由主义必须关心公意》，载《读书》1996 年第 7 期。

［日］岛田虔次：《中江兆民著译作在中国的传播》，载《中山大学学报论丛》1992 年第 5 期。

董增刚：《论辛亥革命前后国人对〈民约论〉的不同评价》，载《首都师范大学学报》（社会科学版）2003 年 S1 期。

杜兰：《"文革"是一场反社会运动》，载《二十一世纪》1996 年 8 月号，总第 36 期。

惠黎文：《从专制主义到理想主义——霍布斯、卢梭、黑格尔三种国家观之比较》，载《贵州大学学报》（社会科学版）2009 年第 2 期。

刘国栋：《自然不平等：卢梭的阐释及其意义》，载《中国社会科学报》2012 年 10 月 12 日。

冯玮：《"洋学"家的"尊王"论在日本近代政治体制形成中的作用》，载《复旦大学学报》（社会科学版）2002 年第 4 期。

高瑞泉：《乐观主义及其问题——对中国现代思想思潮的一种精神分析》，载《天津社会科学》1997 年第 3 期。

高瑞泉：《自西徂东：平等观念史的西来脉络》，载《中山大学学报》（社会科学版）2009 年第 6 期。

高瑞泉：《早期自由主义视域中的平等：以梁启超、严复为中心的考察》，载《上海师范大学学报》（哲学社会科学版）2011 年第 6 期。

龚群：《卢梭的两重伦理观》，载《现代哲学》2001 年第 4 期。

龚群：《论卢梭的平等与自由》，载《政治思想史》2012 年第 4 期。

龚群：《论儒家价值的当代意义》，载《南昌大学学报》（人文社会科学版）2012 年第 5 期。

韩伟华：《卢梭的中国面孔》，载《中国社会科学报》2012 年 12 月 7 日。

金观涛、刘青峰：《五四的另一种图像》，台湾政治大学文学院编《五四运动八十周年学术研讨会论文集》，台湾政治大学，1999 年。

金耀基：《关系和网络的建构：一个社会学的诠释》，载《二十一世纪》1992 年 8 月号，总第 12 期。

金观涛：《中国文化的常识合理精神》，载《中国文化研究所学报》（香港）1997 年新第 6 期。

姜义华：《彷徨中的启蒙——〈新青年〉德赛二先生析论》，载《文史知识》1999 年第 5 期。

康有为：《法国大革命记》，载《新民丛报》，乙巳年（1905 年）总第八十五号、第八十七号。

何怀宏：《现代伦理学：在康德与卢梭之间》，载《道德与文明》2005 年第 1 期。

何怀宏：《平等的进展与困境》，载《博览群书》2007 年第 11 期。

何兆武：《天赋人权与人赋人权》，载《读书》1994 年第 8 期。

黄克武：《梁启超的学术思想：以墨子学为中心之分析》，载《中央研究院近代史研究所集刊》第 26 集（1996. 12）。

黄克武：《梁启超与康德》，载《中央研究院近代史研究所集刊》第 30 期（1998. 12）。

王精卫：《民族的国民》，载《民报》第二号，1906 年 1 月 22 日。

王精卫：《驳新民丛报最近之非革命论》，载《民报》第四号，1906 年 5 月 1 日。

梁启超：《论学术之势力左右世界》，载《新民丛报》第一号，1902 年 2 月 8 日。

梁启超：《中国立国大方针》，载《庸言》第一卷第一号，1912 年 12 月

1 日。

李大钊:《庶民的胜利》,载《新青年》第五卷第五号,1918 年 11 月 15 日。

李大钊:《再论问题与主义》,载《每周评论》第三十五期,1919 年 8 月 17 日。

李大钊: 《我的马克思主义观(下)》,载《新青年》第六卷第六号,1919 年 11 月 1 日。

李华川:《晚清知识界的卢梭幻象》,载《中国比较文学》1998 年第 3 期。

林壮青:《卢梭自爱的政治认同能力》,载《福建师大福清分校学报》2010 年第 4 期。

刘青峰、金观涛:《19 世纪中日韩的天下观及甲午战争的爆发》,载《思想》2006 年第 3 期。

卢志渊:《是个人主义还是集体主义——解读〈社会契约论〉》,载《云南行政学院学报》2005 年第 4 期。

马兵:《祛魅之后:五四伦理革命的困境与局限》,载《宁夏大学学报》(人文社会科学版)2009 年第 4 期。

毛泽东:《论人民民主专政》,见《毛泽东选集》第 4 卷,人民出版社 1970 年版。

彭高翔:《"孟子'万物皆备于我'章"释义》,载《中国哲学史》1997 年第 3 期。

秋桐:《读严几道〈民约平议〉》,载《甲寅》第一卷第一号,1914 年 5 月。

秋桐:《共和平议》,载《甲寅》第一卷第七号,1915 年 7 月 10 日。

萨勒:《日本的政治、回忆和历史意识》,载《二十一世纪》2005 年 8 月号,总第 90 期。

石元康:《二种道德观——试论儒家伦理的形态》,选自刘述先编《儒家伦理研讨会论文集》,新加坡:东亚哲学研究所 1987 年版。

宋德华:《孙中山民权主义思想演进的特点》,载《广东社会科学》2009 年第 5 期。

孙宏云:《1905—1907 年汪精卫梁启超关于种族革命的论战与伯伦知理〈国家学〉的关系》,载《学术研究》2002 年第 6 期。

唐永亮：《试析中江兆民前期国际政治思想》，载《日本学刊》2007 年第 2 期。

谈火生：《卢梭的“共同意志”概念：缘起与内涵》，载《中西政治文化论丛》第六辑，天津人民出版社 2007 年版。

谈际尊：《政治权利原理还是道德乌托邦？——卢梭契约论中的平等自由思想》，载《东南大学学报》（社会科学版）2009 年 9 月第 11 卷第 5 期。

田海平：《隐蔽的道德人——卢梭契约伦理的现代性》，载《学海》1999 年第 2 期。

王国永：《〈民约论〉与孙中山的民权主义》，载《浙江万里学院学报》2008 年第 1 期。

王家骅：《中江兆民的自由民权思想和儒学》，载《世界历史》1994 年第 1 期。

王柯：《“民族”：一个来自日本的误会》，载《二十一世纪》（双月刊），2003 年 6 月号，总第 77 期。

王元化：《谈社约论书》，载《开放时代》1998 年第 4 期。

文雅：《论奥古斯丁忏悔录的“爱”之诠释、进路及其意义》，载《山西师范大学学报》（社会科学版）2012 年第 11 期。

文雅：《斯坎伦和帕菲特论人的道德行为如何可能——基于理性、理由及个人的阐述》，载《中国矿业大学学报》（社会科学版）2011 年第 4 期。

文雅：《传统儒家德性概念试解》，载《宜宾学院学报》2011 年第 2 期。

吴雅凌（法国巴黎第三大学）：《卢梭思想东渐要事汇编》，载《现代哲学》2005 年第 3 期。

[法] 狭间直树：《卢梭〈民约论〉与中国》，见《中山大学学报论丛·孙中山研究论文集》，1992 年。

肖滨：《评徐复观对儒家道德政治理想的现代转进》，载《学术研究》1997 年第 9 期。

萧功秦：《近代思想史上的“主义与问题”之争的再思考——严复与胡适的经验论思想比较及其启示》，载《开放时代》1997 年第 1 期。

许纪霖:《儒家宪政的现实与历史》,《开放时代》2012 年第 1 期。
颜德如、宝成关:《严复对“自繇”思想的解读》,载《江苏社会科学》2003 年第 1 期。
颜德如、韩丽群:《被逐渐放逐的卢梭:以梁启超的认知为中心》,载《北京科技大学学报》(社会科学报)2011 年第 2 期。
颜德如:《卢梭与晚清革命话语》,载《学海》2005 年第 1 期。
杨贞德:《从“完全之人”到“完全之平等”——刘师培的革命思想及其意涵》,载《台大历史学报》2009 年第 44 期。
易小明:《中国传统社会文化差等—平等结构的特质及其消极影响》,载《孔子研究》2007 年第 4 期。
张宝梅:《从“人民主权”论卢梭的民族主义理论》,载《世界民族》2011 年第 2 期。
张盾:《“道德政治”谱系中的卢梭、康德、马克思》,载《中国社会科学》2011 年第 3 期。
张法:《严复哲学译词:特征与命运——“中国现代哲学语汇的缘起与定型”研究之二》,载《中国政法大学学报》2009 年第 2 期。
张海鹏:《中国留日学生与祖国的历史命运》,载《中国社会科学》1996 年第 6 期。
张灏:《中国近代转型时期的民主观念》,载《二十一世纪》1993 年 8 月号,总第 18 期。
章开沅:《法国大革命与辛亥革命——纪念法国大革命 200 周年》,载《历史研究》,1989 年 8 月。
朱汉民:《西方认识论还是儒家工夫说——谁误读了“格物致知”?》,载《光明日报》2012 年 3 月 28 日。
朱坚章:《卢梭政治思想中自由观念的分析》,载《“国立”政治大学学报》第 26 期,1972 年 12 月。
朱执信:《国家主义之发生及其变态》,载《建设》第二卷第二号,1919 年 9 月。

(五)硕博学位论文

刘晶:《〈社会契约论〉的伦理解读——对卢梭的新透视》,硕士学位论文，陕西师范大学，2006 年。

李岩：《论谭嗣同平等的伦理观》，硕士学位论文，东南大学，2008 年。

林云：《康有为伦理思想研究》，硕士学位论文，湖南师范大学，2008 年。

戴晓光：《“道德教育方案”与卢梭的政治哲学》，硕士学位论文，北京大学，2011 年。

张晓溪：《启蒙与醒世——马君武〈足本卢骚民约论〉研究》，博士学位论文，吉林大学，2007 年。

颜德如：《梁启超、严复与卢梭社会契约思想》，吉林人民出版社 2003 年版。

段保良：《统一与秩序——梁启超国家建构思想研究》，博士学位论文，北京大学，2010 年。

彭姗姗：《卢梭在中国：历史语境下对〈社会契约论〉的翻译与阐释（1898—1926）》，博士学位论文，北京大学，2011 年。

后　记

我对“平等”观念的特别关心得益于我的博士生导师何怀宏教授的启发。何老师时时告诫我，“认识自己的才能和限度”，要在研究方法和范围中逐步靠近和确立航道；“先学会做史学家，再做哲学家”，“不要轻易下断言”，要理性、全面、平和、谨慎地对待史料，从事分析；从何老师处，我所体察的是生活之全部，包括知识分子的独立性，观照现实的情怀，以及良师对学生在精神和学业上的双重导引，乃至贯通家国与古今的学人使命。

“平等”作为基本的政治哲学与伦理学概念，内涵丰富，歧见丛生，由历史的变革，尤其是从清末民初这样一个充满了各种声音和思潮的时代中去整肃“平等”的线索，思考“平等的所以然”，以我之浮浅的学养和洞察，无疑是场艰辛的征程，甚至历险。并且，由于我自本科以来，一直从事哲学专业的学习，对于在论文中所尝试使用的史学和文本翻译诠释的方法，也感到分外生疏和艰涩，因此使得写作的过程成为了探索和再学习的过程，偶得一见的欣喜与忐忑不安的收获间杂其间，初试啼声的惶惑和异想天开的妄念时常伴随。当我终于跋涉至书稿收束处，越发以为学与思之路并非坦途，“溯洄从之，道阻且长”，方能察知何为“自由”与“平等”的真颜，从哲学中重新发现历史，从历史中回旋出现实，这是一生的命题，而非一时之工。

文　雅

2017 年 2 月 18 日

于中央财经大学图书馆